D1987444

Klaus Lukas / Elegie auf Blau

Klaus Lukas

Elegie auf Blau

Eine politische Konfession

Ein Essay

EDITION VA BENE

Die Deutsche Bibliothek – CIP-Einheitsaufnahme

Lukas, Klaus:
Elegie auf Blau : eine politische Konfession /
Klaus Lukas. –

Wien ; Klosterneuburg : EDITION VA BENE, 2000.
ISBN 3-85167-093-0

(Ein Essay)

© Copyright by Mag. Dr. Walter Weiss
EDITION VA BENE
Wien–Klosterneuburg, 2000

Internetadresse: http://www.vabene.at
E-mail: edition@vabene.at

Das Werk, einschließlich aller seiner Teile, ist urheberrechtlich geschützt. Jede Verwertung außerhalb der engen Grenzen des Urheberrechtsgesetzes ist ohne Zustimmung des Verlages unzulässig und strafbar. Das gilt insbesondere für Vervielfältigungen, Übersetzungen, Mikroverfilmungen und die Einspeicherung und Verarbeitung in elektronischen Systemen.

Umschlaggestaltung: Brigitte Schwaiger, Wien
Repro: Theiss-Druck, Wolfsberg
Satz und Druckvorlage: Mag. Franz Stadler, Wien
Produktion: Die Druckdenker GmbH, Wien

Printed in Austria

ISBN 3-85167-093-0

Inhaltsverzeichnis

Prolog ... 9

1. Teil: Gedanken zu Blau ... 13

Marke Jörg ... 15
Die Republik der Privilegienritter ... 17
Politische Motivation – Neid ... 18
Die Familie der Unterprivilegierten ... 20
Der kleine Blaue ... 22
Die Rosenstingl-Affäre und ihre Folgen ... 24
Haider, der Unverzichtbare ... 30
Haider, der Wahlkampfmensch ... 32
Personenkult und Sportshow ... 34
Macht und Marketinginstrument Mandatsliste ... 36
Supermarkt politischer Angebote ... 38
Die Frau in der (blauen) Politik ... 40
Schicksalsgemeinschaft Journalismus und Politik ... 49
Haider und Sallinger, ein Vergleich ... 54

2. Teil: Blauer Himmel über Kärnten ... 63

Die Kärntner Seele ... 65
Die Volksabstimmung ... 67
Die Wirtshaus-Marathons ... 69
Die Mutter aller Wahlkämpfe ... 72
Das Dilemma der Doppelfunktion ... 74
Das goße Versprechen ... 78
Wahlopfer Cornelius Kolig ... 80

3. Teil: Der Weg zum Erfolg ... 91

Das Marketing ... 93
Vom VdU zur FPÖ ... 96

Die heimattreuen Verbände 99
Haider übernimmt die Führung 102
Ideologe oder Opportunist 104
„Power" 105
Die Stufenleiter 113
Neue Wählerschichten werden angepeilt 116
Aus der Partei wird eine Bewegung 119
Der Aufstieg in die erste Liga 120
Wandel der Sozialstrukturen 122
Eine neue politische Landschaft 125
Populismus 127
Populistische Ideologie 129
Arbeitslosigkeit 131
Die Krise – kein quantitatives Phänomen 133
Der Protest 135
Die Profiteure populistischer Politik 137
Internationale Reaktionen 138
Winston Churchill 144
Die internationalen blauen Beziehungen 146
Die Lega Nord 148
Kärntens Außenpolitik 151
Eine Bewertung 153
Der Antifaschist und die Ausländer 157
Die Flüchtigkeit aller Überzeugungen 159

4. Teil: Europa 163

Gelebte Identität 165
Das Europaparlament 166
Europawahl-Spiele 172
Der wunderbare Wandel des P. S. 173
Parlamentarischer Alltag 175
Verpaßte Chancen 178
Glaubwürdigkeit im Spesenparadies 181
Der Mißtrauensantrag 184

Österreich in der EU 186
Das Vetorecht 188
Ratspräsidentschaft 189
„Weniger ist mehr“ 192
Die Kommission 194
Keine Melkkuh 196
Die Osterweiterung 198

5. Teil: Die Konfession 203

Ein Einzelkämpfer 205
Anwerbung türkischer Arbeitskräfte 206
Beirut, Stadt der Gegensätze 207
Angola, koloniales Paradies im Kriegszustand 207
Kanadische Perspektiven 208
Im Land des Proporzes 209
Der blaue Magnet 211
Gemeinderatswahlen in Klagenfurt 214
Keine Ehrenmedaille 219
Die Altersheime 220
Das Stadtgerücht 221
Ein Wahlkampf im Nebel 222
Die Ernüchterung 225

6. Teil: Subjektiv – objektiv 231

Ein Baby namens Euro 233
Das Ereignis 236
Der „Nationalrassist“ 238

Epilog 245
Auszug aus einem Geschichtsbuch des Jahres 3021: „Die Hofoperette“ 247
Literatur 248

Prolog

Zehn Ratschläge für all jene, die in der österreichischen Politik erfolgreich sein wollen.

1. Dein Produkt lautet ICH.
Dein alleiniges Ziel ist es, dieses Produkt zu verkaufen. Alles andere ist diesem Ziel untergeordnet. Du bist dein eigener Chefverkäufer. Nur wer deinem Verkaufsziel nützlich ist, darf deine wertvolle Zeit beanspruchen.

2. Selbstdarstellung heißt dein Spiel.
Es ist schwierig, denn du mußt es dem jeweiligen Publikum anpassen. Schlüpfe in jede Rolle, die man von dir erwartet. Ein guter Selbstdarsteller erweckt immer den Eindruck, daß er einfach er selbst ist.

3. Lege dir eine dicke Haut zu.
Du wirst sie brauchen. Rechne damit, daß deine Gegner genauso böse sind, wie du. Alles, was du anderen antust, kann auch dir passieren. Mache dich selbst innerlich unverletzbar. Werde gegen Verleumdung und Schlammwürfe immun.

4. Dein Spiegel sind die Medien.
Dort mußt du dein Gesicht suchen, finden und sehen. Du brauchst dich nicht mehr in den Spiegel im Badezimmer schauen können, ohne zu erröten. Die Derartiges behaupten, verstehen nichts von Politik.

5. Freundschaft ist ein Werkzeug.
Ändere deine Einstellung zur Freundschaft. Freunde sind für dich Vertreter, die dein Produkt, dein ICH verkaufen. Gute Vertreter sind gute Freunde. Schlechte Vertreter mußt du austauschen.

6. Versprich ungeniert und hemmungslos …

… und du wirst Stimmen sammeln. Versprechungen müssen die Brieftasche betreffen oder das Gemüt ansprechen. Versprich Schutz und Wohlstand. Die Zeit heilt nicht nur alle Wunden, sie läßt auch alle Versprechungen vergessen. Wenn du dein Wahlziel erreicht hast, kannst auch du sie vergessen.

7. Hemmungen gehören auf den Misthaufen.

Sie bremsen deinen Erfolg. Was wenige an dir blöd finden, bewundern die meisten. Richte deine Entscheidungen nach dem Geschmack der Masse. Du willst gewählt werden und nicht Wettbewerbe des guten Geschmacks gewinnen.

8. Setze auf die Dummheit der Menschen.

Aber gib ihnen gleichzeitig zu verstehen, daß du dein ganzes Streben ihrem Wohle widmest. Laß sie glauben, daß du sie als deine einzigen Partner betrachtest. Dann kannst du ihnen alles verkaufen und ihnen sogar Opfer abverlangen.

9. Die Verpackung ist alles.

Es kommt darauf an, wie du wirkst und nicht wie du bist. Vergeude deine Zeit nicht mit Inhalten. Sie bedeuten Mühe und führen zu Zweifeln. Verwende Inhalte nur als Vorwand für attraktive Verpackung.

10. Dankbarkeit ist eine Krankheit.

Streiche sie, was dich betrifft, sofort aus deinem Vokabular. Jemanden, dem du dankbar sein müßtest, brauchst du nicht mehr. Vergeude deine Zeit nicht mit ihm. Aber verbreite diese Krankheit, mache sie zur Seuche, indem du vielen Menschen das Gefühl gibst, daß sie dir zu Dank verpflichtet sind.

„Je n'enseigne pas, je racconte –
Ich belehre nicht, ich erzähle."

Michel E. De Montaigne

I. Teil
Gedanken zu Blau

Marke Jörg

Das Titelbild des offiziellen Parteiprogrammes der FPÖ ist ein Foto von Dr. Jörg Haider. Keine andere Gestaltung des Titelblattes könnte die Partei besser charakterisieren. Wie in der Wirtschaft ist man heute auch in der Politik um Markenbildung bemüht. Die Marke der Freiheitlichen heißt Jörg. Seit vielen Jahren ist die Werbe- und PR-Strategie der Partei in großem Maße auf die Person des Obmannes ausgerichtet. „Einfach ehrlich – einfach Jörg." Keine andere politische Persönlichkeit Österreichs wurde einen so langen Zeitraum hindurch mit größter Konsequenz bei jeder Gelegenheit in ganz Österreich flächendeckend plakatiert. Nur einem Blinden können die mannigfaltigen Jörg-Plakate entgangen sein. In immer neuem Outfit, immer frisch gestylt, blickte er jahraus jahrein Autofahrern und Passanten mit strahlendem Lächeln in die Augen. Kein Wahlkampf der Freiheitlichen auf Gemeinde-, Landes-, Bundes- und Europaebene, der nicht vom Markenzeichen der Partei, Jörg Haider, optisch dominiert wurde. Die Popularität des Parteichefs als Aushängeschild ist für die Partei erfolgsbestimmend geworden. Sie hat daher in seinen Bekanntheitsgrad bedeutende finanzielle Mittel investiert. Nichts kommt von selbst, auch nicht die Popularität eines Politikers. Die Identifikation der Partei mit dem Chef wurde mit großer Konsequenz betrieben und kann daher als gelungene Marketingstrategie bezeichnet werden. Der Siegeswille, die Ausstrahlung, das taktische Geschick und die Anpassungsfähigkeit, natürlich auch seine rhetorische Begabung und seine Freude am öffentlichen Auftritt machen Haider zum geradezu prädestinierten, unangefochtenen Star einer politischen Bewegung. Ein Bereich, in dem die FPÖ Kontinuität gezeigt hat, ist die ergebene und bewundernde Hinrichtung zum Parteiobmann. Er wurde auch immer wieder mit nahe an der 100 Prozent-Grenze liegendem Zustimmungswert in seiner Funktion als Obmann bestätigt.

Der Inhalt des offiziellen Parteiprogrammes spielt gegenüber der Person, die das Titelblatt ziert, eine eher untergeordnete Rolle. In den inhaltlichen Fragen besteht eine recht deutliche Bereitschaft zu Flexibilität und Anpassung. Das wahre Parteiprogramm ist nicht so sehr jenes, das festgeschrieben steht, sondern richtet sich nach den jeweiligen Aussagen des Chefs. Eine Adaptierung der Inhalte, unter Berücksichtigung der Stimmungslage bei den Bürgern und der politischen Sachzwänge dient dem bisher vorrangigen Ziel der Stimmenmaximierung. Wieviele Richtungsänderungen in wichtigen politischen Fragen hat die freiheitliche Partei allein in letzter Zeit vorgenommen! So ist die EU-Erweiterung, zu der es vor kurzem noch „Osterweiterung nein danke" hieß, heute durchaus möglich geworden, wenn auch mit Übergangsfristen. Beim Kinderscheck kommt es weder auf die Bezeichnung, noch auf die Details an, es geht nur darum, mehr öffentliches Geld für die Familien aufzuwenden. Die Beseitigung der Zwangsmitgliedschaft bei der Kammer, im Parteiprogramm noch als politische Pflichtübung festgeschrieben, ist plötzlich nicht mehr ganz so wichtig. Die Flat tax ist nur mehr ein Wegweiser in Richtung Steuerentlastung. Zur Neutralität könnte man sich auch eine Volksabstimmung vorstellen, obwohl das in Österreich vorläufig einem Nein gleichkäme.

Nie hat ein politischer Führer in der zweiten Republik so viele Jahre hindurch die Titelblätter der Magazine geziert. Keiner ist so oft in der Pressestunde aufgetreten und keiner wurde so viele Jahre hindurch laufend in allen parteiinternen Publikationen hergezeigt. Die Freiheitlichen verdanken ihren Erfolg dem „Jörg", und er kann – was seinem Lebensbedürfnis entsprechen dürfte – innerhalb seiner Bewegung ein „Sonnenkönig"-Dasein führen.

Die Republik der Privilegienritter

Die rot-schwarze Koalition hat für den Erfolg der populistischen Protestpartei unter Jörg Haider ideale Vorraussetzungen geschaffen. Privilegien und Vorteile wurden innerhalb dieser geschlossenen Gesellschaft ungeniert verteilt. Eine Gruppe von Parteibuchträgern saß am üppigen Futtertrog der Steuereinkünfte und hat sich die Vorteile gegenseitig zugespielt. Diese Zustände wurden selbst nach der Wahlniederlage der Proporzparteien am 3. Oktober noch nicht von allen als Mißstände erkannt.

Die Regierungsspitze versprach am Nationalfeiertag 1999 feierlich ein Ende des koalitionären Postenschachers. Was selbst in Brüsseler Kreisen längst als österreichische Krankheit erkannt und bekrittelt wird, geht aber ungebremst weiter. Johannes Ditz und Rudolf Streicher, ein schwarzer und ein roter Ex-Minister, übernahmen die Vorstandsposten der österreichischen Staatsholding ÖIAG. Staatssekretär Wolfgang Ruttenstorfer wird Generaldirektor der OMV werden. Der Salzburger Landeshauptmann-Stellvertreter Arno Gasteiger drängt auf den Vorstandssessel des Landesenergieversorgers SAFE. Er war bisher selbst Aufsichtsratsvorsitzender dieser Institution und hat die Ausschreibungsbedingungen mitbeschlossen. Der neue zweite Nationalratspräsident Thomas Prinzhorn hat in einer Fernsehdiskussion zu Recht festgestellt, daß so gut wie keiner der Ex-Spitzenpolitiker je in der Privatwirtschaft untergekommen ist. Der Eindruck, daß die öffentlichen Unternehmen als Versorgungsinstitut für die rot-schwarzen Polit-Aussteiger herhalten müssen, wird nach der Nationalratswahl vom 3. Oktober keineswegs verringert. Das Proporzdenken ist in der Koalitionsmentalität so tief verankert, daß selbst jetzt, wo wahrlich Feuer am Dach ist, ein Umdenken mit konkreten Konsequenzen nicht gelingt.

Die FPÖ als klassische Protestpartei hat zu Recht schon frühzeitig gegen die Privilegien, den Postenschacher und die

Parteibuchwirtschaft zu kämpfen begonnen. Der rot-schwarze Sumpf sollte trockengelegt werden. Viele jener Menschen, die sich vom Privilegienstadl ausgeschlossen sahen, fühlten sich durch die deutlichen Worte des freiheitlichen Parteiführers magisch angezogen. Die Privilegien anderer, die man selbst nicht hat, sind ein Reizthema für viele Menschen. Natürlich sind Privilegien nur für jene etwas Negatives, zu Bekämpfendes, die selbst keine besitzen. Das war nie anders. Und es sind auch nur jene Privilegien schlecht und widerlich, die man nicht gerade selbst für sich in Anspruch nehmen kann. Privilegien, die Menschen oder Menschengruppen Vorteile gegenüber anderen bieten, die sie nicht durch mehr Leistung oder größere Verantwortung erworben haben, erwecken besonderen Ärger bei den Mitbürgern. Sie führen zu Neid und Mißgunst.

Politische Motivation – Neid

Die FPÖ der Ära Haider hat sehr erfolgreich auch mit den Gefühlen Neid und Mißgunst gearbeitet. Man hat jene angeprangert, die auf Grund ihrer Machtposition für sich Vorteile in Anspruch genommen haben. Mit diesen oft polemisch vorgetragenen Vorwürfen hat man die Volksseele erreicht. Ja man ist sogar noch einen Schritt weiter gegangen und hat sich öffentlichkeitswirksam der Selbstkasteiung unterworfen. Ein Nettoeinkommen von öS 60.000,– aus öffentlichen Mitteln darf von freiheitlichen Politikern nicht überschritten werden. Das klingt für die Bezieher von niedrigen Einkommen sehr edel. Selbst die öS 60.000,– sind für sie eine unvorstellbar hohe Summe und sie fragen sich, wie überhaupt irgend jemand soviel verdienen darf.

Diese Regel scheint die österreichischen Politiker in zwei Klassen einzuteilen. In die freiheitlichen, politischen Gutmenschen, die freiwillig auf einen Teil ihres Einkommens verzichten, und in die Raffgierigen der anderen Parteien, die die übertrieben hohen Bezüge, die ihnen das System bietet, mit kühler Geste einstreifen.

In der Politik und vor allem in der populistischen Politik gewinnen symbolische Gesten manchmal entscheidende Bedeutung. Die 60.000 Schilling-Regel ist ein symbolischer Akt von politischer Tragweite. Es ist den politischen Gegnern der Freiheitlichen nie gelungen, diese Aktion für die Wähler zu entschleiern. Die Bürger mit kleinem Einkommen, denen man öffentlichkeitswirksam die „Riesengehälter" der Regierenden vor Augen führte, haben diesen Akt der vermeintlichen Selbstkasteiung gerne als idealistische Tat von Politikern, die eben anders sind, angenommen. Wer hat schon die Möglichkeit festzustellen, um welche Gesamtsumme es sich handelt? Wen interessiert es, daß diese Regelung auch in karitativer Hinsicht höchstens einige Tropfen auf heiße Steine ermöglicht. Wer weiß schon, welche Möglichkeiten es für die Betroffenen geben mag, sich ihrer Verantwortung zu entziehen?

Innerparteilich werden praktisch zwei Klassen von politischen Funktionären geschaffen. Nämlich jene, die ihre außerpolitischen Einkünfte privatwirtschaftlich beziehen, und jene, die einen Beruf ausüben, der dem öffentlichen Sektor angehört. So scheint es fraglich, warum zum Beispiel ein Steuerberater, der Abgeordneter ist, seinen Beruf nebenbei bedenkenlos ausüben kann, während ein Lehrer theoretisch die 60.000 Schilling-Grenze nicht überschreiten darf, sofern er neben dem politischen Amt weiter unterrichtet.

Wenn man das Projekt „60.000 Schilling-Obergrenze" nach allen Richtungen hin und auf einzelne Personen bezogen überprüfen würde, bliebe wahrscheinlich nicht viel Konkretes übrig. Dessen ungeachtet war es ein taktisch überaus erfolgreicher Schachzug. Haider hat durch diese Regel eine klare Ansage getätigt. Er hat seine Partei und seine Funktionäre in den Köpfen vieler Menschen als die Anständigeren und Bescheideneren positioniert. Er hat sie geradezu zu Antiprivilegienrittern gestempelt. Viele Menschen wollen in ihrem Hang zur Schwarzweißmalerei an solche Klischees glauben. Es ist schwer, sie davon durch stichhaltige Argumente oder sogar durch konkrete Beweisführung abzubringen. Die politische Basis einer Partei, die sich in der Protestrolle befindet und selbst an den Systemvorteilen keinen Anteil hat, will daran glauben, daß ihr Parteiführer und seine Mandatare das Bessere, das Anständigere, das Edlere repräsentieren. Es verhält sich ähnlich wie in der Religion. Der Glaube an ein Leben nach dem Tode kann zwar nicht bewiesen werden. Er ist aber die große mentale Stütze, die es den Menschen erleichtert, ihre täglichen Probleme und Ärgernisse auszuhalten.

Die Familie der Unterprivilegierten

Jörg Haider hat durch das Aufzeigen von Mißständen, durch das Anprangern von Korruption und Parteibuchwirtschaft viel Sympathie weit über seine ursprünglichen Parteigrenzen hinaus gewonnen.

Ein kollektiver Aufschrei in teilweise überzogener Weise gegen Unterdrückung und vermeintliche Feindbilder schmiedete eine Gruppe von Menschen eng zusammen, die sich in der einen oder anderen Weise als Außenseiter fühlten. Die Bedrohungen wurden formuliert, polarisiert, übertrieben und verbreitet. Dieses Vorgehen der Opposition war demokratiepolitisch grundsätzlich nicht nur legitim, sondern in der speziellen österreichischen Situation geradezu notwendig. In Österreich steuert nämlich ein geschlossener, riesiger Interessensverbund die Geschicke des Landes. Er umfaßt zwei große, wenn auch ideologisch nicht harmonisierende Parteien, die meisten Massenmedien und darüber hinaus auch alle anderen großen öffentlichen Institutionen. Opposition sein wurde jahrzehntelang systematisch als bösartig, abartig, ja diabolisch abgetan und bekämpft. Je stärker sich die freiheitliche Oppositionspartei mit ihren Themen durchsetzte und je mehr Wähler sie damit anziehen konnte, umso verbissener entwickelte sich die Ausgrenzungsbewegung. Eine Ausgrenzung, die auch dazu führte, daß der kleine Mann auf der Straße, der freiheitlich wählte, seine Gesinnung im Geheimen mit sich tragen mußte. Er wagte es nicht, darüber zu sprechen, zum Teil nicht einmal in der eigenen Familie. Freiheitlich sein bedeutete in vielen Fällen, daß ein Fortkommen im Amt oder in der Firma schwer behindert oder verhindert wurde. Durch dieses Ausgrenzen einer immer größer werdenden Menschengruppe und durch das permanente Schlechtmachen des Führers der Bewegung durch die Medien wurden die Freiheitlichen zu einer Art Märtyrer-Gesellschaft zusammengeschmiedet. Diese „Katakomben-Stimmung" hat mit dazu beigetragen, daß sich viele Freiheitliche tatsächlich als die einzig wirklich Guten und Anständigen fühlten. Über Jahrzehnte war die freiheitliche Gesinnung nicht gerade ein Markenzeichen, das zu Vorteilen verhalf. Während ein schwarzes oder rotes Parteibuch oder der Ruf, einer dieser beiden Parteien nahe zu stehen, die Türen zu kleineren, größeren oder ganz großen Karrieren öffneten, bedeutete der Satz, „das ist ja ein Blauer" oft ein glattes Aus für das Weiterkommen. Unter diesen Voraussetzungen orientierte sich die politische Erfolgsstrategie stark am aufgestauten Frust der Menschen.

Die Familie der Unterprivilegierten hatte aber etwas übersehen. Manche ihrer eigenen Proponenten begannen selbst schon an den Futtertrögen zu sitzen und an den Privilegien zu knabbern, die sie eigentlich hätten abschaffen müssen. Oder ist es etwa kein Privileg, wenn der freiheitliche Kulturstadtrat einer Landeshauptstadt eine eigene Loge im Stadttheater permanent für sich zur Verfügung hat? Auch der freiheitliche Herr Landeshauptmann hat die Landeshauptmann-Loge nicht sofort nach seiner Wahl abgeschafft. Mit welcher Begründung sollen Politiker mit ihren hohen Einkommen sich Theaterkarten nicht selbst kaufen? Mit welcher Begründung nehmen heute, wo sie selbst an die Macht kommen, gerade jene, die jede Vergeudung von Steuerschillingen so vehement bekämpft haben, nun doch derartige Privilegien für sich in Anspruch? Es sind kleine Symbole und größere Fakten, die täglich unter Beweis stellen, daß überall mit Wasser gekocht wird.

Der kleine Blaue

Der kleine blaue Mann und die kleine blaue Frau glauben heute noch an etwas Großes, sind überzeugt davon und kämpfen dafür. Sie fühlen sich in ihrem politischen Glauben unterdrückt und haben in Jörg Haider ihr Ideal und ihren Märtyrer gefunden. Daß ihre blaue Welt auch nicht immer so heil ist, wie sie sich das vorstellen, wollen sie gar nicht wissen. Durch ihre Stimme und auch durch ihr Geld tragen sie zum Erfolg der Bewegung bei. Aber es handelt sich um eine Bewegung nach oben, die im Machtgefühl einiger weniger Personen gipfelt. Der kleine Blaue wird mit System gepflegt und ausgenützt. Sein Leben wird von einem blauen Gefühl des Glücks, der Geborgenheit, aber auch des Kampfgeistes bestimmt. Er will ja in Wirklichkeit in seiner heilen Welt auch gegen etwas kämpfen: nichts sehr Greifbares, etwas Unscharfes, Fremdes, ja Fremdes.

Der kleine Blaue hat manchmal noch immer einen ausgeprägten Braunton. Die vielen kleinen Blauen stellen zusammengenommen die freiheitliche Basis dar. Diese Menschen sind überzeugte Wähler und idealistische Anhänger ihres Parteiführers und der Partei. Sie laufen für die Funktionäre und haben keinen persönlichen, materiellen Vorteil aus ihrem politischen Engagement. Im Gegenteil – zumindest bis vor kurzem hat ihnen das Bekenntnis zu den Freiheitlichen im beruflichen und öffentlichen Leben häufig Nachteile gebracht. Die Parteibonzen, die blauen Apparatschicks stellen sich gerne als Jünger und Apostel des Bundesparteiobmanns dar. Wie in keiner anderen Partei herrscht an der Basis ein tiefer Glaube an die auserkorene Führerfigur. Die Mittelsmänner, das heißt die Vertreter der noch nicht der großen Wählerzahl angepaßten Parteiorganisation, sind Nutznießer einer Begeisterung, die sich nicht auf sie bezieht. Mit Ausnahme einer Anzahl von Bürgermeistern haben die gewählten Mandatare in der Partei kein Gewicht und beim Wählervolk kein besonderes Ansehen. Sie haben kaum eine Möglichkeit, sich als eigenständige Politikerpersönlichkeiten zu profilieren. Wenn sie es trotzdem versuchen, besteht die Gefahr, daß sie dem Lichtschein, der von ganz oben zur Basis fällt, im Wege stehen und daß sie Schatten auf die kleinen Blauen werfen. Sie verstehen sich daher hauptsächlich als Vermittler der Wahrheit, die von oben kommt. Die Unfehlbarkeit des Parteiführers ist zwar kein irgendwo niedergeschriebenes Gesetz, aber sie gilt als ungeschriebene und nicht angreifbare Tatsache.

Dieser Zustand ist natürlich nicht von selbst entstanden. Seit Jahren sorgen die Parteikassen dafür, daß das Bild des strahlenden Führers allgegenwärtig ist. Kein Wahlkampf, der nicht auf seine Person besonders konzentriert wird. Auf wievielen Plakaten im ganzen Lande Österreich wurde dieses eine Gesicht seit vielen Jahren immer und immer wieder, mit immer neuen Frisuren und dem immer geänderten Outfit affichiert? Kanzler, Minister, Parteiobmänner anderer Parteien sind gekommen und gegangen, Haider ist geblieben.

Durch wieviel Attribute wurde sein Ruf verbreitet und verfestigt? „Der Jörg, der traut sich was“, „Einfach ehrlich, einfach Jörg“, „Er liebt das Land, und das Land braucht ihn“, „Einer mit Handschlagqualität“.

Der kleine Blaue glaubt seinem Parteichef. Er glaubt ihm, daß er alles für die kleinen Leute tut und daß nur er wirklich versteht, was das Volk braucht und will. Er kommt nicht auf den Gedanken, daß vielleicht ein Parteiführer das Volk auch für sich braucht. Oder daß er möglicherweise nur vorgibt, immer das zu wollen, was die Menschen gerade hören wollen.

Der kleine Blaue läßt sich gerne als einer der Fleißigen und Anständigen bezeichnen. Er fühlt sich wohl in dieser Rolle, die so, wie sie dargestellt wird, polarisierend ahnen läßt, daß alle anderen weniger anständig und fleißig sind. Sein Führer als oberster Vertreter der Anständigen und Fleißigen ist natürlich besonders anständig und fleißig.

Der Chef und seine Nachahmer haben stets auch stark auf Äußerlichkeiten gesetzt. Sie wollten nicht die Intellektuelleren sein, wohl aber die besser Angezogenen, die Braunergebrannten, die Sportlicheren, ja einfach die Tolleren. Daß diese Form des äußeren Auftritts Geld kostet, hat bisher niemanden gestört. Das Image der feschen, dynamisch wirkenden Jungstar-Politiker muß gepflegt werden. Das ist Teil der Werbestrategie.

Haider hat den Erfolg seiner Partei der Überzeugung der vielen kleinen Blauen zu verdanken. Zwischen ihm, dem großen Blauen, und der Masse der kleinen Blauen ist viel luftleerer Raum. In der Masse hat er sich bestätigt gesehen und von der Masse wurde er auch stets idolisiert. In den Zwischengremien herrschte zuviel Eigennutz. Die Bereitschaft zur bedingungslosen Loyalität, die an Selbstaufgabe grenzt, war nur bei jenen Parteifunktionären langfristig gegeben, die existenziell keine Ausweichmöglichkeiten hatten. Die freiheitliche Partei ist daher heute eine an Personenkult gewöhnte Führerpartei, die, wenn es zur Verantwortungsbildung kommt, Schwierigkeiten hat, aus den eigenen Reihen hochqualifizierte Persönlichkeiten zu nominieren.

Die Rosenstingl-Affäre und ihre Folgen

Zufälle, unvorhergesehene Ereignisse und menschliches Versagen können langfristige Strategien einer politischen Partei in Frage stellen. Wellentäler, die medial zu tiefen Schlünden gemacht werden, aus denen ein Entkommen kaum mehr möglich erscheint, erweisen sich im Nachhinein manchmal als wahre Ursache für einen Erneuerungsprozeß. Sie führen letztlich zu Resultaten, die niemand erwartet hätte. Die sogenannte Rosenstingl-Affäre ist ein Bespiel dafür, wie aus einer Krise sogar noch ein Hoch entstehen kann. Diese Krise traf die Freiheitlichen und Haider ziemlich unvorbereitet und mit voller Wucht. Zu beachten ist, daß die anderen Parteien das Thema kaum voll für sich ausnützten. Dafür war sicher nicht übergroße Fairneß der Spitzenpolitiker von Rot und Schwarz verantwortlich. Vielmehr war es das Wissen um die vielen Skandale, die diese Parteien selber belastet haben. Manche dieser Affären reichten viel tiefer in die Strukturen der Parteien hinein, als dies in der Affäre Rosenstingl bei den Freiheitlichen der Fall war. Die Angelegenheit war aber für die erklärte Partei der Saubermänner, für die Vertreter der Anständigen und Fleißigen eine Katastrophe. Größere Gaunereien hatten sich bei den Freiheitlichen bis zu diesem Zeitpunkt kaum abgespielt. Es fehlten ja mangels Zugangs zur Macht auch die Möglichkeiten dafür.

Wer sich aber mit großer Wollust auf diese Affäre stürzte, waren die, den Freiheitlichen nicht wohlgesinnten Medien. Sie haben dafür gesorgt, daß in den Reihen der überzeugten Parteigänger eine tiefe Verunsicherung eintrat. „Ist bei uns am Ende wirklich vieles nicht anders wie bei den anderen?" fragte man sich. Die Umfrageergebnisse zeigten ein leichtes Zwischentief. Das Krisenmanagement war, obwohl kaum strategisch durchdacht, effizient und ist bei den Leuten gut angekommen. „Ja, es gibt auch bei uns schwarze Schafe, besonders eines", wurde eingestanden. Mit schwarzen Schafen muß man hart umgehen. Die gläserne Partei wurde kreiert. Ein gutes Geschäft für der Partei nahestehenden Steuerberaterfirmen, die die einzelnen Landesorganisationen gegen gutes Honorar durchleuchteten.

Ein eigener Bundesparteitag wurde einberufen, bei dem jeder Abgeordnete und jedes Regierungsmitglied den „Vertrag mit dem Bürger“ unterschreiben mußte. Er verpflichtete sich darin, seine Wahlversprechen einzuhalten. Sie sollten in Zukunft sogar einklagbar sein. Wie bei einem Festakt begaben sich die Damen und Herren Mandatare und Regierungsmitglieder über eine Stiege, für alle sichtbar, auf ein Podium, wo der neu gekürte Bürgeranwalt Dipl.-Vw. Jossek saß, und unterzeichneten dieses, von einigen „Knebelungsvertrag“ genannte Papier.

Die Idee des „Vertrages mit dem Bürger“ war eine gute Reaktion auf die Rosenstingl-Affäre. Auch sie hatte aber nur symbolischen Wert. Die Bemerkungen vieler, die die Unterschrift geleistet hatten, hinter vorgehaltener Hand, waren dazu angetan, Illusionen zu zerstören.

Die Veranstaltung selbst war an lächerlicher Pathetik kaum zu überbieten. Wieviele Wahlversprechen haben gerade jene, die diese Idee erfunden und verwirklicht haben, schon gebrochen? Bleibt die Frage, wie sich der honorige und hochverdiente altfreiheitliche Jossek in seiner Rolle gefühlt haben mag ...

Das Zuspitzen der gesamten freiheitlichen Bewegung auf eine Person und auch das Sich-Identifizieren dieser Person mit der Partei im Sinne von „La F c'est moi“, kam im Jahr 1998, das für die freiheitliche Partei kein besonders gutes war, stark zum Ausdruck. Für Haider wirkten die „Missetaten“ von Leuten wie Rosenstingl fast wie gegen ihn gerichtete Aktionen. Er war damals nicht einmal so sehr über die Charakterlosigkeit von Personen und über das, was sie angerichtet haben, bestürzt. Was ihn wirklich hart getroffen hat war, daß man gerade ihm, der doch ein Leben lang alles für die Partei und ihre Angehörigen gemacht und so viele Opfer gebracht hat, so etwas antun konnte. Diese vermeintlich persönliche, gegen ihn gerichtete Kränkung ist in zahlreichen Reden deutlich zum Ausdruck gekommen. Sie gipfelte in der ultimativen Androhung, die Partei zu verlassen und alles hinzuschmeißen. Nur in einer Gemeinschaft, die emotional, organisatorisch und, was die parteieigenen Medien anlangt, vollkommen auf die eine Person zugetrimmt ist, kann eine solche Drohung auf fruchtbaren Boden fallen. Es hat kaum Leute innerhalb der Partei gegeben, die gesagt hätten: „Na, dann soll er halt gehen." Die Reaktionen bewegten sich zwischen Schulterzucken und tiefer Betroffenheit. Vor allem die treuen kleinen Parteileute waren über die Androhung des Jörg, sie verlassen zu wollen, entsetzt und zutiefst betroffen. Für sie brachen Welten zusammen. Eine Weiterexistenz ihrer politischen Heimat ohne den bewunderten Führer, der ständig allen die Meinung sagt und der sich traut, das auszudrücken, was sie empfinden, war unvorstellbar. Unter den Abgeordneten und in den Führungsgremien gab es Vertreter und Vertreterinnen, die den Jörg mit weinerlicher Stimme baten, sich seine Entscheidungen noch einmal zu überlegen. Wie schlimme, reumütige Schüler schworen sie hoch und heilig, in Zukunft alles besser zu machen. Sie bezeugten mit emotionstriefender Stimme, wie sehr sie sich darüber im klaren wären, daß sie ihm alles verdankten.

Nur für wenige war der Gedanke, daß ein Kapitän, dessen Schiff ein Leck bekommt, einfach sagt, „wenn ihr dieses Loch nicht sofort stopft und dafür sorgt, daß so etwas nicht wieder vorkommt, und wenn ihr mir nicht schwört, daß ihr euch bessern werdet, dann verlasse ich das Schiff", inakzeptabel. Erstaunlich ist, daß es eine Schiffsbesatzung gibt, die einen solchen Kapitän mehrheitlich akzeptiert. Nach dieser Phase des Selbstbedauerns erklärte Haider, daß er es sich anders überlegt habe und jetzt erst recht die Zügel wieder in die Hand nehmen werde.

Zu dieser Zeit und in diesem Zusammenhang entstand in Kärnten die Meinung, daß der Jörg für das Wiener Parkett viel zu gut sei und er nach Kärnten zurückkommen solle. „Wozu soll er sich das alles noch antun?" fragte man. Das selbstgesteckte Ziel, den Bundeskanzler zu erreichen, war offensichtlich in weitere Ferne gerückt. Die bevorstehenden Landtagswahlen in Kärnten ließen hingegen die Aussicht, dort die Nummer eins zu werden, realistisch erscheinen.

Die Entscheidung, nach Kärnten zurückzugehen, hat ihren Ursprung indirekt in der Rosenstingl-Affäre. Und diese Entscheidung war für den Wiederaufschwung der Freiheitlichen von allergrößter Bedeutung.

Inzwischen hatte sich aber in Kärnten in der Person von Karl-Heinz Grasser ein jugendfrischer und trotzdem gereifter anderer freiheitlicher Anwärter auf den Landeshauptmannsposten gut etabliert. Die Familie Grasser hatte die FPÖ unter Haider jahrelang in vielen Wahlkämpfen großzügig unterstützt. Grasser hatte sich trotz seiner Jugend für diese Position inhaltlich und rhetorisch zu seinem Vorteil entwickelt. Die Partei ihrerseits hatte sein Image durch großzügige Plakataktionen und durch mediale Unterstützung stark gefördert. Der anfangs etwas steife junge Mann hatte einen erstaunlichen Beliebtheitsgrad erreicht. Es gab sogar viele, die behaupteten, er sei bereits beliebter als Haider selbst. Außerdem verstand sich Grasser mit den Regierungsmitgliedern der anderen Parteien und vor allem mit dem schwarzen Landeshauptmann recht gut. Es gelang ihm, Oppositionspolitik mit konstruktiver Arbeit für das Land zu vereinen. Zwischendurch leistete er sich einige verbale Schnitzer, wie zum Beispiel die Aussage, nur Kärntner Firmen, die keine ausländischen Arbeitnehmer hätten, dürften an öffentlichen Ausschreibungen teilnehmen. Bei solchen Anlässen stärkte Haider ihm den Rücken.

Als sich aber die Gesamtlage der Freiheitlichen in die Richtung zuspitzte, daß Haider selbst als Ausweg nun doch den Weg zurück nach Kärnten ins Auge faßte, war Grasser eindeutig im Weg. Dieser zeigte seinerseits keine besondere Neigung, auf den Landeshauptmannsposten, den er trotz seiner Jugend mit großer Vehemenz angestrebt hatte, von sich aus zu verzichten. Was aber noch mehr wog, war die Tatsache, daß auch in nicht-freiheitlichen Kreisen, vor allem bei den intellektuell anspruchsvolleren Menschen, eine große Zustimmung für Grasser zu spüren war.

Grasser wurde in der Folge systematisch abmontiert und in den Frust getrieben. In einer parteiinternen Sitzung teilte ihm der freiheitliche Bundesgeschäftsführer Rumpold mit, daß er doch verstehen solle, „daß Du zu uns nicht paßt, ebenso wie wir zu Dir nicht passen". Grasser wurde in dieser Sitzung so behandelt, daß er nachher leicht geknickt schien. Es war nur zu logisch, daß er sich – was ihm leicht gefallen ist – eine Stelle in der Privatwirtschaft gesucht hat. Damit war der Weg für Haider in Richtung Landeshauptmann von Kärnten frei. Zu diesem Zeitpunkt wußte er noch nicht genau, ob er diesen Weg wirklich einschlagen wollte. Fest stand aber, daß er sich diese Möglichkeit offen halten wollte.

Haider hat sich sehr geschickt bitten lassen und gezielt in die Position des Landeshauptmannskandidaten hineinmanövriert. Anfangs stellte er seinen Anhängern diese Möglichkeit nur in eher kryptischer Weise in Aussicht. Langsam wurde er etwas konkreter und ließ stärkere Hoffnung aufkommen.

Bei einem Sonderlandesparteitag in der großen Klagenfurter Messehalle gab er in prächtig vorbereitetem Rahmen unter tosendem Jubel seine Entscheidung „heimzukehren" bekannt. Die damalige Landesgeschäftsstelle hatte diese Großveranstaltung mit Geschick und Verständnis für die Emotionen verbreitet. Überall in der Menge sah man Schilder mit der Aufschrift „Jörg, komm wieder nach Kärnten".

Als die Entscheidung gefallen war, die weitere politische Karriere Haiders über Kärnten aufzubauen, verlegte die freiheitliche Partei vorübergehend ihre personelle Stoßkraft und einen Großteil ihrer finanziellen Kraft in das südliche Bundesland. Haider selbst war gezwungen, dem flotten Wiener Leben adieu zu sagen und wieder monatelang durch die Wirtshäuser von Kärnten zu tingeln. Der Kärntner Wahlkampf wurde in freiheitlichen Kreisen als die „Mutter aller Wahlschlachten" bezeichnet. Es ging um alles. Am 7. März

1999 wählte Kärnten mit 42,1 % der gültigen Stimmen freiheitlich. Dieser Erfolg beruhte einerseits auf dem enormen Einsatz von Jörg Haider mit Unterstützung seiner Frau, andererseits war er aber auch das Ergebnis einer großen Materialschlacht.

Haider, der Unverzichtbare

Die Persönlichkeit, der Siegeswille, die Ausdauer und auch der Fleiß dieses Mannes haben bewirkt, daß die freiheitliche Partei, was die Wähleranzahl anlangt, eine, vor einigen Jahren noch kaum vorstellbare, Breite erreicht hat. Es ist ihm selbst und seiner unmittelbaren Umgebung sowie auch jenen Leuten, die vorübergehend mit ins Boot geholt und für bestimmte Ziele benutzt wurden, gelungen, aus der Person Haider das Phänomen Haider zu machen und die gesamte Bewegung auf seine Person auszurichten. In Österreich steht FPÖ für „Der Jörg". In vielen Teilen des Auslands gilt er immer noch als Paraderechtsextremer[1]. Dieser unkorrekte Ruf wurde mit Systematik seitens mancher Medienvertreter und mancher Politiker, aber auch mit viel Eigendynamik und Fahrlässigkeit von eigener Seite einzementiert. Wenn man sich bemühte, im Europaparlament und darüberhinaus international das Image der Freiheitlichen im Hinblick auf ihre ideologische Positionierung zu revidieren, ist man lange an eine Mauer gestoßen, die schier undurchdringlich war. Als Beweis für den vorgeblichen Rechtsextremismus wurden immer wieder die Haider-Aussagen von der „Beschäftigungspolitik im Dritten Reich" oder die Rede in Krumpendorf vorgebracht. Parteien in anderen Ländern, die etwa der rechten Mitte angehören, hatten eine panische Angst, mit Leuten, die zu Jörg Haider gehören, in eine politische Koalition zu treten. Auch die Tatsache, daß die Frei-

1 Verlag und Autor distanzieren sich von dieser Bezeichnung.

heitlichen versucht haben, unter den Abgeordneten im Europaparlament Personen zu installieren, die eindeutig aus einer anderen politischen Richtung kommen, wie Peter Sichrovsky und Hans Kronberger, haben an dieser Voreingenommenheit nichts geändert.

Die freiheitliche Bewegung wird fast ausschließlich allein unter dem Blickwinkel des Haider-Phänomens beurteilt. Ein Teil der neuen Wähler sind nicht F-, sondern Haider-Wähler. Die Tatsache, daß viele Protestwähler nicht die Freiheitlichen, sondern Haider wählen, macht seine Person für alle jene Parteifunktionäre, die in Wirklichkeit nichts anderes im Sinn haben, als ein Mandat oder eine Funktion zu erlangen, unverzichtbar. Ohne das Zugpferd, für das gestimmt wird, hätten sie kein Mandat. Alle brauchen Haider, viele lieben ihn und manche, auch solche, die ihn brauchen, hassen ihn.

Haider aber will vor allem geliebt werden. Er hat einen unglaublichen Drang nach Bestätigung. Kritik betrachtet er eher als Beleidigung, und Bestätigung als Intelligenzbeweis. Richtig ist das, was von ihm kommt. Daher ist jeder, der ihm recht gibt, am richtigen Weg. Sein Umfeld hat sich völlig auf diese Art der absoluten, demokratisch gewählten „Partei-Monarchie“ eingestellt.

Er hat es aber auch stets verstanden, ein Netzwerk von verläßlichen Personen, die außerhalb des Parteiapparates stehen, zu knüpfen. Mölzer gehört heute wieder zu dieser Gruppe. Auch der Mittelschulprofessor Mag. Günther Harmina, der unter Haider zum Präsidenten des Kärntner Landesschulrates wurde, ist ein solcher Mann. Er war bei zwei Kärntner Wahlkämpfen Vizepräsident des Unabhängigen Personenkomitees für Jörg Haider und hat sich intensiv dafür eingesetzt, daß der Wahlerfolg zustande kam. Seine Unabhängigkeit wurde von ihm jedoch stets betont. Die große Affinität zu Haider stand aber außer Frage. Die Qualifikation von Prof. Harmina für seine derzeitige Position steht außer Zweifel, er ist aber ganz sicher ebenso wie Mölzer ein wichtiges Glied im Netzwerk der neuen Seilschaften, durch die Jörg Haider seine Macht langfristig absichern will.

Es ist Haider gelungen, von Kärnten ausgehend und nach Kärnten zurückkehrend, Strickmuster anzulegen, die immer und überall seine Person in den Vordergrund schoben. Dabei wurden viele Menschen benützt. Manche in harmloser Weise, manche in verführerischer Weise, andere auch unter dem Einsatz von Versprechungen, die nicht immer gehalten wurden. Die FPÖ und das Schicksal Haiders stellen sich wie eine Menschenpyramide mit unendlich vielen Stufen dar, über die er nach oben geklettert ist. Dabei sind viele der Stufen ausgebrochen und nach unten gefallen. Freundschaft scheint bei Haider eine Beziehung auf Zeit zu sein. Wer sich in eine solche Beziehung einläßt, muß wissen, daß er benützt wird. Dafür kann er kalkulieren, daß auch er selbst die Möglichkeit hat, zu benützen.

Haider, der Wahlkampfmensch

Haider scheint sich besonders wohl zu fühlen, wenn er auf einer Bühne steht, und eine große Menge von Menschen an seinen Lippen hängt. Da ist er in seinem Element. Er beherrscht diese Auftritte wie ein erstklassiger Kabarettist. Ebenso wie im Kabarett ist nichts von dem, was er sagt und tut, dem Zufall überlassen. Die Zuhörer sind der Meinung, daß hier einer in freier Rede aus seinem tiefsten Inneren heraus geistreich, witzig, scharf, gehässig, verbindlich, einschmeichelnd und gewinnend ist. In Wirklichkeit sind seine Reden bis zur letzten Geste und Wort für Wort, Witz für Witz einstudiert. Er beherrscht sie wie ein guter Schauspieler seinen Theaterauftritt. Er kann daher, ohne einen weiteren Gedanken an seine Rolle zu verschwenden, von Veranstaltung zu Veranstaltung fahren und unterwegs noch viele Gespräche, Telefonate und Termine erledigen.

Ich selbst bin zweimal, aus verschiedenen Anlässen, als Vorredner mit Haider einen Tag lang in alle Kärntner Bezirkshauptstädte gefahren. Ich habe je siebenmal denselben Auftritt miterlebt. Siebenmal hat sich alles bis ins letzte Detail wiederholt. Beide Reden waren so gut aufgebaut und so spannend, daß ich mich nicht fadisiert habe und selbst beim siebenten Mal an gewissen Stellen noch herzlich lachen mußte.

Für Haider sind diese Auftritte notwendige Arbeit und er denkt dabei ausschließlich an den Effekt. Daß die Mitreisenden fadisiert werden könnten, wenn er zum 120. Mal dieselbe Show abzieht, ist für ihn völlig belanglos.

Während des letzten EU-Wahlkampfes hatte ich die Gelegenheit, mehrere ganze Tage gemeinsam mit Dr. Otto Habsburg zu verbringen. Trotz seiner 87 Jahre war der Alterspräsident des Europäischen Parlaments von früh bis spät unermüdlich mit großer Disziplin im Einsatz. Auch die kleinste Versammlung, zu der nur ein paar Anhänger gekommen waren, war ihm nicht zu unbedeutend, um auch dort mit ungebrochener Herzlichkeit aufzutreten. Was den Totaleinsatz anlangt, ist er der einzige, den ich kennengelernt habe, der mit Jörg Haider Schritt halten kann. Auch er hatte Reden gehalten, die länger als eine Stunde dauerten und mit denen er seine Zuhörer restlos fesseln konnte. Otto Habsburg schöpfte aus unendlich großer persönlicher Erfahrung und hat niemals den Faden verloren. Das einzige, was sich bei seinen Reden wiederholte, war die Richtung der politischen Aussage. Ansonsten handelte es sich um freie Reden, die in ihrer Vielfalt so interessant waren, daß jemand, der fünf von ihnen an einem Tag gehört hat, jedesmal etwas Neues dazulernen konnte.

Die politischen Auftritte lassen gewisse Schlüsse auf die Politikerpersönlichkeiten zu. Während Haider ein brillanter Tagespolitiker und Stimmenmaximierer ist, hat Otto Habsburg das Charisma eines echten Staatsmannes. Auch er würzt seine Reden mit Humor und Ironie, auch er läßt es an

Schärfe gegen den politischen Gegner nicht fehlen. Aber er bleibt dabei immer ein „Gentleman" von staatsmännischem Format.

Personenkult und Sportshow

Rund um den freiheitlichen Personenkult gibt es Rituale und Aktionen mit Show-Charakter. Die Rolle, die für den Parteichef vorgesehen ist und in der er sich gerne sieht, ist jene des „tollen Burschen". Der Drang sowohl im engsten Kreis innerhalb der Parteifreundschaft als auch nach außen als stark, ausdauernd und siegend dazustehen, ist zur Parteistrategie geworden. Um diesen Mythos hat sich eine eigene Dynamik entwickelt, bei der Akteure, die etwas werden oder etwas bleiben wollen, aktiv mitspielen.

Wer bei den Freiheitlichen als Erfolgstyp dastehen möchte, betreibt seine Hobbies nicht für sich im stillen, sondern auch für die Außenwelt und möglichst publicityorientiert. Wenn er im Windschatten des Chefs läuft oder mit ihm Tennis spielt, nützt das seinem Ruf und er gilt als ein in der Partei gefestigter Mensch.

Nicht nur die Parteijugend gibt sich sportlich und männlich. Der Besuch von Bräunungsstudios, Dauerwellen und Haartönungen gehören durchaus zum guten Ton.

Manche Politkarriere, die von Haider selbst gefördert wurde, hat ihren Ursprung in sportlichen Begegnungen. Haider hat Spitzensportlern, die sich ihm widmeten und von denen er in bestimmten Sportarten wie Tennis profitieren konnte, eine Karriere geboten, die sie ohne diese Unterstützung von oben kaum geschafft hätten. So hat sich der Landtagsabgeordnete und Klagenfurter Parteiobmann Christian Scheider als Tennistrainer jahrelang um Haider bemüht. Inzwischen ist er durch Haiders Gunst und gegen den Willen so mancher anderer Mitstreiter zu einem politischen Vollprofi in der ersten Landesliga avanciert. Auch der ehemalige Europaabgeordnete und spätere Landesparteiobmann in Tirol verdankte seine Politkarriere einer fitneßorientierten Begegnung mit Haider. Mit Dr. Linser trat die FPÖ in Tirol durch einen Mann auf, der auf Landesebene koalitionsfähig gewesen wäre, wenn das die Parteispitze zugelassen hätte.

Ein besonderes Ritual im politischen Leben der Freiheitlichen modernster Prägung sind Marathons und andere Fitneßläufe. Der frühere Bundesgeschäftsführer, ehemalige Europaabgeordnete und heutige Nationalrat Karl Schweitzer ist ein blendender Marathonläufer und hatte die für ihn, wie er selbst andeutete, leicht frustrierende Aufgabe, einige Marathons mit seinem Chef zu laufen. Er hat es nicht gewagt, den Jörg, wie er das spielend gekonnt hätte, abzuhängen. Nein, er blieb bis zum Schluß an dessen Seite. Das Siegerimage, das der Spitzenmann der Partei braucht, läßt es nicht zu, daß ihm einer seiner Mannen davonläuft. Das gehört zum freiheitlichen Hofzeremoniell. Im Rudel der Parteiclique ist das aber unproblematisch, weil Haider dank seiner eisernen Selbstdisziplin ohnehin ein Fitneßwunder ist und den meisten anderen locker davonläuft.

Innerhalb des engsten Kreises wird die sportliche Aktivität Haiders als politisch wichtig betrachtet und nach besten Kräften gefördert. Haider führt seine Reisen zu internationalen Marathons mit großer Begleitung durch. Sein persönlicher Sekretär, in der Zwischenzeit Bundesgeschäftsführer, ist immer dabei und oft auch die stellvertretende Bundesparteiobfrau Dr. Riess-Passer.

Auch in der Marathonfrage haben die Freiheitlichen die Koalitionsparteien unter Zugzwang gebracht. Manchmal bekommt man den Eindruck, daß es in Österreichs Spitzenpolitik weniger auf die besten Köpfe, als auf die stärksten Wadeln ankommt. Vielleicht hätte sich das der Herr Bundespräsident im Zusammenhang mit der Regierungsbildung vor Augen halten sollen. Wenn sich beim New York-Marathon der rote

Innenminister, der schwarze Umweltminister und der blaue Kärntner Landeshauptmann messen, könnte man meinen, wir sind von einem Land der Sänger und Tänzer zu einem Land der Keucher und Schwitzer geworden. Oder laufen unsere Spitzenpolitiker vor unlösbaren Aufgaben davon? Vielleicht laufen sie dem Erfolg nach, den ihnen die von Europa schon zu stark dominierte Politik nicht mehr ermöglicht. Stellt sich die besorgte Frage, ob etwa der Steuerzahler oder die Parteikassen den Fitneßrausch österreichischer Spitzenpolitiker mitfinanzieren.

Macht und Marketinginstrument Mandatsliste

Die Listenerstellungen für Parlamentswahlen, sei es im Landtag, im Nationalrat oder für das Europaparlament, sind ein wichtiges Machtinstrument der Parteiführer. Von seiten der Oppositionsparteien sind die Kandidaturen an wählbarer Stelle die einzigen materiellen Köder, die die Partei zu vergeben hat. Umso heißer sind sie umkämpft, und umso intensiver wird dieses Machtinstrument ausgenützt. Zumindest das letzte Jahr vor den Wahlen sind die Kreise der potentiellen Kandidaten stark von diesem Ausscheidungskampf geprägt. Je autoritärer die Listenerstellung ist, umso offensichtlicher werden Profilierungswünsche und Anbiederungen der möglichen Kandidaten. Erstaunlich ist es, daß erfahrungsgemäß die Gewinner häufig tatsächlich jene sind, die sich besonders unterwürfig geben und die ihre totale Loyalität deutlich sichtbar zur Schau stellen. Bei den Freiheitlichen, wo sich alle Entscheidungen auf einen Mann zuspitzen, geht das bis zum Nachäffen des Chefs und bis zu vorauseilendem Gehorsam, der manchmal leicht groteske Formen annimmt. Das Listenerstellen wird so aufgebaut, daß jeder, der ein Mandat bekommt, den Eindruck hat, daß er zwar vom Volk gewählt wurde, aber doch durch Haider selbst in diese Position gekommen ist. Er hat das Gefühl, daß er letztlich „ihm“ sehr viel oder alles verdanke. Jörg Haider läßt Leute selten gänzlich fallen. Er montiert sie ab und schiebt sie woanders hin, um sie bei Gelegenheit wieder herauszuholen und je nach Opportunität wieder aufzubauen oder sogar ganz oben anzusiedeln. So ist der Frust nur von vorübergehender Dauer. Die meisten leben in der Hoffnung, doch wieder einmal, vielleicht völlig unvorhergesehen, erhört zu werden.

Wenn Betroffene ihrem Frust Ausdruck verleihen, schimpfen sie über alle anderen, nur nicht über den „Boß“ selbst. Die Türe zu seiner Gnade will sich jeder offenlassen. Im schlimmsten Fall wird gesagt, „er hat eben keine gute Menschenkenntnis“. Das heißt dann ungefähr „irren ist menschlich, aber er wird schon draufkommen“. Haider selbst spielt das Spiel bewußt mit und erweckt stets den Eindruck, daß negative Entscheidungen nicht von ihm kommen. Sie wurden von jemandem anderen Zuständigen oder durch die Gremien gefaßt. Hingegen läßt er jeden, der etwas erreicht, sehr deutlich wissen, daß er dies ihm verdanke.

Die neue Liste der blauen Nationalratsabgeordneten stellt sich allerdings unter anderen Gesichtspunkten dar. Die Personenzusammensetzung ist dem „Supermarkt der politischen Angebote“ angepaßt. Mehr als die Hälfte der freiheitlichen Nationalräte wurde nach der Wahl vom 3. Oktober 1999 ausgewechselt. Sogar prominente Altgediente mußten gehen. Die neuen Mandatare sind eine bunt zusammengewürfelte Menschengruppe. Sie kommen aus den verschiedensten Richtungen. Da finden sich genauso enttäuschte SPÖ- und ÖVP-Wähler, wie freiheitliche Karrieristen und reine Herzeigmodelle. Für jeden Geschmack ein passender Kandidat! FPÖ Generalsekretär Peter Westenthaler meint: „Wir haben mittlerweile für jedes Thema eine typische Person im Parlament.“

Die Freiheitlichen wollen sich auch durch die Mandatsliste bewußt als ideologiefreie Zielgruppenpartei darstellen. Die Mandatare sind bedarfsmäßig nach allen potentiell interessanten Seiten ein- und ersetzbar.

Dieser Aufbau der blauen Volksvertretung ist demokratiepolitisch interessant. Er setzt einen positiven Schritt zu einem Parlament, das verstärkt die tatsächliche Zusammensetzung der Bevölkerung widerspiegelt. Die zu große Dominanz des Hohen Hauses durch Lehrer und Beamte wird dadurch etwas aufgeweicht.

Nicht zu übersehen ist, daß sich die Mehrheit dieser Neoblauen von Teilen der, sogar im Wahlkampf propagierten, Aussagen deutlich distanziert. Es wird interessant sein zu beobachten, wie sie sich bei Abstimmungen, wo es um diese Themen geht, verhalten werden.

Supermarkt politischer Angebote

Der Eindruck, daß, seit Haider Bundesparteiobmann der Freiheitlichen wurde, das vorrangige Ziel aller Bemühungen die Stimmenmaximierung war, wird von vielen Beobachtern geteilt. Stimmenmaximierung ist nur dann möglich, wenn von einer zu einseitigen, ideologischen Ausrichtung abgegangen wird. Stimmenmaximierung und Opportunismus gehen Hand in Hand. Kann man es einer Partei, die unter Steger noch am Rande der Bedeutungslosigkeit dahinvegetierte, vorwerfen, wenn sie versucht, neue Wege zu gehen, um auch andere Wählerschichten dazuzugewinnen? Unter Haider hat das Haus der Freiheitlichen viele Türen geöffnet, durch die neue Bevölkerungssegmente angezogen wurden. Das Ziel war es, durch das Aufgreifen neuer Themen und durch das Schaffen von Feindbildern und Angstvorstellungen in völlig neue Wählerschichten einzudringen.

Um dieses Ziel zu erreichen, wurde die Ausrichtung der Wahlstrategien weitgehend der Werbeagentur überlassen. Richtungsänderungen wurden dann relativ leicht beschlossen und vollzogen, wenn deutliche Signale vorlagen, daß sich die öffentliche Meinung geändert hat. Ein klassisches Beispiel ist die radikale Änderung der Europapolitik von einer klaren Pro-Europa zu einer prononcierten Anti-Europa-Haltung. Es wird immer wieder behauptet, daß die Partei nicht gegen Europa, sondern nur gegen das „Maastricht-Europa" sei. Zahllose Reden, Propagandapapiere und auch Aussagen von Proponenten der Partei deuten aber auf eine populistische, ausgeprägte Anti-EU-Haltung.

Ein anderes markantes Beispiel ist auch der gelegentlich plötzliche Wechsel von der, den Gegner zerstörenden, verhöhnenden, schlechtmachenden Total-Opposition zur Optik der Fairneß. So wurde der Kärntner Landtagswahlkampf ganz bewußt und strategisch sehr effektvoll nach diesem Strickmuster aufgezogen. Es gab zuerst die Vorwahlphase der Zerstörung des Gegners. Da ging es darum, alles, was bisher von den anderen Parteien gemacht wurde, als ineffizient und schlecht darzustellen und nachzuweisen, daß diese Politik Kärnten in allen Bereichen an die Schlußposition geführt habe. Gleichzeitig wurden immer wieder kleine Erfolge aus der kurzen Landeshauptmannzeit Haiders in den Vordergrund gestellt um zu zeigen, wie man es anders machen kann. Die Menschen sollten mit Negativthemen wie z. B. der Kampagne gegen den Künstler Cornelius Kolig mobilisiert werden. Dieser Mann wurde als „unzumutbarer Fäkalkünstler" öffentlich angeprangert. Es wurde bewußt polarisiert.

In einer späteren Phase des Wahlkampfes kam die Kehrtwendung. Der freiheitliche Wahlkampf wurde plötzlich mit feiner Klinge und positiven, guten Themen geführt.

Ein faires Spiel mit dem (bereits am Boden liegenden) Gegner wurde demonstriert. Die Zeit der großen Versprechungen war angebrochen: Kinderscheck, Steuersenkung, Strompreissenkung, Mietensenkung. Manche spürten schon, wie sich die Geldbörse aufblähte. Der Kinderscheck, eine familienpolitisch kluge und auch sinnvolle Maßnahme, als zentrales Thema in den Raum gestellt und allen Kärntner Müttern versprochen, war wahlentscheidend. Die Frage der Finanzierbarkeit, die Frage der weiteren Verschuldung im Falle der Einführung waren damals eher sekundär. Das Ziel war ausschließlich der Wahlsieg am 7. März 1999.

Das Ziel, aus möglichst vielen Schichten und Segmenten der Bevölkerung möglichst viele Stimmen zu erhalten, führt dazu, daß die Partei einen politischen Spagat machen muß. Sie ist eine Art Supermarkt der politischen Angebote geworden und ideologisch keinesfalls mehr einzuordnen. Das Einhalten aller Wahlversprechen, die zum Teil widersprüchlich sind, wird kaum möglich sein. So widersprechen sich die sozialpolitischen Versprechen wie die Einführung des Kinderschecks und die drastische Steuersenkung im Rahmen des Flat tax-Projektes diametral. Mit dem Erreichen der Regierungsbeteiligung auch auf Bundesebene würde eine Änderung der Taktik notwendig werden. Als Verantwortung tragende Partei würde die Notwendigkeit, die anstehenden, unpopulären Probleme anzupacken, wahrscheinlich zu einem Schrumpfen des Wählerpotentials führen. Es käme zumindest zu einem Umschichten der Wählergruppen.

Die Frau in der (blauen) Politik

In kaum einem anderen Bereich sind die Realitäten des politischen Lebens in Österreich so doppelzüngig und scheinheilig wie in der Familienpolitik. Die „konservativen" Parteien einschließlich der Freiheitlichen haben die heile, traditionelle Familie mit dem Vater-Mutter-Kinder-Klischee zum Thema gemacht. Der freiheitliche Kinderscheck verfolgt indirekt eine Politik, die bewirken soll, daß die Eltern zu ihrer Verantwortung den Kindern gegenüber stehen.

Die tägliche Praxis des Politikerlebens bei den Freiheitlichen, aber auch bei den anderen Parteien, steht in krassem Gegensatz zu den familienpoltischen Sonntagsreden, mit denen man das Wählervolk beeindrucken möchte. Meistens treten nur die

Frontmänner selbst in Erscheinung und zwar fast ausschließlich ohne ihre Ehefrauen. Frauen, die in der Politik in Erscheinung treten, sind jene, die entweder selbst politisch aktiv sind, oder aber solche, die die männlichen Politiker als PR-Damen, als Prospektverteilerinnen, als Unterstützerinnen umschwärmen.

Es gibt nichts Öderes als das Leben der Gattin eines Politikers, der in vollem Einsatz steht. Sie wird selten mitgenommen, will vielleicht auch nicht mitgehen und kommt an der Seite ihres Mannes so gut wie überhaupt nicht vor. Der frühere Kärntner Landeshauptmann Zernatto hat einmal gesagt, daß das Leben einer Politikerfrau deshalb so besonders schlimm sei, weil sie, wenn der Mann spät in der Nacht nach Hause kommt, nur die negativen Dinge hört. Er lädt seinen Frust bei ihr ab. In den nächsten Tagen muß sie diese Hiobsbotschaften innerlich verkraften. Er selbst aber eilt schon wieder von Ereignis zu Ereignis und hat den damaligen Frust längst abgebaut.

Bei Durchsicht der Gesellschaftsspalten kann man feststellen, daß dort fast ausschließlich jene Politiker in Begleitung ihrer Frauen vorkommen, die sich eine zweite, jüngere Ehepartnerin zugelegt haben. Die ursprüngliche Gattin, mit der die meisten dieser Herren ihre Karriere aufgebaut hatten, wurde im Rausch des Erfolges abgelegt und durch eine junge Herzeige-Frau ersetzt. Die österreichische Gesellschaft, die stark von den Massenmedien beeinflußt ist, hat diese Ungerechtigkeit als etwas Selbstverständliches, ja Bewundernswertes akzeptiert. Eine attraktive, modebewußte, um oft Jahrzehnte jüngere Frau gehört zum Erfolgsbild eines dynamischen Politikers. Vom Bundespräsidenten über den Bundeskanzler zu diversen „Ministern", zu gewissen Landeshauptleuten und den Bonzen in der staatsnahen Industrie zieht sich dieses Erscheinungsbild wie ein roter Faden. Es sind fast ausschließlich diese Zweitfrauen, die mit ihren Männern auch öffentlich in Erscheinung treten und von den Medien fast liebevoll registriert werden.

Jene Politiker – und es gibt ihrer nicht mehr besonders viele –, die gemeinsam mit einem Ehepartner älter geworden sind, treten fast durchwegs alleine oder nur in Begleitung ihrer professionellen Entourage auf. Anders als in den Vereinigten Staaten und den meisten westeuropäischen Ländern ist in Österreich ein Politiker oder eine Politikerin für sich alleine ein „vollständiges Produkt". Frau oder Mann und Familie spielen dabei keine Rolle. Diese Verhältnisse findet man auf örtlicher Ebene genauso vor wie in der sogenannten Spitzenpolitik. Die Gemeinderäte, Vizebürgermeister und Bürgermeister kleiner und größerer Gemeinden erachten es als ihre Pflicht, oft allabendlich durch die Wirtshäuser zu ziehen, und verlangen von ihren Frauen, daß sie diese „Pflicht am Bürger" akzeptieren.

Das freiheitliche Politikerleben, soweit ich es selbst miterleben konnte, ist nicht gerade förderlich für die Ehe. Quer durch die Reihen der Abgeordneten und auf allen Ebenen gibt es einen außerfamiliären Beziehungsreichtum, der als selbstverständlicher Bestandteil zum politischen Spiel gehört. Die Zahl der zerbrochenen Politikerehen ist erschreckend groß.

Zum Ritual der Wahlkämpfe gehören auch die angeblich notwendigen Disco-Touren. Während meiner Wahlkampfaktionen wurde ich von den sogenannten Strategen dazu genötigt, an Donnerstagen und Freitagen zu nächtlicher Stunde durch zahllose Lokale und Diskotheken zu ziehen. Wenn man als Spitzenkandidat durch die sichtbare Präsenz auf vielen Wahlplakaten bekannt ist, findet man in den Lokalen natürlich Aufmerksamkeit und leicht Kontakt. Die politische Effizienz dieser wahltaktischen Manöver ist aber sehr beschränkt. Einmal, als ich mich als Spitzenkandidat der Freiheitlichen für den Klagenfurter Bürgermeistersessel in einer Diskothek aufhielt und von einer ziemlich großen Zahl attraktiver Mädchen umgeben war, fragte ich in die Runde, wer denn die Absicht habe, am übernächsten Sonntag zur Wahl zu gehen. Die Antwort lautete unisono: „Wir können noch gar nicht zur Wahl gehen, weil wir dazu noch zu jung sind." Sie hatten das Wahlalter noch nicht einmal erreicht gehabt.

Viele der Politiker haben durch die immer wiederkehrenden, endlosen und todlangweiligen Club- und Parteisitzungen, die von Biersitzungen in den Wirtshäusern gefolgt sind, den Anschluß an ihre Familien verloren. Ihr Leben und ihr Denken kreist immer mehr nur um die eigene Person und um die durch viele Bierkrügel gefestigte Polit-Kameradschaft. Sie entfernt sich immer mehr vom Ehepartner. Die Folge sind zerbrochene und geschiedene Ehen.

Häufig werden neue persönliche Partnerschaften innerhalb der Gesinnungsgenossenschaft aufgebaut. Marketenderinnen, deren politische Ziele weniger ideologischer Natur sind, stehen genügend zur Verfügung.

Das Sittenbild der Parteien – und meine Erfahrung beschränkt sich hier weitgehend auf die Freiheitlichen – ist jenes einer nach innen geschlossenen Gesellschaft. Politische Arbeit und Vergnügen vermischen sich dort ohne genaue Trennungslinien. Die nichtpolitisch tätigen Lebenspartner werden langsam aber sicher auf die Seite geschoben. Ihre Teilnahme an den politischen Treffen ist nicht sehr erwünscht.

Haider meinte in einem „Kurier"-Interview vom 7. Oktober 1984: *„Ich habe noch nie eine erotische Politikerin kennengelernt. Fast alle werden verhärmt davon. Bitte, vielleicht gibt es Einzelfälle, wo der Politikerjob paßt für eine richtige Frau."* Es ist zu bezweifeln, ob diese Meinung auch heute noch Gültigkeit hat. Bei der heutigen marketingorientierten Arbeitsstrategie der Freiheitlichen spielen Äußerlichkeiten eine große Rolle. Das politische Leben ist über weite Strecken geradezu mit einem Werbefilm gleichzusetzen. Das hat auch auf die Auswahl der nach außen hin auftretenden Politikerinnen Auswirkungen. Bei der innerparteilichen Auseinandersetzung um Positionen kommen häufig junge, sehr auffällig hergerichtete Frauen gegenüber wesentlich gebildeteren und inhaltlich fundierten, reiferen Frauen zum Zug. Dabei werden im Zusammenhang mit der Wahlwerbung häufig sogar klischeehafte Typen bevorzugt, während auf Frauen, die zu einer nachhaltigen Argumentation fähig wären, verzichtet wird.

Die Massenmedien tragen dazu bei, daß Männer, die mit möglichst vielen Frauen möglichst viele Kinder haben oder die knallhart den Trennstrich zur ersten Frau gezogen haben und ihre zweite junge Frau als Herzeigeobjekt in den Vordergrund stellen, geradezu bewundert werden. Die Realität steht in krassem Gegensatz zur offiziellen Polit-Schwärmerei für die heile Familie.

Johanna Oberlerchner, Bergbäuerin aus Oberkärnten und viele Jahre hindurch Landesfrauenreferentin der Freiheitlichen in Kärnten, hat alle ihre Parteifunktionen zurückgelegt. Sie kann nach ihrer jahrzehntelangen Arbeit für die Freiheitlichen besonders auch über die Rolle der Frau in der Partei Auskunft geben. Sie ist der Überzeugung, daß kompetente, engagierte und erfahrene Frauen unerwünscht sind: *„Wenn du kompetent warst, wurdest du ausgegrenzt, weil zuviele Unfähige in sicheren Mandaten sitzen und sich vor Menschen fürchten, die sich ein Wissen angeeignet haben und etwas weiterbringen wollen."* Das Anforderungsprofil an die weibliche Politikerin ist recht simpel. Es werden Quereinsteigerinnen nach Möglichkeit unter 30, deren Qualifikation jung und fesch heißt, gesucht. Solche Typen sind eine „Ansage an die Frau". Oberlerchner ist überzeugt, daß die Weitsicht der weiblichen Wähler von den Freiheitlichen unterschätzt wird. Warum soll eine *„Frau irgendein Püppchen wählen, das absolut nichts geleistet hat, und keine Fachkompetenzen aufweisen kann"*?

Frau Johanna Oberlerchner beklagt sich auch über den geringen Einsatz der Freiheitlichen für die Bauern: *„Daß unter dem Strich für die Bauern immer weniger übrigbleibt, ist allen bewußt. Aber am Produkt der Bauern wird viel verdient. Das wissen alle Bauern."* Die Freiheitlichen waren für einige Bauern die große, neue Hoffnung. De facto ist aber leider nichts gelungen. Gerade für die Kleinen hat sich der Landwirtschaftssprecher Mathias Reichhold nicht übermäßig eingesetzt.

Frau Oberlerchner wurde anläßlich der letzten Landtagswahl zweimal von den freiheitlichen Bauern Kärntens einstimmig als Kandidatin des Bauernstandes für den Landtag vorgeschlagen. Dieser Wahlvorschlag wurde nicht akzeptiert, und im Kärntner Landtag ist der Bauernstand von freiheitlicher Seite aus nicht vertreten. Auch im Europäischen Parlament verfügt die Landwirtschaft über keinen freiheitlichen Abgeordneten. Wenn man bedenkt, daß gerade in diesem Bereich die EU unmittelbar den größten Einfluß hat und die Hälfte des EU-Budgets in die Gemeinsame Agrarpolitik (GAP) fließt, liegt hier eine eindeutig politische Unterbewertung vor.

Die Tatsache, daß der Bundesparteiobmann sich plötzlich fünf Stellvertreterinnen genommen hat, bestätigt für Frau Oberlerchner das Bild, das sie sich gemacht hat.

Frauen dienen offenbar nur als Aufputz. Wollte Haider für die Frauen wirklich etwas verändern, müßte er in der konkreten Arbeit verstärkt Frauen einsetzen, die auch familienpolitisch eine praktische Erfahrung hinter sich haben. Als positives Beispiel, das aber leider eine der Ausnahmen ist, nennt Oberlerchner die oberösterreichische Landesrätin Ulli Haubner, die Schwester von Jörg Haider.

Frau Oberlerchner meint, daß auch solche Frauen in führender Position in der Politik mitreden sollten, die bereits erfolgreich eine Familie durchgebracht haben und die sich, jetzt wo die Kinder nicht mehr an ihrer Kittelfalte hängen, den Luxus leisten können, ihre Zeit auch der Politik zu widmen: *„Sie müssen den Rücken frei haben, denn sonst kann das nicht funktionieren. Wenn die Familienpolitik ausschließlich in den Händen von ‚Püppchen-Typen' liegt, kann keine Glaubwürdigkeit gegeben sein."*

Durch die Bevorzugung von Frauentypen bei der Kandidatenauswahl, die dem Familienklischee nicht unbedingt entsprechen, kommt ein Gegensatz zum Inhalt des Parteiprogrammes zum Ausdruck. Im gültigen Parteiprogramm der Freiheitlichen heißt es: *„Die Familie, geprägt durch die gegenseitige Verantwortung der Generationen, ist die wichtigste soziale Grundlage einer freiheitlichen Gesellschaft. Durch das Kind wird eine Lebensgemeinschaft von Mann und Frau zur Familie. Die Wesensfunktion der Familie besteht in der Erziehung ihrer Kinder und der generationsübergreifenden Fürsorge.“* (Rösslhumer, Programm 1998, Kapitel XII, Artikel 1)

Über die Frage, ob das Kind ein notwendiger Bestandteil einer Familie sei, wurde auf dem Bundesparteitag, wo das Programm beschlossen wurde, ausführlich diskutiert. Der Text, der dann beschlossen wurde, lautet so: *„Die Familie ist eine natürliche Lebensgemeinschaft mit Kindern, wobei die Lebensgemeinschaft eines alleinerziehenden Elternteils mit Kind ebenfalls als Familie anzusehen ist.“* (Programm 1998, Kapitel XII, Artikel 1, Absatz 1)

Über die Frage der gleichgeschlechtlichen sexuellen Beziehungen herrscht innerhalb der freiheitlichen Mandatare keine einhellige Meinung. Es gibt durchaus einen liberaleren, zu Toleranz neigenden Flügel. Die Mehrzahl der Volksvertreter aber neigt zu einer extrem restriktiven Einstellung. Dies kommt auch im neuen Parteiprogramm deutlich zum Ausdruck.

Das Parteiprogramm aus der Steger-Zeit formulierte noch: *„Wir wenden uns aber gegen eine Diskriminierung anderer, frei gewählter Formen des Zusammenlebens im allgemeinen Rahmen unserer gesetzlichen Ordnung.“* (FPÖ 1985, Absatz 170)

Im neuen Parteiprogramm hingegen heißt es, daß Bestrebungen, gleichgeschlechtliche Partnerschaften Familien gleichzusetzen, abgelehnt werden.

Die freiheitliche Einstellung zur Familienpolitik wurde durch den Wahlschlager Kinderscheck sehr plakativ in den Vordergrund geschoben. Abgesehen von der Frage der Finanzierung dieses Modelles, die ein eigenes Kapitel ist, wird hier eine familienpolitische Haltung zum Ausdruck gebracht, die eindeutige Prioritäten setzt. Die Mutter soll die Möglichkeit haben, sich persönlich um ihr Kleinkind zu kümmern. Die Priorität wird zwar nicht ausgesprochen, kommt aber in der Logik dieser Maßnahme zum Ausdruck. Damit ist die Partei der von Haider stets vertretenen Linie treu geblieben. Der Kinderscheck bietet aber die Wahlmöglichkeit zwischen Beruf und Kindererziehung. Wenn eine Mutter es vorzieht, ihrem Beruf nachzugehen, kann sie mit Hilfe des Kinderschecks eine andere Lösung zur Betreuung ihres Kindes wählen. Die Feministinnen werfen dem Kinderscheckmodell die Absicht vor, die Rolle der sich voll dem Kind widmenden Mutter als vollwertige Berufsvariante zu werten. Dieser Richtungstreit zieht sich durch alle europäischen Länder und findet auch im Europäischen Parlament massiven Niederschlag. In keiner anderen Frage stellt man beim Abstimmungsverhalten der Europaparlamentarier eine so deutliche Unterscheidung zwischen dem „linken" und dem „rechten" Lager fest.

Die Problematik des Kinderschecks liegt in seiner relativen sozialen Unausgewogenheit. Die finanziellen Mittel für die Verwirklichung des Kinderschecks sollten nicht an jene Personengruppe vergeudet werden, die dieses zusätzliche Einkommen nicht braucht. Die Autorin Maria Rösslhumer in ihrem Buch *„Die FPÖ und die Frauen"* geht in diesen Fragen mit Haider überaus kritisch ins Gericht. *„Perfid"* findet sie, wenn Haider bei berufstätigen Frauen die Gefahr psychischen Schadens beschwört. Sie kritisiert besonders folgenden Satz aus seinem 1994 erschienenen Buch: *„Viele in die volle Berufstätigkeit getriebenen Frauen sind nicht glücklich damit. Der Zwang zu verdienen bringt sie dazu, ihre Aufgabe als Mütter zu vernachlässigen. Die Mehrfachbelastung überfordert viele Frauen nicht nur körperlich, sondern läßt sie geistig, seelisch müde werden."*

Es ist schade, daß Frau Rösslhumer in ihrem Buch versucht, einen Gegensatz zwischen berufstätigen und nichtberufstätigen Frauen geradezu zu forcieren. Das Ziel der Politik muß es doch sein, diesen Gegensatz, der hauptsächlich psychologischer Natur ist, abzubauen. Jede Frau hat ihre Bedeutung in der Gesellschaft, und es ist dabei völlig gleichgültig, welche dieser beiden Rollen sie ausfüllt. Es kommt nur darauf an, daß sie sie gut ausfüllt. Gerade das Modell Kinderscheck könnte bewirken, daß es Frauen möglich wird, die eine oder andere Variante, je nach ihrem persönlichen Befinden und Wunsch, zu wählen.

Die freiheitliche Partei unter Haider hat einen traditionell hohen Wähleranteil bei den Männern. Es ist aber nicht zu übersehen, daß der Wählerinnenanteil gerade in letzter Zeit stark gestiegen ist, was besonders auf berufstätige Frauen zutrifft. Die Autorin Maria Rösslhumer hat im Zusammenhang mit ihrem interessanten Buch eine sehr gute empirische Arbeit geleistet und eine größere Zahl freiheitlicher Politikerinnen genauestens interviewt. Sie kommt unter anderem zu folgender Konklusion: *„Die FPÖ ist für die Politikerinnen oft auch Familien- und Religionsersatz. Dies kommt darin zum Ausdruck, daß sie an Jörg Haider und/oder die FPÖ ‚glauben' bzw. immer ‚geglaubt haben'. Dort, wo der Glaube an die Partei Enttäuschung mit sich bringt und sich nicht mit den Eigeninteressen deckt, sind die Politikerinnen bereit, ‚Opfer' zu erbringen."* Die Autorin schließt daraus: *„Parteiobmann Haider fungiert dabei als politisches und persönliches Leitbild. Daß die Frauen von ihm fasziniert sind, spiegelt sich in den Interviews ständig wider. Einige nennen Jörg Haider dezidiert als Beitrittsmotiv, andere begeisterten sich im Laufe ihrer Tätigkeit für ihn, dritte begannen gar, sich mit ihm zu identifizieren."*

Es ist genau dieser Frauentyp, der einen Parteiführer als Idol braucht, um Lebensinhalte zu finden, der immer deutlicher an die Stelle jener Frauen in der Partei tritt, die nicht die Person Haiders, sondern politische Inhalte interessieren. Hier rundet sich das Bild ab. Es besteht ein klarer Gegensatz zwischen der inhaltlichen Ausrichtung der Familienpolitik der Freiheitlichen und den Frauentypen, die als Spitzenpolitikerinnen diese Politik nach außen tragen sollen.

Die Medienbetreuung ist zu einem der wichtigsten, wahrscheinlich zu dem wichtigsten Anliegen der Politik geworden. Man kann durch Hunderte politische Versammlungen nicht soviele Wähler erreichen wie über einen einzigen Fernsehauftritt. Der Tag eines Spitzenpolitikers ist dann erfolgreich verlaufen, wenn er in der ZiB 2 in Erscheinung getreten ist. Diese Entwicklung hat mit sich gebracht, daß sich das Erscheinungsbild und Profil der erfolgreichen Politikerpersönlichkeit geändert haben. Er muß vor allem telegen und schlagfertig sein. Es geht darum, etwas „hinüberzubringen", bei den Leuten anzukommen. Das war natürlich schon immer so. Aber die Möglichkeit, gleichzeitig zweieinhalb Millionen Lesern oder vielen Hunderttausenden von Fernsehern eine Ansage zu machen, hat es früher nicht gegeben. Medienarbeit ist zu politischer Tätigkeit von höchster Priorität geworden. Sie ist längst nicht mehr nur Angelegenheit der Fachleute, sondern sie ist Chefsache. Gute PR-Leute zu haben ist Vorraussetzung für politischen Erfolg. Wer aber ganz an die Spitze will, muß vor allem selbst mit den Journalisten gut umgehen können. Amerikanische Präsidenten wie Ronald Reagan oder heute Bill Clinton sind der beste Beweis dafür. In Österreich hatte Bruno Kreisky die Latte sehr hoch gelegt.

Die Freiheitlichen haben Journalisten und ihre Brötchengeber einerseits häufig als Feinde betrachtet, als „Instrument der Jagdgesellschaft". Andererseits wurde aber den guten Beziehungen oder zumindest dem Kontakt selbst zu überaus kritischen Medienvertretern große Bedeutung beigemessen. Der Satz „No news are good news" hatte keine Gültigkeit. In Zeiten, wo über die Freiheitlichen relativ wenig (Negatives) geschrieben wurde, sanken ihre Umfragewerte. Aus diesem Grunde wurde alles unternommen, um auch in längeren Zwischenwahlzeiten im Gespräch zu bleiben. In solchen Perioden wurden Themen angezündet, wie zum Beispiel das Euro-

Volksbegehren, die polarisieren und dafür sorgen sollten, daß die Blauen nicht gänzlich aus den Medien verschwanden.

Medienkontakte galten in der freiheitlichen Führungsspitze immer als etwas besonders Wertvolles. Nicht zuletzt aus diesem Grunde wurden auch immer wieder Versuche gestartet, populäre Köpfe aus der Medienlandschaft in die Reihen der freiheitlichen Mandatare zu holen. Gespräche sollen sowohl mit Ursula Stenzel als auch mit Günther Ziesel geführt worden sein. Die Europaabgeordneten Peter Sichrovsky und Hans Kronberger sowie die Neo-Nationalratsabgeordnete Theresia Zierler und der ehemalige Chefredakteur Siegfried Jost, der jetzt im Kärntner Landtag sitzt, sind gute Beispiele dafür. Die Journalisten, die ihr Handwerk natürlich gelernt haben, wissen besser als andere, wie sie sich selbst und damit ihre Partei in die Medien bringen können.

Die Journalisten haben, wahrscheinlich zum Großteil ungewollt, sehr viel zum Aufstieg und Erfolg der Freiheitlichen beigetragen. Die klare Vorgabe von ganz oben bis ganz unten in der freiheitlichen Parteihierarchie war es, jede Möglichkeit zu suchen, um in den Medien vorzukommen. Auch negative Veröffentlichungen wurden als wichtige Bausteine des Aufstieges gewertet. Zarthäutige Politiker, denen mediale Beschimpfungen weh taten, wurden parteiintern verspottet.

Jörg Haider war unzählige Male am Titelbild der großen österreichischen Magazine und im Blattinneren mit vielen attraktiven Fotos zu sehen. Sein Bekanntheitsgrad wurde dadurch intensiv gefördert. Die inhaltliche antifreiheitliche und Anti-Haider-Ausrichtung hatte jedoch nur geringe Auswirkungen auf die Einstellung der Menschen und auf ihr Wahlverhalten. Bei den überzeugten Freiheitlichen und auch bei den später dazugekommenen wurde sogar durch die negative Dauerberieselung eine innere Mauer aufgebaut. Was gegen die Freiheitlichen geschrieben wurde und wird, gilt als „eine neue Lügenkampagne“. Auch Dinge, die offensichtlich richtig sind, werden von Lesern, die sich eine positive Meinung zu ihrer Partei gebildet haben, nicht mehr wahrgenommen oder sogar als Bestätigung für ihre Meinung betrachtet.

Man kann von einer Art ungewollten „Arbeitsgemeinschaft der Feindschaft“ sprechen. Magazine wie „News“ haben durch die Haider-Beschimpfungen ihre Auflagen erhöht und gleichzeitig ihr Opfer bekannt gemacht.

Genauso verhält es sich mit dem Fernsehen. Ich erinnere mich an die Kommentare der freiheitlichen Funktionäre nach Fernsehkonfrontationen mit Haider oder nach Interviews, wo Redakteure ihre Abneigung nicht hatten verbergen können. Dann herrschte immer Jubelstimmung. Man konnte sich nicht genug auf die Schultern klopfen mit dem Ruf: „Heut hat er es ihnen wieder gezeigt, heut war er wieder fantastisch.“

Wenn Haider bei einem Fernsehauftritt hingegen gerade in die staatsmännische Rolle schlüpfte, sich sehr mäßigte, sachlich argumentierte und eher den charmanten, vernünftigen Regierungsanwärter herauskehrte, war die Resonanz bei den „eigenen Leuten“ viel zurückhaltender. „Er hat keinen Biß mehr, das war heute eher schwach“, lauteten die Bemerkungen.

Ein Teil der österreichischen Medien hat im Sinne einer Pauschalierungsstrategie sichtbare Ausgrenzung betrieben. Dadurch entstand im freiheitlichen Lager ein Korpsgeist der medial zu unrecht Geprügelten, der Märtyrer. Es entwickelte sich eine Art Immunität gegen die „bösen“ Medien. Sie haben ihr unsachliches Spiel manchmal übertrieben und nach Beweisen dafür gesucht, daß freiheitliche Politiker entweder rechtsextrem oder unfähig seien. Gleichzeitig wollte man jeden Versuch eines freiheitlichen Politikers, konstruktiv zu arbeiten, ignorieren oder einfach nicht wahrhaben. Durch das Verschweigen der positiven Tätigkeit von freiheitlichen Mandataren sollte der Eindruck verstärkt werden, daß es sich um eine reine Ein-Mann-Partei handle. Man konnte sich manchmal des Eindrucks nicht erwehren, daß diese Vorgangsweise von der Parteispitze gar nicht so ungern gesehen wurde. Die Meinung innerhalb und außerhalb der Partei, daß ohne den Jörg einfach nichts geht, wurde dadurch verstärkt.

Die Macht der Medien, die unsere Demokratie prägt, hat auf die Politik große Auswirkungen. In einem Land wie Österreich, wo staatliche Fernsehprogramme und einige kleinformatige Massenzeitungen in nahezu allen Haushalten nachhaltigst konsumiert werden, sind die echten Machthaber nicht jene Personen, die gerade in der Regierung sind, sondern jene, die es in der Hand haben, zu beeinflussen, wer in dieser Regierung oder an deren Spitze sitzt.

Die Zusammenhänge zwischen öffentlichem Geldfluß, Macht und Machtverschiebung einerseits und den sich ändernden Tendenzen bei der Berichterstattung andererseits, sind verblüffend stark. Die Färbungen der redaktionellen Inhalte sind nicht, wie etwa in Frankreich, subtil sondern sehr deutlich. Es gibt manchmal plötzlich radikale Brüche, die staunen lassen. Die „Kärntner Woche“, ein zum Styria Verlag gehörendes Wochenblatt, das flächendeckend an die Kärntner Haushalte verteilt wird, wirkte z. B. während Christof Zernatto Landeshauptmann war in ziemlich unverblümter Weise hofberichterstatterisch in Richtung ÖVP. Die Freiheitlichen hatten damals eher geringe Chancen, in dieser Zeitung gut wegzukommen. Darüber herrschte unter den freiheitlichen Lesern auch große Empörung.

Im Zuge des Wahlkampfes für die Landtagswahl am 7. März 1999 nahm in Kärnten die engste Haidermannschaft die Zügel in die Hand. Um die Presse kümmerte sich der ehemalige Journalist Karl-Heinz Petritz, der eine sehr rauhe aber effiziente Linie in der Medienbetreuung fährt. Seine Devise war es, sich auf die wenigen Themen, die bei den Leuten gut ankommen, zu konzentrieren und über alles andere, wie er selber sagt, „drüberzufahren“. Die „Kärntner Woche“ war ihm ein Dorn im Auge.

An der Spitze des Blattes standen damals zwei Chefredakteure. Einer davon wurde von Petritz zum Parteifeind erklärt. Er behauptete, daß unter seiner Führung die „Kärntner Woche" zum inoffiziellen „Haider-Verhinderungs-Organ" gemacht werden solle. Es wurde sogar ein Rundschreiben ausgesandt, in dem alle Mandatare aufgefordert wurden, mit der „Kärntner Woche" nicht mehr zu sprechen.

Seit Haider Landeshauptmann ist, ist er in den Kärntner Medien insgesamt stark präsent. Das ist der normale Bonus, den Landeshauptleute in den Blättern ihrer Bundesländer genießen. Geradezu bewundernswert ist aber die Berichterstattung des ehemaligen angeblichen Haider-Verhinderungsblattes „Kärntner Woche". Auch jetzt kann man nicht umhin, manchmal an „Hofberichterstattung" zu denken, aber jetzt pro Haider.

Besonders deutlich – aber auf gesamtösterreichischer Ebene – läuft der massive Versuch der „Kronen Zeitung", nach der Nationalratswahl vom Oktober 1999 die Regierungsbildung zu beeinflussen. Völlig offen wird die Fortsetzung der rotschwarzen Koalition gefördert. Die Freiheitlichen sollen in der Oppositionsrolle gehalten werden. Die geheimen Machthaber könnten bei diesem Spiel für die Interessen von drei Männern arbeiten: für Klestil, weil der HBP vorübergehend keine Sorgen um Österreichs Auslandsimage haben müßte; für Klima, weil er noch einmal für ein bis zwei Jahre Bundeskanzler würde; und für Haider, weil er für eine Weile in Ruhe sein Versprechen, Kärntner Landeshauptmann zu bleiben, einlösen könnte und dann trotzdem der nächste Bundeskanzler würde.

Das Selbstverständnis der Journalisten scheint sich in Österreich von jenem, das in den meisten anderen Ländern herrscht, zu unterscheiden. Schon bei der Übertragung eines Fußballspieles entsteht der Eindruck, daß der Kommentator eigentlich lieber ein Mitspieler wäre. Seine Äußerungen lassen vermuten, daß er gerne selbst Fußballprofi wäre und nur aus Verlegenheit Journalist geworden ist. Der vertrauensselige und oft sehr subjektive, überkritische oder hochjubelnde Stil läßt auf das Vorhandensein von bewußtem oder unbewußtem Frust schließen. Sportübertragungen sind häufig gespickt mit eher unpassenden Kommentaren. Der Reporter will nicht nur Berichterstatter, er will Kommentator und Notengeber sein – und Mitspieler.

Im politischen Journalismus, ja sogar in den Wirtschaftsressorts, verhält es sich sehr ähnlich. Die völlig neutrale und sachliche Berichterstattung, wie sie in englischsprachigen Medien üblich ist, kommt in unseren Zeitungen und sogar in Rundfunk und Fernsehen kaum vor. Viele Journalisten und selbst junge und unerfahrene fühlen sich bereits zum Kommentator berufen. Sie glauben, ihre subjektive Meinung in die Berichterstattung einfließen lassen zu müssen. So findet sich häufig neben einem Bericht, der eigentlich ohnehin schon einem Kommentar gleichkommt, noch ein offizieller Kommentar.

Haider und Sallinger – ein Vergleich

In meinem eigenen beruflichen und politischen Leben hatte ich zeitweise intensiv mit zwei herausragenden Menschen zu tun. Es handelt sich um Jörg Haider und Rudolf Sallinger, den verstorbenen Präsidenten der Wirtschaftskammer.

Zunächst sei ein Vergleich der Persönlichkeiten gestattet. Was haben beide gemeinsam? Ein kaum zu bremsendes Streben nach Macht. Zum Ausdruck der Macht gehören auch protzige Büros, protzige Autos und die Selbstverständlichkeit, sofort alles zu bekommen, was gewünscht wird. Die beiden Männer unterscheiden sich aber insofern, als Haider auch im Hinblick auf das äußere Erscheinungsbild eitel ist. Er bringt dies durch das Streben um höchstmögliche Fitneß, um stets neue und modische Frisuren, um eine nach dem letzten Schrei gestylte Kleidung zum Ausdruck. Hingegen war rein körperliche Eitelkeit Sallinger fremd. Er befriedigte seine Eitelkeit nur mit Hilfe der Macht. Aus dieser Tatsache ergibt sich auch ein großer Unterschied bei der Auswahl von Mitarbeitern und Mitstreitern. Sallinger hatte überhaupt kein Problem damit, daß er klein war, dicke Brillen trug und in späteren Jahren auch physisch kränkelte. Es störte ihn nicht, wenn seine Leute, im Gegensatz zu ihm, Akademiker waren, Sprachen beherrschten und ein viel höheres Bildungsniveau hatten. Er selbst verfügte über eine ausgeprägte Menschenkenntnis und leistete sich den Luxus, die besten Leute auszusuchen. Er wollte Karrieren starten und ermöglichen. Daß diese Leute ihm in Dankbarkeit ergeben bleiben würden, war seine Hoffnung. Seine Toleranz fand allerdings dort ihre Grenze, wo er feststellen mußte, daß ein Außenstehender einen seiner Schützlinge höher einschätzte als ihn selbst.

Bei Haider ist die Situation ganz anders. Er sucht sich eher ihm von vornherein völlig ergebene Typen aus, die ihn in keiner Weise übertrumpfen dürfen. Er muß auch rein äußerlich strahlen, und beim Baden in der Menge darf kein anderer höhere Wellen schlagen als er. Selbst seinen eigenen Vertrauten gegenüber kann er eifersüchtig sein. Solche, die in der Beliebtheit oder später sogar karrieremäßig eine echte Konkurrenz darstellen könnten, kommen rasch in Gefahr, in Ungnade zu fallen. Er bevorzugte daher junge, sozial und materiell völlig von ihm abhängige Personen in seiner unmittelbaren Umgebung.

Beide aber wurden bzw. werden von Menschen umgeben, die alles daransetzen, ihren Mentor von einem Teil der Außenwelt abzuschirmen. Die Sekretäre und sekretärartigen Wesen werden von Außenstehenden oft maßlos überschätzt und gelten als das Ohr und das Sprachrohr des „Chefs“. Durch sie entstehen Meinungen, Entscheidungen und Richtungen, von denen der „Chef“ oft gar nichts weiß.

In beiden Fällen wurde bzw. wird der Chef von seiner Umgebung liebevoll der „Alte“ genannt. Bei Haider, der ja gerade 50 Jahre alt geworden ist, war es eine etwas groteske Bezeichnung, besonders wenn sie von Leuten kam, die zehn Jahre älter sind. Der „Alte“ will angeblich nicht, daß diese Person diese oder jene Position bekomme. Wobei der „Alte“ von dieser seiner angeblichen Meinung nichts weiß, die betroffene Person aber tatsächlich keine Chance mehr hat, ihr Ziel zu erreichen.

Dieser Vergleich zwischen zwei Persönlichkeiten soll zeigen, daß der Ruf, ein Despot zu sein, von der Umgebung geprägt wird. Die abhängigen Menschen, die dem hohen Herren dienen, nützen ihre Position weidlich aus und üben selbst Machtansprüche aus. Sie besitzen tatsächlich viel Macht, denn ein Mensch, der ständig im Mittelpunkt des Geschehens steht, ist nicht in der Lage, alle Entscheidungen selbst zu treffen.

Die Mitarbeiter und Sekretäre bestimmen auch weitgehend den Ruf ihres Chefs. Sie verbreiten Gerüchte, die wie ein Lauffeuer weitergehen und dem Chef in mancher Hinsicht sogar ein falsches Image verleihen. Das reicht von Kleinigkeiten, wie der Vorliebe für ein Getränk, bis zu wichtigen Personalfragen. Wenn einmal das Gerücht verbreitet wird, daß er eine Person nicht leiden könne, dann kann man davon ausgehen, daß diese Person wirklich keine Chance mehr hat, etwas zu erreichen. Mit dem Ruf, vom großen Chef nicht geliebt oder gar von ihm verachtet zu werden, ist jemand gebrandmarkt und wird auch in der inneren Gesellschaft herablassend und schlecht behandelt. Es wird ihm nun schwer gelingen, bis zum „Alten“ selbst vorzudringen, um dort das wahrscheinlich vorhandene Mißverständnis aufzuklären. In manchen Fällen soll sich „der Chef“ später gewundert haben, warum gewisse Personen es nie der Mühe wert gefunden hatten, zu ihm zu kommen, um über Zukunftspläne zu sprechen.

Der Persönlichkeitsvergleich Sallinger/Haider ist deshalb reizvoll, weil es sich um zwei Menschen handelt, denen es in der zweiten Republik gelungen ist, in ihrem „Reich“ eine quasi absolute Macht zu erreichen.

Sallinger hat seine Macht dazu benützt, um ein „Imperium", einen Staat im Staat zu schaffen, und er hat dabei stets langfristige Strategien konsequent verfolgt. Seine Auslandsorganisation ist zu einem wertvollen Instrument für die Wirtschaft geworden. Sie war aber gleichzeitig auch für ihn ein internationales Machtinstrument. Seine Handelsdelegierten waren ihm ergeben und haben alles daran gesetzt, um ihn zu beeindrukken. Ihre weitere Karriere hing ja fast ausschließlich davon ab, ob sie bei Sallinger in der Gunst lagen oder nicht. Nur so ist es möglich, daß der Präsident einer Handelskammer, der ja in Wirklichkeit im Protokoll weiter hinten steht, von Staatsoberhäuptern und Regierungschefs empfangen und oft wie ein Bundeskanzler behandelt wurde. Sallinger war in der Lage, unter Ausnutzung des großen Auslandsnetzes, seine Gunst in überreichem Ausmaße zu verteilen. Er liebte seine Macht, war aber auch davon überzeugt, diese Macht vor allem für die Wirtschaft einsetzen zu müssen und betrachtete sich selbst als Diener dieser Wirtschaft, allerdings mit einem Glorienschein.

Auch der jetzige österreichische Bundespräsident und frühere Diplomat Dr. Thomas Klestil verdankt Sallinger wichtige Weichenstellungen in seiner Karriere. Klestil hatte es dem ehemaligen Präsidenten der Bundeskammer als österreichischer Botschafter in Washington ermöglicht, dem amerikanischen Präsidenten Ronald Reagan persönlich einen Original-Lipizzaner zu überbringen. Für diesen medial viel beachteten Auftritt hat der „Kugelblitz", wie Sallinger von vielen liebevoll genannt wurde, seinen Lieblingsbotschafter mit seiner Unterstützung später belohnt.

Haider hat die Partei immer auch als sein Instrument betrachtet. Er selbst stand stets im Zentrum seiner Bemühungen, auch wenn das nicht sichtbar war. Ziel aller Anstrengungen, Ziel allen enormen Geldeinsatzes ist letztlich „der Jörg". Er umgibt sich am liebsten mit Leuten, die ihn bewundern. Haider will bewundert und geliebt werden, Sallinger wollte herrschen.

Sallinger war in der Lage, seinen Kontrahenten ins Gesicht ja oder nein zu sagen. Mit brutaler Klarheit, aber auch mit verläßlicher Deutlichkeit. Er war ein Mann, dessen Wort absoluten Wert hatte. Versprechungen Sallingers hielten über Jahrzehnte hinaus. Das hat viele von jenen, die für ihn gearbeitet haben, für ihr späteres berufliches Leben geprägt. Er war zwar subjektiv, hatte aber ein ausgeprägtes Gefühl für menschliche Qualitäten. Er war sich seiner Macht so bewußt, daß er beim Aufbau seiner Personalstruktur niemals vom Gefühl der Eifersucht beseelt war.

Haider hingegen ist im Grunde ein konfrontationsscheuer Mensch. Seine harten Worte kommen nur dann, wenn er auf einer Bühne steht und in die anonyme Masse spricht. Dann ist er in der Lage, hämisch, verächtlich und mit großer Härte über andere zu sprechen. Im Vieraugen-Gespräch oder im Privaten neigt er zu charmanter Verbindlichkeit. Er ist kaum in der Lage, jemandem eine für diesen unangenehme Entscheidung ins Gesicht zu sagen. Er wird immer sagen: „Darüber müssen die Gremien entscheiden, das kann ich nicht bestimmen." Jeder Insider aber weiß, daß die Gremien ohnehin so entscheiden wie er es will. Aus diesem Grunde teilt er positive Entscheidungen noch bevor die Gremien damit befaßt waren mit großem Vergnügen selbst dem Betroffenen mit. Er zeichnet sich aber auch nicht durch die Verläßlichkeit Sallingers aus. So soll er in persönlichen Gesprächen getätigte Zusagen für Mandate nicht eingehalten haben. Die Betroffenen sollen aber ihren Lebensrhythmus auf die neue Konstellation eingestellt haben.

Seine engen Freunde und Verehrer behaupten: „Der Jörg ist viel zu gut." Andere, die ihm kritischer gegenüberstehen, sagen, er ist „viel zu feig, um anderen Menschen Aug in Aug eine negative Entscheidung mitzuteilen". Fest steht, daß das Spiel sehr geschickt zwischen ihm und seinen engsten Vertrauten hin und her geht. Da heißt es eben: „Darüber entscheidet der Jörg", und der Jörg sagt zum Beispiel: „Damit befaßt sich die Susi." Wenn dieses Spiel einmal angelaufen ist, kann der Betroffene damit rechnen, daß er mit Sicherheit für die Kandidatur, um die es gehen mag, nicht vorgesehen ist.

In noch einem Punkt jedoch besteht große Ähnlichkeit zwischen dem verstorbenen Präsidenten Sallinger und Haider. Beide dulden keine nach außen gehende Illoyalität. Wer es nach außen hin wagt, über den Chef negative Aussagen zu machen, fällt in Ungnade. Sallinger hatte es da natürlich einfacher, da er innerhalb des großen Beamten- und Funktionärsapparates der Wirtschaftskammer problemlos Karrieren fördern oder negativ beeinflussen konnte. Haider hingegen muß, um seine Günstlinge unterzubringen, innerhalb der Parteistruktur jeweils seine Partner finden, was ihm allerdings nie schwergefallen ist.

Sallinger hatte eine besondere Vorliebe für Mitarbeiter entwickelt, die es gewagt haben, ihm zu widersprechen, und die sich als kritische Geister dargestellt haben. Er hat sich Mitarbeiter, die im engeren Kreis gewagt haben, ihm in sachlichen Fragen gut argumentiert zu widersprechen, gemerkt und näher angeschaut. Viele dieser Leute, die beim kammeralistischen Fußvolk als Revoluzzer galten, wurden dann in sehr kluger Weise an strategisch wichtigen und schwierigen Plätzen im Ausland eingesetzt. So ist es durch eine auf Menschenkenntnis beruhende und sehr autoritäre Personalpolitik gelungen, ein Netzwerk aufzubauen, das durch den Einsatz der richtigen Leute am richtigen Platz der österreichischen Exportwirtschaft viel geholfen hat.

Haider hingegen will auch im kleinsten Kreis sachliche Kritik an seiner Meinung nicht gerne hören. Die politischen und strategischen Meinungen werden von ihm vorgegeben und in einem ganz kleinen Gremium abgehandelt. Abweichende Meinungen werden in zum Teil höhnischer, zum Teil sehr freundlicher, aber auch fast kränkender Weise abgetan. Erfolg hatten häufig diejenigen, die dem Meister nach dem

Mund sprachen und in ständiger Bewunderung genau das, was er hören wollte, vorbrachten. Der Wunsch nach ständiger Anerkennung und Bestätigung ist so groß, daß selbst unter vier Augen Kritik zumindest unerwünscht ist. Sallinger wollte ausgefallene, innovative Ideen und honorierte sie. Er sorgte dafür, daß Infrastruktur und Geld zur Verfügung gestellt wurden, um diese Ideen durchzuführen, nahm aber niemals persönlich für sich in Anspruch, der Schöpfer der Ideen zu sein.

Auch Haider ist neuen Ideen gegenüber aufgeschlossen. Es ist ihm gleichgültig, ob die Ideen direkt an ihn herangetragen werden oder ob er von ihnen hört. In jedem Fall greift er sie auf und hat in erster Linie im Sinn, sie als seine Ideen medial zu verankern. Er honoriert die Schöpfer von Ideen zwar durch seine Gunst oder durch Vorteile, aber er erwartet, daß innerhalb seiner Bewegung ihm alles am Tablett so serviert wird, daß er sagen kann: „Ich, Jörg Haider, habe das nicht nur erfunden, sondern auch umgesetzt." Haider ist ein Teamworker im Sinn der Pyramide. An der Spitze der Pyramide befindet sich er und das Team darunter. Aufgabe des Teams ist es, ausschließlich ihm zuzuarbeiten und dafür zu sorgen, daß alles, was vor allem medial gut verkaufbar ist, in seinen Mund gelegt wird.

Während Jörg Haider zum Teil von ihm nachäffenden Figuren umgeben ist, hat Sallinger derartige Menschen verachtet. Er hat sie bis zu einem bestimmten Grad zwar auch benützt, gleichzeitig aber öffentlich verhöhnt und gedemütigt. Seine Sekretäre und maßgeblichen Unterstützer waren eigenständige Persönlichkeiten, zu denen er ein freundschaftliches Verhältnis unterhalten hat. Auch Haider ist mit allen seinen Leuten per Du und betreibt mit ihnen Sport und Night-Life. Es ist aber ein ungeschriebenes Gesetz, daß der Sieger im ständigen Wettkampf, der da abläuft, immer Jörg Haider heißen muß.

Dieser Vergleich zwischen zwei so unterschiedlichen Persönlichkeiten aus verschiedenen Epochen mag etwas verwegen sein. Denn die beiden haben im Grunde nur eine große Gemeinsamkeit, einen unbrechbaren, mit ganzer Kraft ein Leben lang verfolgten Drang nach persönlicher Macht. Sallinger aber wollte nicht geliebt werden. Er hatte absolut kein Bedürfnis nach dem Bad in der Masse. Haiders größter Wunsch ist es, von möglichst allen geliebt zu werden, und sein Schönstes ist das Baden in der jubelnden Masse. Hätte Haider gewisse Charaktereigenschaften Sallingers, dann wäre er wahrscheinlich längst dort, wo er so gerne sein möchte.

2. Teil Blauer Himmel über Kärnten

Bei der Beurteilung des Landes und der Menschen, die man am besten kennt, ist man besonders kritisch. Wer seine Heimat liebt, benötigt keine rosa Brille.

Die Kärntner Seele

Durch die Kärntner wurde Haider groß. Den Kärntnern verdankt er seinen Erfolg. Zweimal hat er es geschafft, im südlichen Bundesland Landeshauptmann zu werden. Man kann sich mit der FPÖ nicht auseinandersetzen, ohne dem „Fall" Kärnten besondere Aufmerksamkeit zu schenken. Der freiheitliche Erfolg in Österreich hängt eng mit der politischen Konstellation in Kärnten zusammen. Ist es die Kärntner Mentalität, die Kärntner Seele, die gerade diesem politischen Lager zum Durchbruch verholfen hat? Was ist am Kärntner Charakter anders, was hat bewirkt, daß hier die Freiheitlichen schon längst als politische Kraft Anerkennung gefunden haben? Während in anderen Teilen Österreichs die Freiheitlichen ihre Versammlungen noch fast wie ein Geheimbund in Kellerlokalen durchführten, bekannte man sich in Kärnten längst mit Stolz dazu, ein Blauer zu sein.

Der Kärntner ist sehr heimatbezogen und heimatliebend. Trotzdem schwankt er, was sein Land anlangt, zwischen einem großen Maß an Unsicherheit und einer fast erstaunlich großen Selbstherrlichkeit. Die Zahl der Auslandskärntner ist groß. Dies ist auf die relative Armut des Landes zurückzuführen. Man trifft in allen Teilen Österreichs, besonders in Wien, aber auch in der ganzen Welt Kärntner. Sie haben sich normalerweise gut integriert und in vielen Fällen bedeutende, zum Teil außerordentliche berufliche Erfolge erzielt. Trotzdem bleiben die Kärntner über Jahrzehnte, ja sogar über Generationen hinweg ihrer Heimat emotional stark verbunden. Trotz hoher Auswandererquoten können sich die in Kärnten lebenden Menschen zum Großteil überhaupt nicht vorstellen, das Land auf Dauer zu verlassen und woanders zu leben.

Kärnten stellt einen geographisch geschlossenen Raum dar, der nach fast allen Seiten hin durch Berge deutlich abgegrenzt ist. In diesem geschlossenen Raum hat sich eine stark nach innen gerichtete patriotische Haltung entwickelt. Der

Kärntner ist nicht engstirnig, aber er hat ein Heimatbewußtsein, das man in dieser deutlichen und unbeirrbaren Intensität anderswo nicht häufig findet. Schon vor Jahrzehnten hat der damalige Landeshauptmannkandidat der Freiheitlichen, Mario Ferrari-Brunnenfeld, mit einem Plakat geworben, auf dem zu lesen stand: „Kärnten über alles!“ Diese Aussage hat ihm zwar nicht zum Sieg verholfen, sie wurde aber von der Bevölkerung nicht als eigenartig oder sogar lächerlich empfunden. Es ist leicht verständlich, daß in dieser menschlichen Gemeinschaft ein Mann wie Jörg Haider recht leicht Anklang gefunden hat. Er hat es verstanden, die patriotischen Gefühle der Kärntner anzusprechen, dabei aber die dumpfen und antiquierten Töne früherer Zeiten teilweise beseite geschoben und sich sozusagen als moderner Patriot präsentiert.

Die Mehrheit der Kärntner Bevölkerung sieht den größten Reichtum, den dieses Land hat, nämlich das Vorhandensein zweier Kulturen, eher ablehnend. Nicht einmal die Spitzenpolitiker haben erkannt, daß gerade diese kulturelle und ethnische Pluralität das Land unverwechselbar macht. Im Gegenteil, viele Kärntner bekennen sich mit großer Hingabe zum Deutsch-Kärntnertum. Aber auch in der slowenischen Minderheit gibt es Fanatiker und auch Repräsentanten, die Ljubljana als ihre heimliche Hauptstadt betrachten. Die große Mehrheit der Menschen aber, die im gemischtsprachigen Gebiet lebt, kommt miteinander sehr gut aus. Hier leben slowenisch- und deutschsprachige Kärntner friedlich neben- und miteinander. Man hat den Eindruck, daß es lediglich die Politik der Landeshauptstadt ist, die Versuche unternimmt, die Menschen auseinanderzudividieren. Je weiter man von den Siedlungsgebieten der slowenischen Minderheit wegkommt, umso stärkere Ablehnungstendenzen spürt man. Es tut geradezu weh, wenn man bei politischen Veranstaltungen in Oberkärntner Orten, wo es keine slowenische Seele gibt, äußerst brutale und verächtliche Ausdrücke über die Kärntner Slowenen hören muß.

Die Volksabstimmung

Der Kärntner Abwehrkampf von 1918 bis 1920 ist bis heute tief im Bewußtsein der Menschen verankert. Keine Partei kann es sich erlauben, über dieses große Ereignis der Kärntner Geschichte hinwegzusehen. Der Abwehrkampf gilt als Beweis des Mutes der Kärntner und vor allem als Beweis ihrer Treue zu Österreich. Es wäre für Kärntner Landespolitiker selbstmörderisch, bei Ansprachen und Festen nicht immer wieder feierlich auf die Kärntner Volksabstimmung und die diesem Ereignis vorangehenden Jahre zurückzukommen.

Der neue Kärntner Landeshauptmann Jörg Haider hat bei seiner Ansprache anläßlich der 10.-Oktober-Feier 1999 ausdrücklich darauf hingewiesen, daß im gemischtsprachigen Gebiet, wo die Volksabstimmung am 10. Oktober 1920 stattgefunden hatte, auch viele Kärntner Slowenen für den Verbleib Kärntens bei Österreich gestimmt haben. Es war sehr wichtig, auf diese Tatsache hinzuweisen. Diese positive Bemerkung ist aufgrund der harten Worte, die er in Richtung Slowenien gefunden hat, leider untergegangen.

Um die Menschen in Kärnten und auch ihre politische Haltung zu verstehen, muß man sich über den Abwehrkampf und die Bedeutung dieses 10. Oktober ein Bild machen. Hätten die Menschen damals nicht zu den Waffen gegriffen, und wäre es nicht gelungen, in St. Germain Befürworter für die Volksabstimmung zu finden, dann wäre ein großer Teil des Landes an Jugoslawien gefallen.

Welche Rolle spielt dieses historische Ereignis heute nach achtzig Jahren noch in der Kärntner Politik? Es ist von außerordentlich großer realpolitischer Bedeutung. Abgesehen davon, daß es zwar aus europäischer Sicht nur ein regionales Vorkommnis ist, stellt es ein Musterbeispiel für demokratische Selbstbestimmung dar. Es ist einem Volk gelungen, sich der Gewalt zu widersetzen und einen demokratischen Abstimmungsvorgang zu erzwingen. Diese Begebenheit ist auch europapolitisch durchaus relevant. Die Vorgänge, die zu dem Beschluß, das Plebiszit zu ermöglichen, geführt haben, beweisen bemerkenswerten Mut und sind auch solange Zeit danach noch ein kräftiger Beweis für eine unerschütterliche Heimatliebe. Der Kärntner Abwehrkampf hat eine bedeutende Zahl von Menschenleben gekostet. Diese Zahl steht natürlich in keiner Relation zu den Verlusten, die die Kärntner Bevölkerung in den beiden Weltkriegen erlitten hat. Trotzdem ist der Kärntner Abwehrkampf in den Köpfen der Bevölkerung und vor allem der Jugend stärker präsent als die beiden Weltkriege. Der Grund für den Stolz auf den Abwehrkampf und die Volksabstimmung mag auch darin liegen, daß hier, im Gegensatz zu den anderen Kriegen, die Kärntner Bevölkerung das Gefühl hat, einen Sieg errungen zu haben.

Wer einige Jahre in die Kärntner Landespolitik hineinriechen konnte, muß feststellen, daß das Thema „10. Oktober" tagespolitische Bedeutung hat, daß es über die Parteien hinweg verbindet und gleichzeitig ein wahlpolitischer Dauerbrenner geblieben ist.

Die Geschichte des Abwehrkampfes wurde in den Familien, Schulen und Medien von Generation zu Generation als Beweis für die Opferbereitschaft und Treue der Kärntner überliefert. Jede Nuance in der Rhetorik stößt bei diesem Thema auf sehr aufmerksame Ohren.

Der Zerfall Jugoslawiens und der Niedergang des Kommunismus hat auch für Kärnten eine völlig neue geopolitische Situation hervorgerufen. Während die Karawanken bis zum Jahre 1989 als die Grenze, die „mit Blut geschrieben" wurde (wie die vierte Strophe des Kärntner Heimatliedes sagt), tatsächlich ein steinerner, trennender Wall war, grenzen seit der Gründung der Republik Slowenien zwei freie demokratische Länder aneinandner. Auf den Gipfeln dieser Kalkberge treffen sich nun die Bergsteiger von beiden Seiten in sportlicher, friedlicher Einigkeit. Diese Berge haben für viele längst nichts Trennendes mehr, sondern sie sind vielmehr etwas Verbindendes geworden. Naturschönheit und Lust am Bergerlebnis wird von den Menschen auf beiden Seiten der Karawanken geteilt und gemeinsam genossen.

Die Landespolitik hat allerdings in ihrer Einstellung zur Vergangenheit und zur Grenze noch lange nicht zu einer Kultur der Versöhnung und des Strebens nach Völkerverbindung gefunden. Der 10. Oktober wird nicht als wichtiges historisches Ereignis allein betrachtet. Von gewissen Gruppierungen wird er immer noch als Appell und Hinweis auf Gefahren, die noch lange nicht überwunden seien, bemüht. Die Angst vor slowenischen Machtbestrebungen werden in nationalen Kreisen nach wie vor geschürt. Daß es auch in Slowenien Extremisten gibt, die Teile Kärntens als urslowenisches Gebiet betrachten, ist eine Tatsache, realpolitisch aber sicherlich ohne Relevanz.

Die Wirtshaus-Marathons

Die freiheitliche Partei in Kärnten hat ihre Ursprünge stärker als die anderen Parteien im nationalen Lager. Deutschnationale Familien und Clans waren auch jene, die Jörg Haider als jungen Mann nach Kärnten geholt haben. Als Haider vor bald 25 Jahren nach Kärnten kam, waren die Freiheitlichen, wie deren langjähriger Geschäftsführer Senator Armin Kordesch weiß, in komplett nationalem Fahrwasser. Die Macher in der Partei waren Menschen aus dem nationalen Lager, zu denen der sogenannte Huber-Clan und die patriotische Kärntner Bäuerin Kriemhild Trattnig gehörten. Haider hat es verstanden, sich als junger, redebegabter Freiheitlicher aus einer nationalen Familie in diesen Kreisen sehr rasch äußerst beliebt zu machen. Im Schatten des Kärntner Abwehrkämpferbundes agierte er gegen zweisprachige Tafeln und Schulen und ließ sich durch sein Engagement in diesen emotionsreichen Themen in der Partei hochziehen. Wie Armin Kordesch meint, ließ der damalige Parteiobmann und Landesrat Ferrari-Brunnenfeld den „kleinen Buben“ Jörg arbeiten. Doch Jörg hat ihn „glatt überfahren“. Er trat als gläubiger Nationaler auf und hatte alle „Orgelregister“ gezogen, die national klangen. Gleichzeitig fiel er durch große Offenheit auf, brillierte durch Rhetorik, war für alle Menschen zugänglich. Kurz, er stellte sich als Politiker der anderen Art dar und machte der Jugend Hoffnung. Er lullte die alten Nationalen mit ihren eigenen Themen ein und gewann die Jugend durch sein modernes Auftreten. Er arbeitete Tag und Nacht und hat in ganz Kärnten die Ortsgruppen mit seinen eigenen, ihm ergebenen Leuten versehen. Es ist ihm innerhalb kürzester Zeit gelungen, die Partei zur Gänze in seinem Sinne umzukrempeln. Christa Zöchling sagt in ihrem Buch „Haider – Licht und Schatten einer Karriere“:

„Haiders wundersamer Erfolg bis an die Spitze der FPÖ war in Wirklichkeit eine ganz gewöhnliche, um nicht zu sagen stinknormale Parteikarriere mit den in Österreich üblichen Ingredienzien: Ochsentour, Intrige, Seilschaften, Pakte und Verrat. Mit einem Unterschied: Haider setzte auf eigenes Engagement und auf sein Publikum. Er mißtraute den eingefahrenen Wegen der Partei.“

Wichtig erscheint mir ihre Feststellung, daß er sehr stark auf eigenes Engagement und auf sein Publikum gesetzt hat und daß er den eingefahrenen Wegen ausgewichen ist. Der Kärntner Teil von Haiders Karriere ist für sein Politikerleben maßgeblich. Hier fand er einen gutbestellten Acker vor, in den er ein sehr gemischtes Saatgut einsäen konnte, das letztlich in seinem Sinne aufgegangen ist. Er hat diesen Acker intensiv bearbeitet und dabei tatsächlich alle Spielarten des politischen Konkurrenzkampfes und jede Taktik eingesetzt. Am wichtigsten aber war, und das müssen auch seine verbissensten Kritiker zugeben, sein unglaublicher Fleiß und seine Freude am Kontakt zu den Menschen. Er hat es in Kärnten nicht nur immer wieder geliebt, in der Menge zu baden, sondern hat auch den Weg bis zu den abgelegensten Bergbauernhöfen gefunden. Manche Besucher können es nicht glauben, daß der Landeshauptmann in seinem Bundesland mit so gut wie fast jedem per Du ist. Es ist aber eine Tatsache, daß er im Laufe seiner langen politischen Arbeit in diesem kleinen Land fast überall war und fast jedem, der ihm begegnet ist, mit festem „In-die-Augen-Schauen“ die Hand entgegengestreckt und durch ein freundliches „Servus“ in den Kreis der „Du-Freunde“ aufgenommen hat. Sein überdurchschnittliches Menschengedächtnis verwundert immer wieder. Er sagt in der Menge irgend jemandem, der ihn anspricht, auf den Kopf zu, daß er sich erinnere, diese Person vor einigen Jahren an einem bestimmten Ort getroffen zu haben. Damit verblüfft er und damit überzeugt er auch. Die Menschen in Kärnten haben den Eindruck, daß ihr Landeshauptmann sie persönlich kennt, und geben gerne damit an, daß sie mit dem Jörg befreundet sind.

Dieses persönliche Zugehen auf die Menschen war der Schlüssel zu seinem Erfolg in Kärnten. Dahinter steht eine klare Strategie und auch eine beinharte Disziplin. Da der normale Weg über und mit dem Parteiapparat und das Herumsaufen mit den anderen freiheitlichen Funktionären wenig gebracht hat und die Medien weitgehend für die Freiheitlichen verschlossen waren, mußte er das Land im freundlichen Einzelkampf erobern. Daß die vielen Kontakte oberflächlich sind, und daß dahinter eine aalglatte Routine steckt, darf im politischen Spiel des Machtkampfes nicht als abstoßend empfunden werden. Haider ist nicht nur der Mann des Marathons in New York, sondern er war auch viele Jahre lang der Mann einsamer Marathons durch die Kärntner Wirtshäuser. Dabei hatte er den Eindruck erweckt, das Kärntner Volk, die Menschen und jeden einzelnen von ihnen zu mögen. Er hat dabei vor allem auch das Ziel verfolgt, von ihnen idolisiert zu werden.

Die Mutter aller Wahlkämpfe

Was auch immer im entscheidenden Wahlkampf für die Landtagswahl im März 1999 an parteipolitischer Großoffensive vor sich gegangen ist, dieser Erfolg war nur auf dem Boden der jahrelangen Kleinarbeit Haiders möglich. Die entscheidende Schlacht – die Kärntner Freiheitlichen haben sie die „Mutter aller Wahlkämpfe" genannt –, war ja eindeutig der Landtagswahlkampf 1999. Alles, was dem in Kärnten vorausgegangen ist, war Vor- und Zwischenspiel. Landesrat, Nationalratsabgeordneter, Landeshauptmann erster Teil mit Abwahl, all das waren wichtige Zwischenstufen. Haider blieb aber auch nachdem er Bundesparteiobmann geworden war und in Wien lebte Landesparteiobmann in Kärnten. Er hat seine Finger in all diesen Jahren tief in der Kärntner Landespolitik drinnen gehabt. Sein Informations- und Spitzelsystem funktionierte sehr gut, und er war bis in die kleinsten Details der Ortsorganisationen in ganz Kärnten informiert. Sein Familienleben verlagerte er zwar weitgehend in die politische Familie in Wien, das Interesse an jenem Land, wo er für einen beträchtlichen Teil der Bevölkerung Idol geblieben ist, ist aber nicht abgerissen. Seine Sehnsucht nach Bestätigung von außen wurde nirgends so sehr befriedigt wie in Kärnten. Trotzdem war der Schritt zurück in die kleinliche Landespolitik eine harte Entscheidung. Der Wechsel vom Luxusleben in der Bundeshauptstadt in die banale Realität des provinziellen Polit-Kleinkrieges ist ihm sichtlich schwergefallen. Er hat seine Rolle dann in diesem Wahlkampf verbissen und nach außen hin blendend gespielt. Wer ihn kannte, konnte aber feststellen, daß es ihm zeitweise schwergefallen ist, wieder wie 15 Jahre zuvor durch die Wirtshäuser des Landes zu tingeln. Aber das gesteckte Ziel machte diesen Kreuzweg notwendig. Was die Kärntner nicht realisiert haben, war, daß sie nur die zweite Wahl waren und sind, und daß sie von Haider nur als Zwischenstation betrachtet werden. Die Kärntner Seele kann sich das nicht vorstellen.

Für sie war der Kampf in Wien, den ihr Parteiführer ausfechten mußte, das reine Märtyrertum und die Heimkehr der verdiente Lohn für alle Mühen.

Gleichzeitig mit der Entscheidung Haiders, für den Landeshauptmann in Kärnten zu kandidieren, kam es bei den Freiheitlichen Kärntens zu bedeutsamen Änderungen. Haider war der Meinung, daß er nicht Landeshauptmannkandidat, Bundesparteiobmann und Landesparteiobmann in einer Person sein könnte. Als Landesparteiobmannkandidat bot sich am ehesten der langgediente Jörg Freunschlag an. Er knüpfte an das Akzeptieren dieser Kandidatur die Bedingung, daß er sich seine Mitarbeiter selbst aussuchen können dürfe. Als ersten Schritt nach der Wahl zum Landesparteiobmann hat sich Freunschlag des langjährigen Landesparteigeschäftsführers Armin Kordesch und dessen Team entledigt. Haider hat diese – wie man glauben würde bittere Pille – ohne Widerstand geschluckt.

Damit wurde einer der treuesten Wegbegleiter und auch ein Mann der politischen Mäßigung eiskalt geopfert.

Während Kordesch nie ein politisches Mandat angenommen und mit großem Einsatz der Sache seines Chefs gedient hat, verfolgte Freunschlag offenbar seine eigenen persönlichen Ziele. Als neuer Präsident des Kärntner Landtages hat somit ein Uralt-Freiheitlicher sowohl finanziell als auch karrieremäßig am meisten aus der neuen Konstellation profitiert. Was Haider selbst 15 Jahre vorher kleinweise durchgeführt hat, betreibt nun Freunschlag. Er sorgt dafür, daß an den Schlüsselstellen der Partei seine Leute eingesetzt werden. Die Geschäftsführung der Partei hat er einem jungen Mann seines Vertrauens zukommen lassen, der sofort in den Bundesrat gewählt wurde. Auch die neue Kärntner Nationalratsbesetzung trägt zum Teil die Handschrift Freunschlags.

Viele Freunde haben Haider abgeraten, den Landesparteiobmann von Kärnten abzugeben. Diese Funktion war bei den Freiheitlichen immer eine Schlüsselstelle der Macht.

Freunschlag wurde zwar neuerdings wieder mit hoher Zustimmung in dieser Position bestätigt. Ist er aber tatsächlich ein ehrlicher Freund Haiders? Er und einige seiner Mitläufer werden von manchen jedenfalls als die wahren Nutznießer aus Haiders großer Anstrengung betrachtet.

Das Dilemma der Doppelfunktion

Anfangs entstand der Eindruck, daß Haider seine ganze Kraft der Funktion des Landeshauptmannes widmen wolle und daß er sich deshalb aus den rein parteipolitischen Angelegenheiten des Landes zurückgezogen hatte. Die erstaunten Kärntner wurden aber bald eines besseren belehrt. Bald nach der Landtagswahl fand nämlich die Europawahl statt, und Haider mußte als Bundesparteiobmann in diesem Wahlkampf massiv außerhalb Kärntens auftreten. Kaum war die Europawahl geschlagen und verloren, begann nach einer eher politiklosen Sommerpause der Nationalratswahlkampf. Dieser führte dazu, daß der Landeshauptmann nur selten in seinem Bundesland gesehen wurde. Nach dem großen Wahlerfolg vom 3. Oktober 1999 war der Kärntner Landeshauptmann sehr stark mit Informations- und Imagekorrekturreisen in das Ausland beschäftigt.

Während die parteieigene Kärntner freiheitliche Zeitung „Kärntner Nachrichten“ sich mit Jubelmeldungen über das erfolgreiche Wirken der freiheitlichen Regierungsmitglieder und des Landeshauptmannes überbot, wurden die kritischen Stimmen in den anderen Kärntner Medien deutlicher. Die alteingesessenen Parteimitglieder und Haider-Fans der ersten Stunde sind hin- und hergerissen. Sie sind einerseits stolz darauf, daß ihr Führer in den Medien ganz Europas und darüber hinaus vorkommt, andererseits hätten sie ihn am liebsten gleichzeitig als Bundeskanzler und Landeshauptmann. Unter den Neuwählern herrschte Unruhe, und ein gewisses Maß an Unzufriedenheit begann hochzukommen.

Die Parteizeitung „Kärntner Nachrichten" sprach am 29. Oktober 1999 von einem *„aktiven Landeshauptmann, zum Vorteil für Kärnten"*. Da meinte der freiheitliche Clubobmann Martin Strutz, daß *„die zahlreichen außenpolitischen Aktivitäten von Landeshauptmann Jörg Haider Kärnten großen Nutzen bringen und unserem Bundesland internationale Aufmerksamkeit sichern. Endlich wird Kärnten aktiv über die Landesgrenzen hinweg vertreten!"* Er meinte damit jene Auftritte, wo Haider sein persönliches Image zu korrigieren versucht hat. Strutz spricht damit einen Begriff an, der in der Werbung die Bezeichnung Imagetransfer hat. Er meint wohl, daß das Image des Landeshauptmannes auf den Ruf Kärntens abfärben würde. In dieser Phase der Bemühung um Imageverbesserung darf diese Ansicht wohl eher in den Bereich der Illusion verwiesen werden. Die Kärntner Journalistin Andrea Bergmann schrieb in einem Kommentar vom 20. Oktober 1999 in der „Kleinen Zeitung" unter dem Titel *„Der Stiefvater"*:

„Was wurde aus ‚Kärnten zuerst', fragen sich die Kärntner mit Blick auf den, der versprochen hat, fünf Jahre für das Land die Ärmel hochzukrempeln? Kärnten wurde zum Stiefkind, beziehungsweise Haider zum Stiefvater. Die vergangenen Wochen als Beweis: Die Bundespolitik ist das eigentliche Liebkind Haiders, das Ziel für die persönliche Genugtuung."

Die FP-Lesart ist eine andere. Haider habe es geschafft *„Kärnten europaweit in den Blickpunkt des öffentlichen Interesses zu rücken"*, jubelt Strutz, und der freiheitliche Landeshauptmannstellvertreter Mathias Reichhold assistiert mit *„kein Schaden ohne Nutzen"*. Bleibt zu hoffen, daß der Schaden nicht überwiegt.

Der ÖVP-Abgeordnete Ferdinand Sablatnig meint zu der, laut Kärntner freiheitlicher Meinung für das Land so positiven Imagereise des Landeshauptmanns, daß es sich dabei um eine *„gefährliche Drohung"* handle. Denn Haider müsse jene Probleme lösen, *„die wir ohne ihn nicht hätten"*. Der an sich freundlich gesinnte rote Landesrat Adam Unterrieder wirft

Haider *„Fahrlässigkeit"* vor. Er würde Auslandstermine der Budgetdiskussion vorziehen.

Haider hat mit der Wahl zum Landeshauptmann nicht sein wahres Ziel erreicht, sondern nur ein Zwischenziel. Der Druck, die Karriere nach oben fortzusetzen, hat ein Dilemma mit sich gebracht, das er jetzt voll zu spüren bekommt. Er ist gezwungen, auf sehr vielen Kirchtagen zugleich zu tanzen. Das Ergebnis ist, daß einige Bräute langsam aber sicher frustriert werden. Die Kärntner Journalistin Antonia Gössinger, die eher den Ruf genießt, ein gutes Verhältnis zu den Freiheitlichen, besonders zu Haider zu haben, brachte bei einem Interview vom 24. Oktober 1999 bei ihrer bissigen Wortwahl in den Fragen an den Landeshauptmann die Stimmungslage in breiten Kreisen deutlich zum Ausdruck. Darunter: *„München, London und Padanien: zwischen welchen weiteren wichtigen weltpolitischen Terminen haben Sie wieder einmal zwei Tage Zeit, Kärntner Landeshauptmann zu sein?"* Auf den Satz Haiders *„... und drittens soll man froh sein, daß es einen Kärntner Landeshauptmann gibt, von dem man in Europa Kenntnis genommen hat, der zumindest interessant ist"*, reagierte Gössinger nicht ohne Häme: *„Wir würden uns andere Gründe wünschen, warum der Landeshauptmann interessant ist. Bei jeder Nennung Ihres Namens im Ausland sind Ihre verhängnisvollen Aussagen als Anhängsel mit dabei. Sonst wäre Ihre Imagetour nicht notwendig. Den erhofften Erfolg hat sie wohl nicht gebracht, wie der Niederschlag in den Medien zeigt."*

Und auch im Hinblick auf den Kontakt zur Lega Nord geht Antonia Gössinger hart mit Haider ins Gericht. Sie fragt ihn: *„Und wozu war der Ausflug nach Padanien gut, wo ist das Interesse Kärntens, wenn Sie vor der Lega Nord auftreten? Ist es nicht ein Affront gegenüber dem italienischen Staat und unserem unmittelbaren Nachbarn Friaul, wenn Sie diese separatistische Bewegung unterstützen?"* Haider darauf: *„Das ist keine separatistische Bewegung, der friulanische Präsident Antonione hat sich über den Wirbel amüsiert. Nur damit die Sozia-*

listen an der Macht bleiben dürfen, werden solche Geschichten hochstilisiert."

Und Gössinger fragt weiter: „*Die Sorge, daß diese Geschichte ein Handicap für eine Beteiligung der FPÖ an der Bundesregierung sein könnte, haben Sie nicht?*" Haiders Antwort: „*Wenn es eines wäre, lache ich mir ins Fäustchen. Dann erspare ich mir jetzt mühsame Verhandlungen, und in vier Jahren pokern wir um die Nummer eins.*"

Im letzten Satz kommt wohl Haiders wahre Wunschvorstellung zum Ausdruck. Er hat im Grunde kein echtes Interesse daran, daß die Freiheitlichen vor der nächsten Wahl schon als zweiter Koalitionspartner in die Regierung kommen. Ihm geht es darum, daß er Bundeskanzler wird. Er befürchtet, daß eine freiheitliche Regierungsbeteiligung, die er von Kärnten aus nur vage mitbestimmen kann, zu einem Rückgang der Sympathiewerte für seine Partei führen würde. Er könnte also unter diesen Umständen nicht damit rechnen, bei der nächsten Wahl selbst Bundeskanzler zu werden. Er denkt sich, daß jene Partei, die die kommende Legislaturperiode in Opposition sein wird, die größten Chancen hat, bei der nächsten Wahl als der große Sieger hervorzugehen. Wer auch immer von den drei Mittelparteien als alleinige Opposition einer Koalition der beiden anderen gegenüberstehen würde, könnte im Hinblick auf die realpolitischen Sachzwänge, unter welchen die Regierungskoalition stehen würde, als Protestpartei nur punkten.

Haiders Strategie ist es also, den Landeshauptmannbonus so lange voll auszunützen, bis es zu Neuwahlen kommt, und in der Zwischenzeit gleichzeitig als Oppositionsführer in der österreichischen Bundespolitik medial und öffentlichkeitswirksam mitzuspielen. Eine Regierungsbeteiligung oder beispielsweise ein Vizekanzler Prinzhorn, der sich wahrscheinlich von Kärnten aus wenig vorschreiben lassen würde, könnte Haider kaum Vorteile bringen.

Haider hat die für sein zukünftiges politisches Schicksal so wichtige Kärntner Wahl mit einer Reihe von Versprechungen gewonnen. An der Spitze steht das Thema „Kinderscheck“. Ein familienpolitisches Thema, das gut dazu geeignet ist, Sympathien einzufangen, das sich hervorragend als Schlagwort im Wahlkampf geeignet hat. Es war im Hinblick auf das unmittelbare Wahlziel weniger wichtig, daß die Finanzierungsfrage vor der Wahl nicht einmal ansatzweise gelöst war.

Der Plan des neuen freiheitlichen Landesfinanzreferenten, die Wohnbauförderungen des Landes über eine ausländische Bank zu veranlagen und vom Erlös den Kinderscheck mitzufinanzieren, stieß auf vehemente Ablehnung bei den politischen Konkurrenten. Der neue Kärntner VP-Obmann Reinhold Lexer meint dazu: *„Man kann privat sein Bärental veranlagen, aber nicht mit öffentlichem Vermögen auf den internationalen Finanzmärkten spekulieren. Wie schief das gehen kann, zeigt der Fall Rosenstingl.“* Man kann daraus entnehmen, wie sehr sich die radikalen und hämischen Töne in der Landespolitik von Blau auf Schwarz und Rot verlagert haben. Lexer weiter: *„Der Kinderscheck ist eine Bundesaufgabe, die kann das Land nicht übernehmen, sonst kommt es zum Fördertourismus, und die Leute ziehen nach Kärnten. Wer weiß, wie viele Oberösterreicher wir noch verkraften können.“* Diese Anspielung Lexers auf Haiders Herkunft dürfte allerdings bei den Kärntner auf nicht sehr fruchtbaren Boden fallen. Sie haben ihn immer als äußerst patriotischen Wahlkärntner akzeptiert. Der neue – und inzwischen ehemalige – Kärntner SP-Chef Manzenreiter war in seiner Wortwahl zum Finanzierungsmodell für den Kinderscheck nicht weniger sarkastisch: *„Das ist das 15. Finanzierungsmodell. Es paßt eher auf eine karibische Insel, als in die europäische Finanzlandschaft. Das ist vergleichbar mit einem Gang ins Casino; wer mit Steuergeld spekuliert, riskiert, daß alles verlorengeht. Aber wenn man den Menschen zuviel ver-*

sprochen hat, ist man – wie die FPÖ und der Landeshauptmann – gern bereit, auch einen Strohhalm zu ergreifen.“

Das Thema Kinderscheck hat eine ganz besondere Bedeutung. Die Glaubwürdigkeit der Freiheitlichen steht und fällt mit der Verwirklichung dieses Versprechens. Als jemand, der selbst wahlkämpfend so wie viele Hunderte anderer Kärntner Freiheitlicher auf der Straße gestanden ist und Werbematerial mit dem Versprechen, jede Kärntner Mutter bekomme bis zum fünften Lebensjahr ihrer Kinder monatlich öS 5.700,–, verteilt hat, muß ich mich selbst mitverantwortlich fühlen. Das Kinderscheckversprechen war für den Wahlerfolg in Kärnten ausschlaggebend. Und dieser Wahlerfolg war die Basis für den Wahlerfolg am 3. Oktober 1999. Somit besteht hier ein roter Faden, der nicht einfach in der üblichen Opportunitätsmanier durchschnitten werden darf.

Kärnten jedenfalls war notwendig, um bundespolitisch wieder Fuß zu fassen. Das Versprechen Haiders, eine volle Periode als Landeshauptmann in Kärnten zu bleiben, war für die Kärntner Bevölkerung eine sehr wichtige und mitwahlentscheidende Ansage. Schon am Tag nach der Nationalratswahl, am 4. Oktober 1999, schien er in dieser Frage schon viel flexibler zu denken. In einem „Format“-Interview antwortet er auf die Frage *„Wird man Sie in einem halben Jahr eher in Kärnten oder in Wien antreffen?“* mit dem Satz: *„Mein Wohnsitz wird sich nicht verändern. Der Arbeitsplatz kann mitunter flexibel werden.“* Ohne den Kärntner Erfolg vom März 1999 wäre der Durchbruch bei der Nationalratswahl am 3. Oktober nicht zustande gekommen. Die Strategie „Alle Kraft nach Kärnten“ ist voll aufgegangen. Seit dem 3. Oktober ist das Spiel wieder völlig offen.

Die Tätigkeit eines Landeshauptmannes ist realistisch betrachtet von so geringer Bedeutung, daß sie zum Messen des Erfolges einer Bundespartei eigentlich kaum herangezogen werden dürfte. Wohl aber ist die Kombination von Bundesopposition und Landeshauptmannschaft die ideale Voraussetzung für weitere Erfolge. Man kann Klein- und Kleinsterfolge oder Zufallserfolge, die sich aufgrund der Gesamtkonstellation ergeben, bundesweit auswerten und der Bundesregierung vorwurfsvoll vor die Nase halten.

Die Freiheitlichen haben im Vorwahlkampf der Landtagswahl eine Kampagne gegen den Kärntner Maler Cornelius Kolig gestartet. Diesem Fall widme ich ein ausführliches Kapitel. Die Kolig-Kampagne war der negative Punkt am Wege zur Erreichung des Kärntner Wahlerfolges. Im Hinblick auf die Kleinheit Kärntens ist der Vorfall rasch in Vergessenheit geraten. Aber dieser Teil der Wahlstrategie ist, durch ihren hetzerischen Grundton, durchaus mit den Anti-Ausländer-Plakaten von Wien während des Nationalsratswahlkampfes zu vergleichen.

Wahlopfer Cornelius Kolig

Im Nachhinein gilt oft das Sprichwort „Der Zweck heiligt die Mittel". Ein Baustein, auf dem der Zwischenerfolg der Freiheitlichen Kärntens mit beruht, ist die Kampagne gegen den Künstler Cornelius Kolig. Aus der Sicht der internationalen Politik, ja selbst aus österreichischer Betrachtungsweise eine kleine Angelegenheit und vor allem eine Affäre, die über Kärnten hinaus wenig bekannt ist. Und doch kommt ihr, wenn man den Werdegang der freiheitlichen Partei in Kärnten untersucht, Bedeutung zu. Im politischen Sinn ist sie deshalb ernstzunehmen, weil ja die Eroberung Kärntens der wichtigste Meilenstein auf dem Wege zum bundesweiten Wahlerfolg war. Die Thematisierung der modernen Kunst und die Art wie dies geschehen ist, ist ein Aspekt dieser bemerkenswerten Affäre. Ein anderer Aspekt aber, und der noch viel dramatischere und berührendere, ist die Tatsache, daß hier ein Mensch dem politischen Ziel geopfert wurde. Cornelius Kolig wurde durch die Kärntner „Kronen Zeitung" und die sich im Vorwahlkampf befindende Kärntner freiheitliche Partei an den Pranger gestellt und diffamiert. Kolig hat unter diesen Vorfällen gesundheitlich, moralisch und gesellschaftlich, wie er selbst sagt, sehr gelitten. Er wurde sogar bewußt in die Nähe des Kindesmißbrauches gerückt. Die Einstellung früherer Bekannter dem Künstler gegenüber hat sich während und nach dieser Kampagne dramatisch ins Negative verwandelt. Es ist vorgekommen, daß man in Kaffeehäusern, in die er zu gehen pflegte, deutlich vernehmbar sagte: „Schau, dort sitzt dieses Schwein."

Die Affäre um Cornelius Kolig hat eine Vorgeschichte oder sogar ihren Ursprung im Dritten Reich. Die Zusammenhänge zwischen dem Schicksal der Fresken seines Großvaters, Anton Kolig, und der Kampagne des Jahres 1998, und auch manche der von Politikern gemachten Äußerungen müssen aufgrund ihrer Ähnlichkeit nachdenklich stimmen.

Die Fresken Anton Koligs im Klagenfurter Landhaus wurden unter den Nationalsozialisten abgeschlagen. Dieser Barbarei war ein jahrelanger „Kulturkampf" vorausgegangen. Die Neugestaltung des Saales unter seinem Enkel Cornelius Kolig führte 1998 zu einem fast ebenso wilden und vor allem medial ausgetragenen Kulturkampf. Diese Fresken waren ein Höhepunkt im Schaffen Anton Koligs. Er selbst beklagte sich darüber, daß seine *„Versuche, das Letzte zu wagen, – nämlich das Schmückende restlos ins Geistige, Magische, Heilige zu verwandeln (...) immer mißverstanden"* worden seien.

Schon im Jahre 1936 wurde eine vehemente Auseinandersetzung um die damaligen Kolig-Fresken zwischen einzelnen Medien geführt. So wurde in der „Heimatschutzzeitung" am 25. April 1931 ein Artikel mit dem Titel *„Bekämpfet den geistigen Bolschewismus"* des Privatdozenten Dr. Herbert Stiegmüller, veröffentlicht. Er beginnt mit den Worten: *„Als reichsdeutscher Kunsthistoriker, dem es – wenn auch leider nur kurz – vergönnt war, einige Tage im herrlichen Kärnten zu weilen und sich dabei auch über die Meinungskämpfe zu unterrichten, die hier* *in letzter Zeit stattgefunden haben, fühle ich das lebhafte Bedürfnis, den tapferen Kärntner Abgeordneten aus innerstem deutschen Herzen zu danken für die mutigen Worte, die sie im Kampfe gegen eine Kulturschande gefunden haben.*" Die Zeitung fährt fort: *„Ich selbst habe mir soeben die Koligschen Fresken im Kärntner Landhaus eingehend und mit wissenschaftlichen Augen betrachtet. Ich konnte dabei wieder feststellen – was mir schon nach anderen Bildern aus Anton Koligs neuerer Zeit klar war, – daß hier ein begabter Künstler, der in seiner Jugend einige anerkennenswerte Bilder gemalt hat, einen verhängnisvollen Irrweg eingeschlagen hat und einer geistigen Seuche zum Opfer gefallen ist. Und es ist mir, wie manchen anderen draußen im Reich, ein wahres Herzensbedürfnis, den Kärntnern zu versichern, daß sie dreimal recht haben, wenn sie sich ihr altehrwürdiges Landhaus nicht verschandeln lassen wollen.*" Der „Kunstexperte" führte dann weiter aus: *„Ihr urgesundes Gefühl denkt eben weit sicherer und weit richtiger, als so mancher, den die rote und rosarote Presse zu einem Kunstsachverständigen machen will. Wie sich aber jeder ehrliche und unverdorbene Deutsche voll und ganz in dem politischen Kampf gegen den alles erwürgenden Marxismus einsetzen muß, ebenso müßte jeder einzelne sich zu einem Bollwerk gegen das empörende Vordringen des Bolschewismus auf rein geistigem Gebiete machen. Und die Koligsche Kunst ist geistiger Bolschewismus!*" (aus „Tatort Kolig-Saal")

Damals fanden im Kärntner Landtag denkwürdige Kunstdebatten rund um die Kolig-Fresken statt. Am 27. Februar 1931 hatten der Heimatblock und die NSDAP den gemeinsamen Antrag auf sofortige Entfernung der „Kolig-Fresken" gestellt. Dieser kunstpolitische Vandalenakt wurde aber erst durch die Nationalsozialisten durchgeführt.

Lange Zeit herrschte nach dem 2. Weltkrieg Ungewissheit darüber, ob die Fresken Anton Koligs nur übermauert, zum Teil beseitigt oder aber wirklich zur Gänze zerstört worden waren. Die Gewißheit über das Schicksal dieser Fresken brachte erst eine Untersuchung des Jahres 1968. Im Anschluß an diese

Untersuchung schrieb die „Kärntner Tageszeitung“ am 12. Juli 1968: *„Im Landhaus in Klagenfurt wurden gestern in dem Raum, der bis 1938 die Fresken von Anton Kolig und seiner Werkstatt-Mitarbeiter barg, an mehreren Stellen die Wand aufgebrochen, um festzustellen, ob die Fresken oder Spuren von ihnen noch vorhanden sind. Nachdem bis zu den ursprünglichen Mauern die Verputzschichten entfernt wurden, ohne daß auch nur Andeutungen des Gemäldes festgestellt werden konnten, ergab sich die traurige Gewißheit, daß die Fresken als völlig zerstört angesehen werden müssen. Der ehemalige Schüler von Kolig, Prof. Anton Mahringer, der bei der Entstehung in den Jahren 1929 und 1930 selbst wesentliche Teile dieses in künstlerischer und – von heutiger Sicht aus – auch historisch bedeutsamen Gemäldes schuf, konnte nur noch bestätigen, daß das Werk vernichtet ist.“* (aus „Tatort Kolig-Saal“)

Es ist schwer zu sagen, ob die damalige Zerstörung der Kolig-Fresken eine Fleißaufgabe nationalsozialistischer Mitläufer war oder behördlich sanktioniert wurde, ob es ein spontaner Vandalenakt oder ein von oben angeordneter Bildersturm war. Die damalige offizielle Meinung zu Kultur und Kunst kommt aber deutlich durch einen Appell des damaligen Geschäftsführers der Reichskulturkammer im Gau Kärnten, Dr. Christof Günzl, beim „Weihnachtsappell der Kärntner Künstlerschaft“ in Klagenfurt zum Ausdruck: *„Kunst und Künstler haben sich stets ihrer Volksverbundenheit bewußt zu sein und sich den Volksgenossen verständlich zu machen. Kunst ist nicht international, sondern an das Blut gebunden.“* (aus: „Tatort Kolig-Saal“)

Karl Marx prägte den Satz: *„Alles ereignet sich in der Weltgeschichte zweimal, zuerst als Tragödie, das zweite Mal als Farce.“* Den Freiheitlichen in Kärnten blieb es, laut Bertram Karl Steiner und Erwin Hirtenfelder, den Autoren des Buches „Tatort Kolig-Saal“, vorbehalten, den Namen Kolig ein zweites Mal kulturpolitisch an den Pranger zu zerren. Angesichts der unübersehbaren Verbindung zum Vandalismus des Nazi-

Regimes muß man sich die Frage stellen, ob es sich schlicht und einfach um einen inneren Zwang, in derartige Fettnäpfchen hineinzutreten, handelte, oder ob es doch zarte Fäden gleichartiger Gesinnung über die Jahrzehnte hinweg gibt, fragen die beiden Autoren. Mit dem Abschlagen der Fresken Anton Koligs war immerhin eines der bedeutendsten Denkmale der künstlerischen Moderne in Kärnten einer wohlorganisierten Allianz von Stupidität und Brutalität zum Opfer gefallen. Damals hat es sich zunächst um verbale Radikalität gehandelt und schließlich auch um die echte Aktion für das Aufputschen latenter Ressentiments im Lande. Daß auch 40 Jahre später wieder ein Kunstprojekt ausgerechnet des Enkelsohnes von Anton Kolig im Sinne der politischen Beeinflussung einer „Gesinnungsgemeinschaft" benützt wurde, hat viele Kärntner zutiefst betroffen gemacht. Man kann freilich im Erfolgsrausch über alles einfach drüberfahren und peinliche Realitäten vergessen machen wollen. Genauso wie das „Nein" zur Osterweiterung, wenn es beliebig ist, plötzlich zu einem „Ja" mit längeren Übergangsfristen verwandelt wird, kann man sich in der reinen Luft des Wahlerfolgs an Brutalitäten der Vergangenheit nicht mehr erinnern.

Der Gedanke, daß Anton Koligs Enkel Cornelius und kein anderer jenen Saal ausgestalten sollte, wo sich eine kulturgeschichtliche Schandtat vollzogen hatte, lag nahe. Noch dazu kann dem Maler Cornelius Kolig niemand absprechen, daß er ein großer Könner ist. Von seinen Gebirgsbildern sind selbst Menschen sehr positiv beeindruckt, die der Moderne mit Vorsicht gegenübertreten. Cornelius Kolig war im Besitz der ursprünglichen Unterlagen für die Fresken. Schon im November 1996 war die Landesregierung vom Landtag aufgefordert worden, ein Projekt zur Gestaltung des Kolig-Raumes im Landhaus als Gesamtkunstwerk vorzulegen. Ein Fachbeirat meinte, daß dieses Vorhaben von keinem anderen Mann verwirklicht werden solle, als von Cornelius Kolig. „Dieser Mann in diesem Land dieses Projekt." Die Konzeption schien zwingend: symbolische Sühneleistung an einem belasteten Ort durch einen selbst angefeindeten Künstler, der obendrein das künstlerische Erbe seines Großvaters verwaltete. Im Jänner 1998 erschien erstmalig ein Artikel in der „Kleinen Zeitung" über das Projekt, das bald darauf so große Diskussionen auslösen sollte: *„Ausführen sollte dieses (Projekt) der Enkel des Nötscher Malers, Cornelius Kolig. Die beiden Künstler eint nicht nur das Verwandtschaftsverhältnis, sondern auch die kontroversielle Stellung innerhalb ihrer Gesellschaft. Von der sogenannten Kunstszene hochgeschätzt, stößt ihr Schaffen in der breiten Bevölkerung oft auf Unverständnis und Ablehnung. Als umso mutiger erweist sich daher die politische Absichtserklärung, die nun spät, aber doch konkrete Formen anzunehmen scheint."*

Die Diskussion und Polemik um das Projekt Cornelius Koligs wurde durch die „Kronen Zeitung" und offiziell durch einen Kompetenzstreit innerhalb der Landesregierung ausgelöst. Es schien von Anfang an ziemlich klar, daß im Zusammenhang mit dieser Kampagne in weiten Kreisen latent verankerte Ablehnungen gegen alles Moderne und Experimentelle in der Kunst politisch vermarktet werden sollte. Die historische Dimension der Beauftragung von Anton Koligs Enkel mit dem Werk wurde dabei einfach mißachtet. In einem Leitartikel der „Kleinen Zeitung" erschienen dazu folgende, vielsagende Sätze: *„Die Nazis haben 1938 die von Koligs Großvater, Anton Kolig, im Landhaus angebrachte Fresken als ‚entartete Kunst' vernichtet. Wenn nun der Enkel dem Ungeist eine Antwort geben darf, wäre das auch die Chance einer späten ‚Wiedergutmachung' an einem großen Kärntner Künstler. ‚Wiedergutmachung' in Anführungszeichen, weil wohl nichts voll wieder gut gemacht werden kann, was in diesen dunklen Zeiten passiert ist."* (aus: „Tatort Kolig-Saal")

In der Folge wurde Cornelius Kolig zum perversen Fäkal-Künstler gestempelt. Er hat sich in seinem Leben künstlerisch auch mit dem Stoffwechsel befaßt. Das von ihm geplante

Werk für den Kolig-Saal hat natürlich mit dieser künstlerischen Periode seines Lebens überhaupt nichts zu tun. In einem Interview zu diesem Thema sagte Kolig selbst: *„Viele haben natürlich Probleme und empfinden es als Tabubruch, wenn dieses Thema berührt wird. Für mich sind Exkremente und Abfall Sinnbilder der Vergänglichkeit. Hinter der Abscheu vor diesen Dingen steckt natürlich Todesangst. Hin und wieder muß der Künstler in die negativen Rollen schlüpfen, um Dinge bewußt zu machen, um eigenen Trieben und Aversionen entgegenzutreten."*

Auf die Frage, ob somit die wenig schmeichelhafte Bezeichnung Fäkalkünstler doch eine gewisse Berechtigung habe, antwortete Cornelius Kolig: *„Ebenso könnte man einen Gynäkologen Schwein schimpfen, weil er sich mit weiblichen Genitalien beschäftigt. Aber ich kann beruhigen: in meinem Landhaus-Projekt spielt das Thema keine Rolle."*

Aus persönlich mitangehörten Gesprächen zwischen freiheitlichen Funktionären in Kärnten weiß ich, daß man in Zusammenhang mit der bevorstehenden Landeshauptmannwahl die Stimmung mit dem Thema Kolig anheizen wollte. Dies war von den landespolitischen „Spin-Doktoren" wohlüberlegt und geplant und von manchem kleinen, altmodischen Funktionär aus voller Überzeugung und mit großer Empörung mitgetragen worden. In den Wirtshäusern wurde wieder von „entarteter Kunst" gesprochen und die Anti-Kolig-Kampagne lief in vollem Umfang.

Auf politischer Ebene wurde ein Künstlerwettbewerb angeordnet. Eine Jury, an der auch ein freiheitlicher Juror mitwirkte, legte fest, daß Cornelius Kolig den Auftrag erhalten sollte.

19 Künstler hatten sich um die Ausgestaltung des Saales im Kärntner Landhaus beworben. Wer glaubt, daß die Kampagne gegen Cornelius Kolig durch den einstimmigen Beschluß der Jury zu Ende war, sollte sich irren. Im Gegenteil: „Kronen Zeitung" und FPÖ machten im März 1998 massiv mobil. Die „Kronen Zeitung" leistete sich als Aufmacher die Worte:

„Fäkalkünstler soll Millionen kassieren, Kulturskandal in Kärnten stoppen." Die Kampagne gegen Kolig war zu einem großen Thema im Lande Kärnten geworden. Viele Leserbriefe von entwürdigendem Inhalt haben bewiesen, auf wie fruchtbaren Boden das Polemisieren gerade bei so subtilen Themen wie der Kulturpolitik führen kann. Die Kampagne hatte voll eingeschlagen. Nachdem die offizielle Jury sich nicht „wunschgemäß" verhalten hatte, sollte nun das „Volk" über diese Frage entscheiden.

Der jetzige Landesparteiobmann und Landtagspräsident und damalige zweite Landtagspräsident Kärntens, Jörg Freunschlag, übrigens ein Schulkollege Koligs, stellte seine demokratiepolitische Kompetenz und seine Einstellung zur Kulturpolitik unter Beweis, indem er im Landtag folgendes von sich gab: *„Bei aller Würdigung und Akzeptanz des Ergebnisses der Jury, die offensichtlich überhaupt keine andere Wahl gehabt hat, als Kolig als ersten zu nominieren, (...) ist es doch das Recht eines jeden Auftraggebers eines Wettbewerbes, vom Ergebnis Gebrauch oder nicht Gebrauch zu machen. Das ist ein probates Mittel! Wenn eine Ausschreibung, ein Wettbewerb nicht das Ergebnis der Qualität gebracht hat (...) kann es doch nicht verboten sein, von diesem Angebot nicht Gebrauch zu machen (...) wir machen mit unserer Haltung Gebrauch von der Möglichkeit zu sagen: Dieses Ergebnis ist zweit- bzw. drittklassig, und das Landhaus hat dieses Ergebnis nicht verdient."* (zitiert nach: „Tatort Kolig-Saal")

Andreas Mölzer, der jetzige Kulturbeauftragte des Landes, stellte dann klar, was jeder politische Beobachter ohnehin bereits wußte: Der Landtagswahlkampf im Frühjahr 1999 sollte zu einem Plebiszit gegen Cornelius Kolig umfunktioniert werden. Fieberhaft wurde der angekündigte Aufstand des Volkes gegen Cornelius Kolig eingeleitet. Wie die „Kronen Zeitung" mitteilte *„... legt die FP-Unterschriftenlisten auf, um den Bau des Kolig-Projektes doch noch zu verhindern"*.

Es kommt zu einem öffentlichen Schlagabtausch. Aber im Mittelpunkt steht die Hetze, inzwischen nicht mehr gegen den Künstler, sondern gegen den Menschen Cornelius Kolig. In der „Kärntner Woche" schreibt Uwe Sommersguter: *„Wenn FP-Politiker und Medien in der Causa Cornelius Kolig Töne anschlagen, die tausenjährige Instinkte gegen das Entartete ansprechen, dann nimmt an deren geistiger Enge nur einer Schaden: unser Kärnten, das einem Mann wie Kolig nicht gerecht werden konnte."*

Auf dem außerordentlichen Bezirksparteitag der FPÖ in Klagenfurt am 27. Juli wurde wie in allen damaligen Parteizeitungen der Fall Kolig zum Wahlkampfthema erklärt, und Jörg Haider meinte damals, und erntete laut der „Kleinen Zeitung" viel Applaus: *„Ich möchte im Landhaus, wo immer viele junge Leute ein und aus gehen, keine Fäkalkunst sehen."*

Fieberhaft bemühten sich die Funktionäre um Unterschriften gegen Cornelius Kolig. Da die Aktion aber nicht so wie gewünscht anlaufen wollte, erging ein Schreiben seitens des Landesgeschäftsführers der FPÖ an die freiheitlichen Ortsfunktionäre: *„Die Unterschriftenaktion läuft noch bis Anfang September, sodaß es eigentlich machbar sein müßte, die angepeilten 20.000 Unterschriften zu erreichen. Derzeit stehen wir bei ca. 10.000. Unter dem Motto ‚Jetzt erst recht – wir Kärntner lassen uns den Mund nicht verbieten', ersuche ich Euch daher nochmals im Auftrag unseres Bundesparteiobmannes, gemeinsam – mit der Kärntner Bevölkerung – diese Protestaktion zu einem erfolgreichen Abschluß zu bringen ..."*

Bei der Unterschriftenaktion ging es aber gar nicht mehr darum, das Projekt zu stoppen, denn der Umbau nach Koligs Entwürfen war schon voll im Gang. Laut „profil" vom 17. August 1998 meinte Martin Strutz, Klubobmann der Freiheitlichen: *„Wenn SPÖ und ÖVP den Herrn Kolig mit aller Gewalt ins Landhaus pressen wollen, sollen sie das machen. Sie werden die Rechnung dafür bei der nächsten Gelegenheit präsentiert bekommen. Und diese bietet sich spätestens im nächsten März, bei den Kärntner Landtagswahlen, bei denen sich Jörg Haider zum Landeshauptmann wählen lassen will."*

Cornelius Kolig hat im Zuge der Installationen seiner Fresken im Kärntner Landtag die beiden Worte „Tat" und „Ort" angebracht. Andreas Mölzer bezeichnet ihn deshalb als *„Schelm von Format"*. Das Wort „Tat" ist in Form übergroßer metallener Buchstaben angebracht und „Ort" schlicht über dem Eingang zum WC. Mölzer schreibt weiter: *„Nach seinen eigenen Angaben bezieht sich das auf den barbarischen Gewaltakt des Abschlagens der Fresken seines Großvaters Anton Kolig durch die Nationalsozialisten. ‚Ort' hingegen ist als Anspielung auf die gegen ihn angeblich geführte Kampagne als ‚Fäkal-Künstler' gedacht."*

Diese Geschichte macht leider deutlich, mit welcher Beliebigkeit und auch mit welcher Bereitschaft, Menschen persönlich zu verletzen und zu demütigen, die Freiheitlichen manchmal Politik machen. Diese Kampagne hat mich persönlich sehr betroffen gemacht und in mir eine Wut auf jene, die diese scheußliche Aktion auf dem Gewissen haben, aufkommen lassen. Ich habe die Kolig-Affäre zutiefst bedauert, mich dagegen ausgesprochen und sie nicht mitgetragen. Trotzdem war ich damals immer noch der Meinung, daß die Freiheitlichen im Kampf gegen viele Mißstände eine so wichtige Rolle zu spielen hätten, daß man durch dieses düstere Ereignis irgendwie durchtauchen müsse, um sich dann umso mehr positiveren Themen widmen zu können.

Tatsächlich wurde der Kärntner Landtagswahlkampf in seiner heißen Phase auf ganz andere Themen verlegt. Man verfolgte dann eine sogenannte Positivstrategie mit Themen wie Kinderscheck, Strompreis- und Mietensenkung. Es handelte sich also um Themen, deren Finanzierungen zwar zum Teil nicht ausgegoren waren, die aber als politische Verkaufsargumente Gültigkeit hatten und die ich voll unterstützt habe. Trotzdem habe ich nach der Kolig-Affäre innerlich keine Überzeugung für meine politische Arbeit mehr finden können. Es ist mir auch schwer gefallen, mit Leuten, von denen ich wußte, daß sie diese Kampagne mit Überzeugung betrieben haben, weiter gemeinsame Sache zu machen. Fast noch mehr war ich von jenen enttäuscht, von denen ich wußte, daß sie die Kolig-Kampagne einfach aus Opportunität, aber gegen ihre Überzeugung, mit gespielter Begeisterung, mitgetragen haben.

Die Affäre Kolig ist ein Symptom für ein Verhalten innerhalb der freiheitlichen Partei, von dem ich hoffe, daß es nie mehr vorkommen wird. Die Bereitschaft, um ein Ziel zu erreichen Unrecht zu tun, hängt auch mit der Devise der Marketingstrategen „einfach drüberfahren" zusammen.

Die Mehrheit der Eineinviertelmillion freiheitlicher Wähler hat sicher von Cornelius Kolig noch nie gehört. Vielen Kärntnern hingegen ist sein Name bekannt. Einige hat seine Diffamierung dazu bewogen, Jörg Haider zum Landeshauptmann zu machen. Jedenfalls ist auch diese eine Affäre ein kleiner Baustein auf dem Weg zum Erfolg der Freiheitlichen. Die Arbeit Koligs im Kärntner Landhaus ist längst zur Selbstverständlichkeit geworden und sie wird international anerkannt. Die Angelegenheit ist Vergangenheit. Aber sie ist ein dunkler Punkt in der Geschichte der Kärntner Freiheitlichen. Aus der Geschichte wissen wir, daß die Sieger immer Recht haben. Schade, daß der blaue Wahlerfolg in Kärnten durch diese Aktion von zweifacher Unsensibilität belastet ist: gegenüber der Geschichte und gegenüber einem Mitmenschen.

3. Teil
Der Weg zum Erfolg

Am 3. Oktober 1999 erzielten die Freiheitlichen ihren bisher bedeutendsten Wahlerfolg. Sie überholten knapp die ÖVP und lagen an zweiter Stelle. Wie die ÖVP sind sie nun mit 52 Mandaten im Nationalrat vertreten. Dieses Wahlergebnis hat im Ausland viele Reaktionen ausgelöst. Die Berichterstattung und die Kommentare namhafter Magazine und Zeitungen reichten von kritisch-neutral bis extrem kritisch und sogar hysterisch.

Die Freiheitlichen haben rein quantitativ einen Höchststand erreicht und sind zu einer von drei fast gleich starken Mittelparteien geworden. Vom Wahlergebnis her sind sie somit auch auf Bundesebene als gleichwertige Partner regierungsfähig geworden. Die Frage, ob ihre programmatischen Vorstellungen, ihr Personalreservoir und der Ton, mit dem ihre Wahlkampagne zum Teil geführt wurde, eine Regierungsbeteiligung der Freiheitlichen für Österreichs Ansehen im Ausland und für die friedliche Weiterentwicklung im Inland opportun erscheinen lassen, wird von vielen internationalen und nationalen Politologen und Medienvertretern negativ beantwortet.

Es ist gelungen, diese Partei innerhalb von 15 Jahren von einer Minimalgröße mit einem etwa vierprozentigen Wähleranteil zu einer innenpolitischen Macht, die nahezu eine Drittel aller Wähler repräsentiert, zu entwickeln. Wie war dieses erstaunliche Wachstum möglich?

Der Höhenflug der freiheitlichen Partei ist eng mit der Person Jörg Haiders verbunden. Es ist aber nicht allein sein Werk, sondern eine Kombination von hervorragend transportiertem Personenkult und geschicktem Marketing. Die zweite Person, die zum Erfolg der Freiheitlichen enorm viel beigetragen hat, ist deren früherer Geschäftsführer und Werbechef Gernot Rumpold. Rumpold ist es gelungen, eine knallharte, rein erfolgsorientierte Marketingstrategie aufzubauen und durchzusetzen. Im Mittelpunkt dieses Marketings stand die Person Haiders. Rundherum wurden all jene Themen angesprochen, die für große Segmente der Bevölkerung oder für bestimmte Zielgruppen emotional wichtig waren. Rumpold bediente sich bei der Umsetzung seiner Strategie mit viel Geschick aller Marketing-Instrumente. Die Werbelinie war ein optimaler Mix aus Aggressivität und weichen, die Gefühle ansprechenden Schlagworten. Die Fotoauswahl war besonders in der letzten Wahlkampagne hervorragend. Vor allem wenn man die Unterdurchschnittlichkeit der Werbung der anderen Parteien betrachtet, muß man die Freiheitliche Wahlkampagne von ihrer Effizienz her geradezu als genial bezeichnen.

Aber auch in der freiheitlichen Wahlwerbung fiel einiges in den Bereich des Komischen. Heinz Grötschnig gab dazu in seiner Rubrik *„Zynikus"*, in Anspielung auf ein blaues Werbeplakat, in der „Kleinen Zeitung" folgende Kostprobe: *„ZWEI ECHTE ÖSTERREICHER lesen wir unter Jörg H. und Prinz Horn. Echte? Da muß es also auch unechte geben. Wer weiß, vielleicht platzt nach der Wahl ein Riesenfälschungsskandal. Haider deckt ihn auf. Und weist die Unechten aus."*

Auch die PR-Schiene wurde seit einigen Jahren mit großem Geschick und mit enormer Konsequenz gefahren. Die klare Vorgabe lautete: „Wichtig ist es, gut sichtbar in den Medien vorzukommen. Von wesentlich geringerer Bedeutung ist dabei, ob die Berichterstattung im Detail positiv oder negativ ist." Die mediale Präsenz in ihrer Quantität war über einen langen Zeitraum, besonders aber auch während der letzten Wahlkampagne, kaum zu überbieten.

Die Freiheitlichen haben sich auch der Außenwerbung, das heißt der Möglichkeit, über Plakate Aussagen zu transportieren, und des Direct-Mailings mit großem Geschick bedient. Auch die freiheitlichen Events, also das Event-Marketing, war hochprofessionell und ging den Leuten unter die Haut. Die politischen Auftritte von Rot und Schwarz wirkten dagegen unprofessionell und einfallslos.

Der langfristige Erfolg der Freiheitlichen und besonders der letzte große Wahlerfolg sind nicht das Ergebnis besserer politischer Inhalte, sondern auf das Marketing zurückzuführen. Bei den Freiheitlichen sind Marketing und Politik eins. Die politische Aussage wird und wurde seit langem der „Verkaufbarkeit" untergeordnet. Die politische Linie richtete sich in großen und kleinen Fragen vornehmlich nach der wahrscheinlichen Akzeptanz bei den Wählern.

Im modernen Marketing sind jene Manager erfolgreich, die in der Lage sind, ihre Entscheidungen – wie man so sagt – aus dem Bauch, das heißt gefühlsmäßig zu treffen. Gernot Rumpold hat immer wieder bewiesen, daß er sehr häufig genau weiß, was die Leute wollen. Zumindest war seine diesbezügliche Fehlerquote verhältnismäßig gering. Die meist bevorzugte Priorität des Marketing vor der inhaltlichen, politischen Überzeugung bewirkte häufig, daß mit dem Steigen des quantitativen Erfolges bei den Freiheitlichen die inhaltliche Qualität und die Seriosität sanken. Wenn bei strategischen Zukunftsentscheidungen moralische oder humanitär-visionäre Kriterien oft reinen Opportunitätsüberlegungen untergeordnet wurden, mußte das bewirken, daß auch bei den Repräsentanten und Mandataren der Partei ein Austauschprozeß vor sich ging. Diese Entwicklung ist auch tatsächlich seit Jahren zu beobachten. Die Partei verzichtete auf Persönlichkeiten wie z. B. Guggerbauer, Frischenschlager, Grasser, Harring oder Brauneder als Mandatare. Ebenso wie bei der letzten Europa-Wahl erfolgte auch bei der Nationalratswahl die Kandidatenauswahl zu einem Teil nur im Hinblick auf den Wahltag und nicht im Hinblick auf die im Anschluß daran folgenden Jahre parlamentarischer Arbeit. Ansonsten wäre es undenkbar, daß die freiheitliche Partei auf einen Professor Willi Brauneder, den früheren dritter Nationalratspräsidenten, verzichten kann und dafür politisch unbedarfte aber bekannte Personen, wie den Olympiasieger Patrick Ortlieb und die Fernsehmoderatorin Theresia Zierler hereinholt. Diese Quereinsteiger, denen die

Tüchtigkeit in ihren bisherigen Betätigungsfeldern keineswegs abgesprochen werden soll, haben schon in den ersten Interviews eine politische Unbelecktheit an den Tag gelegt, die andeutet, daß mit ihnen keine ernsthaften politischen Vorgespräche geführt worden sein dürften. Mit der Aussage im Studentenmagazin „Scope“: *„Ich glaube, wenn man weiß, welche Aufgaben des Parlament hat, sind eigentlich Qualifikationen gar nicht gefragt“*, zeigt der Neo-Abgeordnete Patrick Ortlieb allerdings visionäre Ansätze. Auch bei der Auswahl von Kandidaten kommt natürlich der Marketingaspekt und ein großer Populismus, der ja der Erfolgsträger der freiheitlichen Politik war und ist, zum Ausdruck.

Vom VdU zur FPÖ

Historisch gesehen kann man bei den Freiheitlichen vom Altertum sprechen, das bis zum Jahre 1976 reicht, vom eher unbedeutenden Mittelalter von 1976–1986 und von der Neuzeit, die mit der Wahl Haiders zum Bundesobmann im Jahre 1986 begann. Der Vorgänger der freiheitlichen Partei war der 1949 gegründete Verband der Unabhängigen (VdU). Diese Partei war einerseits ein Gegengewicht zum Proporz der Großparteien, andererseits ein Sammelbecken ehemaliger Nazis und anderer, zu diesem Zeitpunkt Unzufriedener. Sie nahm für sich in Anspruch, die politische Heimat der (Deutsch-)Nationalen, gleichzeitig aber auch der Liberalen zu sein. Wenngleich der Ausdruck national-liberal ein Widerspruch in sich ist, hat man diese „Politikerpersönlichkeit“ bis herauf in die 90er Jahre auch in der freiheitlichen Partei gefunden. Die Repräsentanten dieser politischen Richtung glauben, daß liberale Weltanschauung und Nationalismus oder die „vaterländische“ Idee vereinbar seien. Der Liberalismus des „dritten Lagers“ drückte sich vor allem durch den Streit gegen die Vorherrschaft der beiden anderen Parteien aus, blieb jedoch ohne klar erkennbare Konturen.

Der VdU wurde deutlich schwächer, als die ÖVP nicht zuletzt als Maßnahme gegen die Wahlerfolge des VdU stärker nach rechts rückte. 1955 wurde der VdU auf- und von der FPÖ abgelöst.

Trotz einer mehrjährigen Regierungsbeteiligung ist es der freiheitlichen Partei bis zum Jahre 1986, wo Haider die Fäden in die Hand nahm, nicht gelungen, ins Gewicht fallende quantitative Wahlerfolge zu erreichen. Die mehrfach überarbeiteten „Richtlinien freiheitlicher Politik" waren eher ein Schlagwortekatalog mit antikommunistischen und deutschnationalen Aussagen. Sie enthielten deutliche Kritik an den Großparteien, ihrem Österreich-Nationalismus und ihrer Proporzpolitik. Viele der bedeutenden Politikerfiguren der frühen Zeit der freiheitlichen Partei hatten ihre Wurzeln tief in der nationalsozialistischen Ära. So war zum Beispiel der erste Bundesparteiobmann (1956–1958) Anton Reintaler vorher Mitglied der NSDAP-Landesleitung in Österreich und auch Landwirtschaftsminister in der Seyß-Inquart-Regierung. Otto Scrinzi, ein berühmter Kärntner FPÖ-Abgeordneter, war zwischen 1934 und 1938 Sturmbandführer der SA. Er war einer der Gründungsväter des VdU oder auch der FPÖ und trat auch als Kandidat für das Amt des Bundespräsidenten 1986 in Erscheinung.

Primarius Scrinzi läßt auch heute seine Meinung im Wege über die Monatszeitschrift „Fakten" regelmäßig hören. Erst in der Ausgabe vom November 1999 geht er mit Haider kritisch ins Gericht. Er nennt darin Haiders Imagekorrekturreisen unter Bezugnahme auf eine Kolumne in der „Presse" *„Zerknirschungstourismus"*. Er kritisiert die *„halbe Kehrtwendung in Sachen Osterweiterung, das Einschwenken auf die Ausgrenzungspolitik gegen Rechts im Europäischen Parlament und das geradezu selbstmörderische Mitmachen im Anti-Rassismus-Zirkus"*. Er befürchtet, daß, wenn gewisse Fragen nicht klar beantwortet würden, *„immer mehr nationale Stamm- und Überzeugungswähler in die Wahlenthaltung flüchten"*.

Der damalige Bundesparteiobmann Friedrich Peter hatte bereits Anfang der 60er Jahre erkannt, daß seine Partei unter Imageproblemen litt. Die Partei war ja bis zu diesem Zeitpunkt isoliert und wurde als Partnerin für eine Regierungskoalition kaum wahrgenommen. Peter hatte daher die Inhalte modifiziert und versucht, mit neuen Inhaltsformulierungen und -darstellungen eine zukünftige Einbindung seiner Partei in die österreichischen Strukturen zu erreichen. Dieser inhaltlichen Reform sind taktische Gespräche mit der SPÖ vorausgegangen. Die beiden großen Koalitionsparteien hatten sich aufgrund des Nach-rechts-Rutschens der ÖVP ziemlich entfremdet. Die SPÖ hat auch, nachdem sie 1970 die absolute Mehrheit im Nationalrat erreicht hatte, wohl um die eigene Zukunft abzusichern, weiterhin gute Verbindungen zur FPÖ unterhalten. Aber auch von seiten der ÖVP wurde die damals kleine FPÖ umworben. Die Freiheitlichen galten als ungefährlich, aber spätestens seit 1983 unter Norbert Steger auch als salonfähig.

Die Liberalisierung hatte in dem 1973 beschlossenen „freiheitlichen Manifest zur Gesellschaftspolitik" ihren programmatischen Ausdruck bekommen. Der entscheidende ideologische Wandel dürfte bei der Mehrheit der Freiheitlichen aber nicht gelungen sein. Beim Salzburger Parteitag hat der Großteil am deutsch-nationalen Bekenntnis festgehalten, obwohl dies dem ausdrücklichen Willen der damaligen Führungsmannschaft zuwiderlief. Norbert Steger und seinen Mitkämpfern ist es trotz Regierungsbeteiligung nicht gelungen, die FPÖ als liberale Partei gesellschaftlich und sozialpolitisch zu verankern. Es war ihm einfach unmöglich, parteiintern dem ständigen Druck rechter Gruppierungen und deutsch-nationaler Traditionsvereine zu widerstehen. Die Ära Steger war ein Zwischenspiel mehr oder weniger überzeugter Liberaler. Diese Epoche wurde von den Nationalen oder rechts angesiedelten Kräften bewußt dazu benützt, um sich organisatorisch und im Erscheinungsbild zu modernisieren und gleichzeitig die geplante parteiinterne Machtübernahme vorzubereiten.

Die heimattreuen Verbände

Der Wahlerfolg vom 3. Oktober 1999 hat dazu geführt, daß sich die internationalen Medien, zum Teil intensiv, zum Teil sehr oberflächlich mit der freiheitlichen Partei und ihrer ideologischen Ausrichtung befaßt haben. Sie wurde dabei häufig als rechtsextrem eingestuft.[1] Haider und seine Wähler hätten in Österreich einen massiven Rechtsruck bewirkt. Die „extreme Rechte" sei in Österreich nun regierungsfähig geworden. Gerade im Zusammenhang mit diesen Behauptungen ist es sinnvoll, kurz jene Verbände zu beleuchten, die gerne in die Nähe der FPÖ gerückt werden, die von ihrem Umfang her als bedeutend bezeichnet werden können und die „rechtes" Gedankengut verkörpern. Es ist die Frage zu untersuchen, in welchem Verhältnis sie tatsächlich zur FPÖ standen und stehen und ob und wie sehr sie auch in die anderen Großparteien eingebunden sind.

Im Hinblick auf die Schlüsselrolle Kärntens in Zusammenhang mit der freiheitlichen Bewegung kommt auch dem „Kärntner Heimatdienst" Bedeutung zu. Unter dem Dach dieses Verbandes, der etwa 8000 Mitglieder zählt, wird das Deutschtum gepflegt und sorgfältig darauf geachtet, daß die slowenische Minderheitenbevölkerung gegenüber der Mehrheitsbevölkerung nicht bevorteilt wird. Als freiheitlicher Mandatar in Kärnten wurde mir immer wieder nahegelegt, zum Kärntner Heimatdienst besonders gute Beziehungen zu unterhalten, da er im Lande eine große politische Macht ausübe. Ich hatte daher auch die Gelegenheit, als Redner an verschiedenen Veranstaltungen des Kärntner Heimatdienstes teilzunehmen. Die Haltung des KHD zur Europäischen Union entsprach weitestgehend jener der freiheitlichen Partei. In der Frage der slowenischen Minderheiten brachte man stets zum Ausdruck, sich an die österreichische Verfassung halten zu wollen. Alles

1 Verlag und Autor distanzieren sich von einer solchen Einstufung.

was darüber hinausging, wurde allerdings striktest abgelehnt. Ich habe dort aber auch niemals Visionen einer zukünftigen Freundschaft gehabt, wohl aber die Bereitschaft zur konstruktiven Zusammenarbeit, sowohl mit der slowenischen Minderheit in Kärnten, als auch mit dem Staate Slowenien bemerkt.

Tatsache ist, daß dem Kärntner Heimatdienst Vertreter aller drei großen Parteien angehören und daß, was die nationale Haltung anlangt, in diesem Gremium keineswegs zwischen Blauen, Roten und Schwarzen unterschieden werden kann. Der Kärntner Heimatdienst wird von verschiedenen der österreichischen Politikwissenschaftler eindeutig dem extrem rechten Lager zugeschrieben. Aufgrund meiner eigenen Erfahrung kann ich diese Meinung nicht teilen, obwohl ich persönlich das Wort Heimat nicht in derselben dort vertretenen, nach allen Richtungen hin eher abgrenzenden Art empfinde.

Vielleicht kann man von einem Art Bedrohungsszenario sprechen, das die Gedankenwelt mancher Angehöriger des KHD prägt. Bei der 10.-Oktober-Feier des Landes 1999 stellte Josef Feldner, Obmann des Kärntner Heimatdienstes fest: *„Kärnten ist österreichisches und nicht slowenisches Territorium.“* Und *„Zusammenarbeit ja – Zusammenschluß nein.“* Auch wolle man sich von slowenischen Funktionären nicht vorschreiben lassen, *„was für uns gut oder besser ist“*. Schulen und Kindergärten *„für unsere deutschsprachigen Kinder sind so zu gestalten, wie wir es wünschen“*; slowenische Pfarrer müßten die deutsche Sprache ebenso wie die slowenische als gottgefällig anerkennen. Von den Slowenen würde man sich wünschen, *„daß unsere Hand auch dann ergriffen wird, wenn sie ausnahmsweise einmal leer ist“*.

Der „Österreichische Turnerbund“ mit etwa 75.000 Mitgliedern (fast die Hälfte davon Jugendliche und Kinder) orientiert sich auch heute noch an der Weltanschauung des Turnvaters Jahn und versteht sich als Nachfolgeorganisation des „Deutschen Turnerbundes“. Daß die freiheitliche Parteispitze im Magazin „Kärntner Monat“ einige Zeit nach dem rauschenden Wahlerfolg bei den Landtagswahlen im Jahre 1998 eine Annonce schaltete, in der die Worte stehen: *„Nur in einem gesunden Körper kann auch ein gesunder Geist wohnen"*, kann nicht gerade als Geistesblitz bezeichnet werden. Diese Einschaltung läßt aber auch den Schluß zu, daß derartiges Gedankengut in den Hirnen mancher jüngerer Parteistrategen noch herumgeistern dürfte.

Der „Österreichische Kameradschaftsbund" spielt in Wahlkämpfen an der Basis eine ähnliche Rolle wie der Kärntner Heimatdienst. Ein freiheitlicher Abgeordneter, der das Glück oder Pech hat, in Wahlkämpfe aktiv eingebunden zu sein, muß versuchen, die Sympathie der alten Kriegsteilnehmer zu gewinnen. Die stereotypen Reden der Parteienvertreter bei Versammlungen des Kameradschaftsbundes, gleichgültig ob sie von schwarzer oder blauer Seite kommen, sind in ihrer Dankbarkeit heuchelnden und von banalen Bekenntnissen nur so triefenden Einfältigkeit kaum zu überbieten. Aber diese Politikerauftritte werden von den alten Herren, deren Lebensinhalt es geworden ist, das Gedenken an den verlorenen Krieg in Ehren zu wahren und oft auch den Krieg als solchen zu rechtfertigen, sehr geschätzt. Es ist das Schicksal mancher blauer und schwarzer Parteipolitiker, bei Versammlungen des Kameradschaftsbundes aufzutreten und Ansprachen zu halten. Die schönsten Danksagungen an die Generation der Kriegsteilnehmer werden dann häufig in der Wahlzelle honoriert.

Diese Organisationen kann man nicht als Vorfeld-Organisationen der freiheitlichen Partei betrachten. Sie hatten aber lange Zeit eine Art Brückenfunktion, vor allem zu den Freiheitlichen hin, in etwas geringerem Ausmaß auch zur Volkspartei. Daß dort zum Teil auch Gedankengut, das in ähnlicher Weise im Nationalsozialismus vorhanden war, gepflegt wird, und daß es sich um Vereinigungen handelt, die mit einem modernen Liberalismus wenig gemeinsam haben, kann man nicht ableugnen.

Haider übernimmt die Führung

Mit dem Erscheinen Jörg Haiders an der Spitze der freiheitlichen Bundespolitik im Jahre 1986 begann für diese Partei eine neuen Epoche. Er betrat die politische Bundesbühne gerade zum richtigen Zeitpunkt. Nicht nur in Österreich, auch in anderen Staaten haben die parteipolitischen Führungsfiguren große Bedeutung erlangt. Durch die ungeheure Macht des Fernsehens und der Massenprintmedien wird die Politik einer Partei mit der politischen Führungsperson identifiziert. Medien und Politiker sind zu einer Schicksalsgemeinschaft geworden. Sie sind aufeinander angewiesen und voneinander abhängig. Die mediale Wirksamkeit bestimmt den Erfolg der politischen Persönlichkeit. Aus diesem Grunde sind gerade bei den äußerst populistischen Parteien, wie der Front National, der Lega Nord oder den Freiheitlichen deren Führungspersonen, nämlich Jean-Marie Le Pen, Umberto Bossi und Jörg Haider um ein Vielfaches bekannter als die Inhalte der politischen Programme oder gar die politischen Weggefährten der Chefs. Man kann ohne weiters so weit gehen und sagen, daß in allen drei Fällen nur die Führungsfiguren wirklich wahrgenommen werden und daß sie großteils bewußt und gewollt alle Partner zu Mitläufern degradieren und in den Schatten stellen.

Viele Haider-Publikationen der letzten Zeit bemühen sich, seine Affinität zum Nationalsozialismus zu durchleuchten oder gar zu beweisen. Sie kommen meistens zu dem Ergebnis, daß seine viel kritisierten Aussagen aus weltanschaulicher Überzeugung oder aus einer starken Beeinflussung des Elternhauses stammen. Sie kommen kaum zu dem Ergebnis, daß seine „Wortspenden“ zum Dritten Reich eher taktischer Natur waren.

Ich glaube aufgrund meiner persönlichen Erfahrung und der Kontakte zu Haider sagen zu können, daß die meisten dieser „Forschungsergebnisse“ unrichtig sind. Er ist vor allem ein Stimmenmaximierer und in diesem Zusammenhang auch ein großer Taktiker. So ist er in der Lage, an einem einzigen Wahlkampftag problemlos die nationalen Kreise mit kantigen Sprüchen zu begeistern, Wirtschaftsleute mit einem Bekenntnis zur Internationalität und zum freiem Unternehmertum zu beeindrucken und in einer wieder anderen Gesellschaft eher abfällige Bemerkungen über die „Ewiggestrigen" fallen zu lassen. Jede Art von Sippenhaftung ist abzulehnen, und das ständige Herstellen von Querverbindungen zu seinem angeblich ehemals nationalsozialistischen Elternhaus halte ich für überzogen.

Ich habe die Eltern Jörg Haiders des öfteren persönlich getroffen und bin auch längere Zeit mit ihnen an einem Tisch gesessen. Es handelt sich um tiefgläubige, alte Herrschaften. Wenn ich sage gläubig, so meine ich, daß sie an ihren Sohn Jörg glauben. Da sie jede negative Berichterstattung in den Medien und jede Kritik an ihrem Sohn für Verleumdung und Böswilligkeit halten, haben sie in den Jahren seiner politischen Laufbahn mehr gelitten als gejubelt. Ich habe immer wieder den Eindruck gewonnen, daß Haider zu seinen Eltern ein sehr inniges, familiäres Verhältnis hat und daß er in seiner Art, persönlichen Konflikten eher auszuweichen, seinen Eltern in ihrer politischen Überzeugung nicht entgegentritt. Dementsprechend kam es auch immer wieder vor, daß bei Reden, die er in Anwesenheit seiner Eltern hielt, Formulierungen einflossen, die vor allem an sie gerichtet waren. Einen Einfluß auf seine politische Meinung haben diese alten Leute sicher schon lange nicht mehr, und ich bin überzeugt, daß er nationalsozialistische Grundgefühle, die ihm vielleicht in der Kindheit eingeimpft wurden, längst völlig überwunden und abgeschüttelt hat. Bei Haider ist Politik Kampf um Erfolg und Macht. Zum Erreichen dieser Ziele müssen in der Demokratie Wählersegmente erobert werden, wobei in manchen Teilen Österreichs nationale Gruppierungen eine nicht zu unterschätzende Bedeutung haben. Wenn Haider rechtspopulistisch argumentiert, so tut er dies, um bei genau dieser Zielgruppe zu punkten. Genauso weiß er auch haarscharf, wo und wann er das Ausländerthema anklingen lassen soll.

Ideologe oder Opportunist?

Haider-Bücher und sonstige Publikationen über ihn bezeichnen ihn gerne als Rechtsideologen. Ich hingegen meine, daß er ein Mann ohne ausgeprägte Ideologie ist. Zu oft hat er schon die Strategie gewechselt, zu oft in großen und kleinen Fragen nach reiner Opportunität die Meinung geändert. Es handelt sich auch hier um ein Phänomen, das in der modernen Marktwirtschaft große Bedeutung hat. Der erfolgreiche Marketingmanager richtet Marketing und Werbung auf die Trends aus. Ein guter Manager reagiert nicht im Nachhinein, sondern erkennt einen Trend schon vorweg und schwimmt dann, wenn er hier ist, voll in ihm mit. Genau dieses Erkennen politischer Trends, das heißt politischer Meinungsströmungen war eine der Stärken des Freiheitlichen-Marketingschefs Gernot Rumpold. Das politische Trendsurfen wird nur dann zum Nachteil, wenn kurzfristige Trends oder nicht stark genug verankerte Entwicklungen zu intensiv aufgegriffen und verfolgt werden.

Ein gutes Beispiel dafür ist die Frage um die Einführung des Euro. Die Freiheitlichen glaubten, daß die Volksmeinung stark gegen die Einführung einer gemeinsamen Währung laufen würde. Da es sich gerade um eine lange Periode handelte, in der keine Wahlen stattfanden, beschloß die Partei, den Euro zu thematisieren und eine Anti-Euro-Kampagne durchzuführen. Ohne Berücksichtigung der Tatsache, daß ein großer Teil der Freiheitlichen nicht gegen, sondern sogar vehement für den Euro war, wurde diese Kampagne durchgezogen. Das Volksbegehren mit dem Zweck der Erreichung einer Volksabstimmung zur Frage Euro wurde von der stellvertretenden Bundesobfrau Riess-Passer mit dem Mut der Verzweifelten durchgepeitscht. Die Argumente, mit denen gearbeitet wurde, waren schwindsüchtig und das Thema als solches viel zu technisch, um die Leute emotionell zu erregen. Einzig und allein die älteren Menschen und Pensionisten, die um ihre Ersparnisse bangten, konnten mit der Behauptung verunsichert werden, daß ihnen ein schwacher Euro einen Teil ihrer Lebensarbeit zunichte machen würde.

Haider selbst hat rechtzeitig erkannt, daß dieses Thema jenen, die sich damit exponierten, nicht zum Ruhm gereichen werde. Er ist daher in dieser Frage kaum in Erscheinung getreten und hat es seiner engsten Vertrauten überlassen, als die „Anti-Euro-Susi" in die Geschichte einzugehen.

„Power"

Um noch bei der Politikerpersönlichkeit Haider zu verbleiben – er hat vor allem ein ausgeprägtes Liebesverhältnis zur Macht. Wenn man das kürzlich erschienene Buch von Robert Greene, „Power – Die 48 Gesetze der Macht" genauer durchstudiert, könnte man das Gefühl bekommen, es hätte Jörg Haider als Vorlage für sein politisches Leben gedient. Beim Studium dieser Gebote der Macht stellt man fest, daß viele erfolgreiche politische Menschen im Aus- und im Inland sich bewußt oder unbewußt an diese Spielregeln gehalten haben. Bei Haider aber ist die Übereinstimmung fast hundertprozentig. Einige Beispiele aus diesen 48 Gesetzen herausgegriffen sollen diese Meinung belegen:

So meint Robert Greene in seinem 2. Gesetz, man solle seinen Freunden nie zu sehr vertrauen, sich aber seiner Feinde bedienen. Er meint sogar, man solle sich vor Freunden hüten, denn an ihnen nage der Neid und sie könnten zu Spielverderbern werden. Viel besser sei es, einen früheren Feind anzuwerben. Dieser werde sich, wie der Autor meint, loyaler verhalten als ein Freund.

Haider hat im Laufe seiner politische Tätigkeit immer wieder loyal ergebene Freunde abgebaut und in der Versenkung verschwinden lassen. Die Liste der Gekränkten ist ziemlich lang. Es handelt sich nicht selten um treu ergebene politische Freunde, mit fachlicher Kompetenz ausgestattet, ja sogar langjährige Weggefährten. Dafür hat er sich auf Personen gestützt, die ihm früher feindlich entgegengetreten sind, wie zum Beispiel der ehemalige Journalist Mag. Peter Sichrovsky, oder die ihn schon einmal im Zorn verlassen hatten, wie Dipl.-Ing. Thomas Prinzhorn.

In seinem Gesetz 3 weist Greene darauf hin, daß es äußerst wichtig sei, seine Absichten geheim zu halten. Dadurch würden die Leute verunsichert. Man solle niemals den Zweck des Handelns enthüllen, denn nur solange man im dunkeln tappt, könne man sich nicht auf seine Verteidigung vorbereiten.

Verwirrspiele waren immer seine Taktik, wobei er sich häufig auch der Unterstützung von Journalisten bedient hat. Nur in seltenen Fällen waren diese Medienvertreter sogar eingeweihte Mitspieler. Sie wurden, ohne es zu ahnen, dazu benützt, die Parteigenossen oder die politischen Gegner auf falsche Fährten zu locken.

Im Gesetz 6 heißt es: *„Mache um jeden Preis auf dich aufmerksam.“* Dies sei besonders deshalb notwendig, weil ja alles nach seinem Äußeren beurteilt werde. Alles, was man nicht sehen kann, würde auch nicht zählen. Man darf niemals in der Menge verschwinden, man muß sich abheben. Auffallen um jeden Preis, heißt die Devise. Man soll die Aufmerksamkeit auf sich ziehen, um sich interessanter und geheimnisvoller zu machen als die anderen.

Haider hat es immer verstanden, sich selbst und seine Auftritte zu inszenieren. Jeder Restaurant- oder Lokalbesuch, jede Teilnahme an einem sportlichen Wettkampf wird inszeniert. Haider will auffallen und fällt auch auf. Der Zeitablauf seiner Auftritte wird so geplant, daß alle voller Spannung auf sein Erscheinen warten.

Im Gesetz 7 meint Greene, daß man die anderen für sich arbeiten lassen, aber immer dafür sorgen solle, daß die Anerkennung einem selbst zufalle. Er vertieft dies noch, indem er anregt, sich der Intelligenz und des Know-hows und der Beinarbeit der anderen zu bedienen; damit spare man Zeit und Energie und gebe sich selbst eine gottgleiche Aura der Effizienz und des Tempos.

Haider versteht es sehr gut, selbst von ihm heftigst kritisierte Vorarbeiten seiner politischen Gegner, die vorher an der Macht gewesen waren, im Nachhinein für seinen Vorteil zu nutzen. Gerade in Kärnten ist das, seit er dort Landeshauptmann ist, deutlich sichtbar. Die Kärntner Journalistin Antonia Gössinger schreibt in einem Kommentar vom 14. Oktober 1999 in der „Kleinen Zeitung“: *„Olympia, Silicon Alps oder Leitbild – Haider fährt auf Schienen, die seine vielgeschmähten Vorgänger gelegt haben. Seine eigenen Ideen (Kinderscheck) sind hingegen noch nicht in der Spur. Die von ihm anfangs kritisierte Idee einer grenzüberschreitenden Olympiabewerbung hat er sogar in seiner Verteidigungsstrategie bei einem Interview im israelischen Fernsehen vorgebracht.“* Die Autorin fährt fort: *„Er meinte dort, die Israelis sollten vor Ihrer eigenen Türe kehren, da sie ja bei Gott genug Schwierigkeiten mit ihren Nachbarn hätten, während wir in Österreich, besonders in Kärnten, über so gute Beziehungen mit den Nachbarn verfügen, daß wir sogar gemeinsame Olympiaprojekte schmieden.“*

Diese Regel, an die sich so gut wie alle erfolgreichen Politiker halten, trifft auch auf Haider zu, allerdings nur zum Teil. Er nimmt als Parteichef Wissen, Können und Ideen seiner Mitstreiter für sich in Anspruch. Es kann passieren, daß man ihm etwas „Interessantes“ erzählt und wenige Tage später zur Kenntnis nehmen muß, daß er bei einer Pressekonferenz genau das als seine neueste politische Idee verkauft. Andererseits ist er jemand, der selbst kreativ ist und in minutiöser Kleinarbeit an der Gestaltung von Prospekten und an der Formulierung von neuen Strategien mitarbeitet.

Im Gesetz 9 heißt es, daß Taten zählen und nicht Argumente. Es sei jeder Sieg, der mit Argumenten errungen wurde, lediglich ein Pyrrhussieg. Man solle nicht viel erklären, sondern einfach Fakten schaffen.

Wie oft hat man den Eindruck, daß bei politischen Diskussionen der eine oder andere Teilnehmer in intellektueller und bestechender Weise mit Argumenten den Sieg erringt. Die Wahlergebnisse widerlegen meistens diesen Eindruck. Haiders Auftritte halten sich ziemlich genau an dieses Gesetz. Er ändert seine Meinung wie es ihm paßt und weist wirkungsvoll auf Daten hin, die niemand wirklich überprüfen kann. Unter seiner Führung werden Fakten geschaffen und diese Fakten werden mit ständiger Wiederholung wirkungsvoll verkauft.

Im Gesetz 10 weist Greene auf die Ansteckungsgefahr hin! Man solle Unglückliche und Glücklose meiden. Er meint, man könne an den Leiden anderer sterben, denn Seelenzustände seien genauso ansteckend wie Infektionskrankheiten. Es habe nicht viel Sinn zu glauben, einen Ertrinkenden retten zu müssen, denn man beschwöre damit in Wirklichkeit seinen eigenen Untergang herauf. Man solle die Gesellschaft der Glücklichen suchen.

Haider bewegt sich gerne in Kreisen gesund aussehender, sportlicher Menschen, sucht immer mehr die Gesellschaft der Erfolgreichen in allen politischen Lagern. Die Betreuung von Unglücklichen überläßt er anderen, die in seinem Auftrag tätig werden.

Das Gesetz 11 schlägt vor, die Menschen von sich abhängig zu machen. Greene meint, daß es wichtig ist, Glück und Wohlstand anderer von sich abhängig zu machen. Man dürfe anderen niemals so viel beibringen, daß sie alleine zurecht kommen können.

Auch an diese Regel hält sich Haider mit viel Geschick. Seine engsten Mitarbeiter sind häufig, da sie, außer ihrer politischen Karriere, die mit dem Chef vollkommen verbunden ist, keine beruflichen Kenntnisse haben, sehr stark von ihm abhängig. Weggefährten, die sich emanzipiert und zu eigenständigen, ja kritischen Politikerpersönlichkeiten entwickelt haben, findet man in seinem Dunstkreis selten.

In der Regel 17 wird angeregt, die anderen stets in Angst zu versetzen und eine Aura der Unberechenbarkeit zu kultivieren. Menschen, die ja Gewohnheitstiere seien, hätten das Verlangen, im Verhalten anderer Vertrautes zu finden. Jemand, der vorhersehbar handelt, gibt die Kontrolle in die Hand der anderen. Wer aber bewußt unberechenbar agiert, verunsichert die Gegner. Diese Strategie könne bei den Gegnern sogar zum blanken Terror führen.

Auf die Frage Günther Ziesels in der Pressestunde vor der Nationalsratswahl an Jörg Haider, ob er berechenbar sei, erklärte dieser klipp und klar, er sei unberechenbar. Ein großes Maß an Unberechenbarkeit ist, wenn man seinen Werdegang verfolgt, ein wichtiger Bestandteil seiner politischen Strategie. Selbst enge Parteifreunde klagen darüber, daß man nie wisse, was ihm als nächstes einfallen werde oder welche bisher geltende Regel umgestoßen werde.

Im Gesetz 18 heißt es, daß Isolation gefährlich sei und man daher zu seinem Schutz keine Festung bauen solle. Obwohl überall Feinde lauern und man sich schützen müsse, ist eine Festung nur scheinbar sicher. Isolation birgt nämlich Gefahren in sich, weil sie von wichtigen Informationen abschottet. Es sei viel wichtiger, sich unter die Menschen zu mischen und sich überall Bundesgenossen zu suchen. Wichtig ist das Rudel, denn es schützt vor Feinden.

Mit großem Geschick hat Haider, besonders in Kärnten, stets den Kontakt zu den sogenannten kleinen Leuten gesucht und gepflegt. Sein Informationsstand bis in die letzten Details ist daher umfassend und wird ständig aktualisiert. Sein breites Netzwerk funktioniert. Er tritt gerne im Rudel seiner Anhänger auf, besonders auch bei sportlichen Ereignissen.

Im Gesetz 25 heißt es, es sei wichtig, sich selbst neu zu erschaffen. Man müsse sich eine Identität bauen, die so gemacht ist, daß sich das Publikum nie langweilt. Das Image müßte man sich selbst geben und nicht durch andere aufoktroyieren lassen. Es sei wichtig, im öffentlichen Auftreten und Wirken Dramatik an den Tag zu legen, denn dadurch würde sich die Macht mehren.

Von seinen frühesten politischen Aktivitäten an hat sich Jörg Haider in fast klassischer Weise an dieses Gebot gehalten. Einmal total oppositioneller Demagoge, einmal Staatsmann; heute Polarisierung und Spott, morgen Kreide und Charme; einmal Designer Outfit, das nächste mal Trachtenkitsch. Das Aufzählen geradezu widersprüchlicher Identitäten könnte fortgesetzt werden.

In der 27. Regel heißt es, daß man um seine Person einen Kult fördern solle, denn dadurch werde das menschliche Bedürfnis an etwas zu glauben befriedigt. Greene meint, man müsse sich zum Objekt der Sehnsucht der Menschen machen und ihnen damit einen neuen Glauben bieten. Man müsse Begeisterung über Rationalität und Logik stellen. Gleichzeitig sei es wichtig, seinen Anhängern Rituale zu bieten und sie darum zu bitten, Opfer zu bringen. Da wir in einer Zeit ohne Religion leben, wird ein selbstgebautes neues Glaubenssystem ungeahnte Macht bringen.

Der Hang zum Personenkult und auch die Opferbereitschaft in den Reihen der Freiheitlichen ist sehr groß. Sie wiegen ihren Führer zwar nicht wie Aga Khan mit Gold auf, sind aber doch bereit, durch ihre Parteiabgaben dazu beizutragen, daß er sich den Glanz und Glimmer eines Fürsten leisten kann.

Im Gesetz 37 meint Greene, man solle packende Schauspiele inszenieren. Gerade ausdrucksvolle Gesten würde die Aura der Macht schaffen. Man solle großartige Spektakel bieten und optische Attraktionen und strahlende Symbole nützen. *„Geblendet vom schönen Schein wird niemand merken, was Sie in Wirklichkeit tun.“*

Ein plastisches Beispiel zu diesem Gesetz ist die Klagenfurter Seebühne. Diese Bühne wurde im Eilzugstempo geschaffen und genau an jener Stelle installiert, wo Haider den Wahlauftakt für die Nationalratswahl 1999 abhalten wollte. Die Bühne konnte während des Sommers nur fünfmal bespielt werden. Die Schauspieler waren über ihre Arbeitsverhältnisse unglücklich. Aber die Bühne erfüllte einen Doppelzweck: Erstens konnte Haider als kulturpolitischer Macher dastehen. Er hat nicht viel geredet, sondern eine Seebühne hingestellt. Die Frage nach der Zweckmäßigkeit, nach der kultur- und tourismuspolitischen Bedeutung dieser neuen Einrichtung bleibt unbeantwortet. Zweitens aber hat er genau jenen Rahmen, mit blauem See und Bergkulisse im Hintergrund, geschaffen, den er als Landeshauptmann Kärntens brauchte, um eine perfekt inszenierte Wahleröffnungsveranstaltung durchführen zu können.

Im Gesetz 39 heißt es, daß man, um Fische zu fangen, Wellen schlagen solle. Greene meint, daß Ärger und Wut eine schlechte Strategie und kontraproduktiv seien. Man müsse immer objektiv und ruhig bleiben, um die Feinde wütend zu machen. Gerade wer selbst Ruhe ausstrahlt, verärgert seine Feinde und bringt sie aus der Fassung. Man müsse die Achillesferse der Gegner suchen, um sie aus dem Gleichgewicht zu bringen.

Haiders Umfeld in Klagenfurt sorgt dafür, daß es Wellen in der Landesregierung gibt. Die politischen Gegner werden, wo dies möglich ist, durch das Aufdecken von Unregelmäßigkeiten aus der politischen Bahn geschleudert. Zweimal nicht persönlich die Stechuhr betätigt zu haben, genügt da, um für einen ehemaligen Landesspitzenpolitiker, der als Bürgermeister von Eisenkappel sehr erfolgreich gewesen sein soll, die Politkarriere zu beenden. Auch die sozialistischen Bürgermeister von St. Veit, Wolfsberg und Spittal betätigen sich durch das Stiften von Unruhe als Wellenmacher für den blauen Landeshauptmann. Der aber kann ruhig und ausgleichend über den Dingen stehen.

Im Gesetz 45 wird angeregt, daß man zwar notwendigen Wandel predigen solle, aber nie zu viel auf einmal ändern dürfe. Zu viel Neues sei für die Menschen traumatisch und würde bei ihnen Widerstand wecken. Gerade jener, der in eine Machtposition gelangt, müsse auch mit viel Getue darauf hinweisen, daß alte Mittel und eingefahrene Wege respektiert würden. Die notwendigen Veränderungen sollten als kleine Verbesserungen des Bewährten verkauft werden.

Jahrelang wurde auf Landesebene in Kärnten und auch auf Bundesebene fast jede Aktivität und Strategie der Regierung verurteilt. Es entstand der Eindruck, daß, wenn die Freiheitlichen an die Macht kommen, kein Stein auf dem anderen bleiben würde. Kaum an der Macht angelangt, erschienen Plakate, mit der Aussage: „Nicht alles anders, aber vieles besser machen." Je greifbarer der Eintritt in das Machtsystem wird umso größer wird die Kompromißbereitschaft und umso größer der Abstand zwischen ehemaligen Forderungen und der erhofften neuen Realität.

Im Gesetz 47 meint Greene, daß der Sieg der Zeitpunkt zum Aufhören sei. Er meint, daß im Siegestaumel übergroßes Selbstvertrauen bewirken könnte, daß man über das Ziel hinausschieße. Man solle sich ein Ziel setzen und wenn man es erreicht hat aufhören. Der leuchtendste Stern verblaßt.

Der Augenblick, um endgültig beurteilen zu können, ob sich Jörg Haider auch an diese Spieregel haltet, ist noch nicht gekommen. Vieles in seinem Verhalten nach dem großen Wahlsieg in Kärnten und auch nach dem Wahlergebnis am 3. Oktober weist darauf hin, daß er seine Grenzen kennt. Der Fehler, den seine Freunde seinerzeit in Kärnten nach dem Abschluß eines Koalitionspaktes mit der ÖVP im Siegesrausch begangen haben, darf nicht wiederholt werden.

Wenn man den Bestseller „Power" von Robert Greene studiert und auf den Werdegang des freiheitlichen Bundesparteiobmanns umlegt, kommt man zu der Überzeugung, daß das Lebensziel, das er mit Konsequenz verfolgt, das Erreichen der Macht war und ist. Die Haider-Psychogramme, die da behaupten, er sei von nationalsozialistischen Überzeugungen oder von dem Gedankengut aus dieser Ära getrieben worden, spielen zwar manchen ausländischen Kritikern in die Hand, dürften aber der Realität nicht entsprechen. Haiders mißglückte Aussagen zu diesem Thema haben ihren Ursprung möglicherweise in der Kindheit, die von diesem Gedankengut zum Teil geprägt gewesen sein mag, aber längst überwunden ist. Seine Verbeugungen vor der Generation der Alten und auch vor jenen, die den letzten Weltkrieg mitgemacht und verloren haben, ist wohl zum Großteil auch Taktik auf dem Weg, Macht zu gewinnen. Respekt vor der älteren Generation und Milde den eigenen Eltern gegenüber können aber nicht als Anzeichen für Rechtsextremismus ausgelegt werden.

Die Stufenleiter

Mehrere Autoren definieren die freiheitliche Partei als Führerpartei. Einem angeblich rechtsextremen Parteiobmann soll eine weitgehend einflußlose Mitgliedschaft, die man nicht pauschal der extremen Rechten zurechnen kann, gegenüberstehen. In der Realität sehen die Dinge etwas anders aus. Während Haider keineswegs ein Rechtsextremer ist, gehört heute noch ein Teil seiner Wählerschaft dem rechtskonservativen und nationalen, und nur ein verschwindend kleiner dem rechtsextremen Lager an. Haider sieht sich aber veranlaßt, diesem Personenkreis gelegentlich nach dem Munde zu reden, um sich ihre Unterstützung zu sichern. Die Partei ist heute längst nach allen Seiten hin so weit offen, daß man sie nicht als rechtsextreme und auch fast schon nicht mehr als rechtsorientierte Partei bezeichnen kann. Bei der letzten Nationalratswahl wurden die Freiheitlichen sogar endgültig zur ersten Arbeiterpartei Österreichs. Gleichzeitig aber hat ein verstärkter Zustrom von Seiten der Unternehmer eingesetzt. Die Freiheitlichen sind also gleichzeitig Protestpartei und wahrscheinlich vorübergehender Hoffnungsträger für enttäuschte Klein- und Mittelunternehmer, die sich von der österreichischen Volkspartei nicht mehr ganz verstanden fühlen.

1986 wurde Haider zwar mit Hilfe der Deutsch-Nationalen zum Parteiobmann erkoren, er wollte aber sicher keine Reaktivierung der alten FPÖ. Sein Ziel war es von Anfang an, Chef einer großen Partei, später einer Bewegung zu sein, die auf bundespolitischer Ebene eine wichtige Rolle spielen sollte. Seit damals hat sich diese Partei in verschiedene Richtungen geöffnet und hat immer wieder neue Nischen am Wählermarkt gesucht. Das Wahlergebnis vom 3. Oktober 1999 war dann die vorläufig endgültige Antwort auf eine breit gestreute Palette an politischen Angeboten. Jeder findet das, was seinem politischen Geschmack und seinen Bedürfnissen entspricht. Ideologisch kann man diese Partei nur mehr schwer kategorisieren und kaum mehr in „links" oder „rechts" einordnen. Jene politischen Gruppierungen, die konsequent eingeschränkte Zielgruppenpolitik durchführen, haben in unserer massenmedial geprägten Epoche geringe Chancen, erfolgreich zu sein. Das Beispiel von Heide Schmidt ist dafür der beste Beweis.

1986 stellte also in der Geschichte der freiheitlichen Partei eine Zäsur dar. Ab diesem Zeitpunkt war die Partei durch den Führungsstil und die Personalpolitik Haiders gekennzeichnet und seit diesem Zeitpunkt bis heute wird sie auch als die Haider-FPÖ bezeichnet.

Seine Karriereziele hat Haider stets unter Anwendung ähnlicher Strickmuster verfolgt. Er hat sich dabei immer wieder Personen geholt, die dazu geeignet waren, ihm das Erlangen der nächsten Stufe der Leiter zu ermöglichen. Das war schon vor 1986, bei der letzten Kärntner Landtagswahl und letztlich bei der Nationalratswahl 1999 so. Auch da hat er wieder ein paar nützliche prominente Quereinsteiger angeheuert.

Dem putschartigen „Wechsel" beim Innsbrucker Parteitag 1986 ist viel Kleinarbeit, viel politische Beeinflussung und Taktik vorausgegangen.

Schon sehr bald nach der Wahl Haiders zum Bundesparteiobmann fanden Nationalratswahlen statt. Bereits bei dieser Wahl machten die Freiheitlichen einen großen Sprung nach vorne und erreichten 9,7% der Stimmen. Die Haider-Förderer und einige von jenen, die ihm zur Macht verholfen hatten, hatten aber nicht lange Grund zum Jubeln. Er fühlte sich bald stark genug, um auf seine bereits „benützten“ politischen Freunde verzichten zu können und das Machtgefüge der Partei seinen persönlichen Intentionen entsprechend neu zu gestalten. Er suchte sich neue, vorwiegend junge und politisch noch unbeleckte Mitstreiter aus, die nur ihm treu ergeben waren.

Eine wesentliche Rolle spielte schon damals Mag. Andreas Mölzer. Er spielt sie auch heute wieder. Dieser äußerst schreibgewandte ehemalige Chefredakteur der freiheitlichen „Kärntner Nachrichten“, ein Historiker und Landeskundler, der auch führend an der „AULA“ beteiligt war, wurde von Haider 1991 zum Grundsatzreferenten gemacht. Mölzer wird vom nationalen Lager, vor allem in Kärnten, als Ansage an ihre Herzensanliegen betrachtet. Er selbst ist aber, wie vielen seiner Gastkommentare in den verschiedensten Zeitungen zu entnehmen ist, längst ein Vertreter der von ihm selbst so genannten „plebiszitären Emanzipationsbewegung“, die von Ideologismen unabhängig sein will. Auch in seiner heutigen Rolle als Kulturbeauftragter in Kärnten darf die Bedeutung von Andreas Mölzer nicht unterschätzt werden. Es entsteht der Eindruck, daß seine, von der Parteilinie äußerst unabhängig wirkenden und zum Teil kritischen Publikationen, die man quer durch den Medienwald findet, sorgfältig mit Haider abgestimmt sind, und daß hinter jedem Wort, auch wenn es noch so kritisch wirken mag, Taktik zu suchen ist.

Für den seinerzeitigen ersten Wahlerfolg Haiders als Bundesparteiobmann konnte es noch kaum Gründe geben, die in der neuen Politik der FPÖ lagen. Die letzten Umfragen der Nach-Steger-FPÖ hatten nur ein Ergebnis von 2% erbracht und die Schon-Haider-FPÖ erzielte recht bald danach nahezu 10 %. In diesem Zeitraum war aber von seiten der Partei politisch absolut nichts Neues geliefert worden. Auch wenn man Haider den Bonus des neuen Mannes zugesteht und anerkennt, daß sein Charisma diametral anders als jenes von Steger ist, so konnte dies allein nicht der Grund für den fulminanten Wahlerfolg gewesen sein. Es scheint, daß die umstrittene Wahl Waldheims Haider Glück gebracht hatte. Die Proteststimmung der Österreicher, vor allem innerhalb des nationaleren Lagers, hatte sich zu Gunsten der FPÖ ausgewirkt. Dieser Wahlerfolg war aber ein wichtiger Meilenstein für den weiteren Weg der neugestylten Partei nach oben.

Wie auch bei späteren Wahlkämpfen hatten es die Freiheitlichen unter der neuen Führung verstanden, die richtige Marketingstrategie einzusetzen. Sie haben das innenpolitisch durch die Präsidentschaftskandidatur Waldheims emotionalisierte Klima ausgenützt und sich klar und deutlich als Partei gegen „Proporz, Parteibuch und Freunderlwirtschaft" positioniert. Haiders verschiedene Tabubrüche und allein sein dynamischeres Auftreten beeindruckten Wählerschichten, die bisher nicht angesprochen worden waren.

Neue Wählerschichten werden angepeilt

Bei den Nationalsratswahlen 1990 machte die freiheitliche Partei einen weiteren Riesensprung nach vorne und erreichte 16,6 %. Fritz Plasser meint dazu, daß sich Haider seit damals nicht mehr mit der Rolle des *„populistischen Staubsaugers der Opposition"* begnügen will, sondern selbst die Macht anstrebt. Diese Meinung scheint nur insofern revidierungsbedürftig, als Haider schon immer die Macht angepeilt hat. Er hatte nach 1990 nur erkannt, daß das Erlangen der Macht in greifbare Nähe gerückt war und die Strategien geändert werden mußten. Die SPÖ wurde zum logischen Hauptgegner erklärt.

Die Strategie des Angriffs auf die SPÖ ging auf, denn schon bei den Gemeinderatswahlen 1991 in Wien erreichte die FPÖ 22,5 %. Das bedeutete eine Verdreifachung der Stimmen gegenüber der letzten Gemeinderatswahl im Jahr 1987.

Während die FPÖ von einem Wahlerfolg zum anderen eilte, erwiesen sich ihre ideologischen Aktionen als Mißerfolge. Mit dem Volksbegehren gegen Einwanderung 1993 ist sie gescheitert. Das Anti-Euro-Volksbegehren war ein Flop. Die österreichischen Bürger haben mit überwältigender Mehrheit für den Beitritt zur Europäischen Union gestimmt. Trotzdem legten die Freiheitlichen bei den Wahlen auf allen politischen Ebenen bis hinauf zur EU-Wahl 1996 zu.

Die FPÖ hat mit ihren Aktionen und mit ihrer Politik vor allem die latente, zum Teil massive Angst vor dem „Anderen" in der österreichischen Bevölkerung angesprochen und jene Menschen erreicht, die eine Abneigung gegen Ausländer haben. Es sind dies einerseits Bewohner von Stadtvierteln, wo der Anteil ausländischer Mitbürger sehr hoch ist, andererseits sind es auch Menschen, die auf dem Lande leben und mit Ausländern überhaupt keine Berührung haben. Ob Angstmache vor der Osterweiterung, ob Polemisierung gegen die Globalisierung, ob der Ruf „Österreich zuerst", ob die Angst vor der EU – angesprochen wird immer die allgegenwärtige Emotion gegen „die Anderen". Es ist erstaunlich, daß in einem Land, das so stark vom Fremdenverkehr abhängt, die Angst vor Fremdem und sogar vor Überfremdung ein so wichtiges politisches Entscheidungsargument sein kann. Bis herauf zur letzten Nationalratswahl, wo die Wiener Skandalplakate dem österreichischen Ansehen im Ausland tatsächlich schweren Schaden zufügten, haben die Freiheitlichen unter Haider immer mit dem Ausländerthema emotional gespielt. Wenn man Wählerstimmen gewinnen wollte, hieß es „Stop der Überfremdung" und wenn man aufgeklärten Bevölkerungssegmenten oder den Medien gegenüber unter Erklärungsbedarf stand, sprach man von einer „geordneten Einwanderungspolitik".

Genau dieser Bereich ist es, mit dem die Freiheitlichen immer humanistische Mitstreiter verstört und wichtige Persönlichkeiten verloren haben. Populismus kann als Instrument dienen, um in der Politik Erfolg zu haben und Anerkennung zu finden. Wenn aber Mitmenschen ausgegrenzt, wenn latent vorhandene gefährliche Emotionen angesprochen und aufgeheizt werden, ist der Punkt erreicht, wo verantwortungsvolle Menschen Farbe bekennen müssen. Wenn Einwände und Argumente nicht gehört, geschweige denn akzeptiert werden, ist es notwendig, Konsequenzen zu ziehen. Heide Schmidt und einige andere damals freiheitliche Politiker haben dies 1992 getan. Glaubhafter wäre ihr Schritt gewesen, wenn sie ihren Austritt nicht erst nach dem fehlgeschlagenen Volksbegehren vollzogen hätte, sondern wenn sie schon vorher massiv an die Öffentlichkeit getreten wäre.

Auch die Haltung der Freiheitlichen zur Erweiterung der EU, wie sie vor der Wahl zum Europäischen Parlament im Jahre 1999 präsentiert wurde, fällt in diese Kategorie. Dieses sensible Thema in die Hände einer Spitzenkandidatin zu legen, die weder über den nötigen Weitblick, noch über die erforderliche historische und weltpolitische Bildung verfügte, war ein erstaunlicher Fehler. Es wäre aber falsch, behaupten zu wollen, daß die Erweiterung der Europäischen Union eine leichte Aufgabe sei, die nicht mit mannigfaltigen, schwer zu lösenden Problemen behaftet ist. Gerade in Österreich mit seiner besonderen geopolitischen Lage sollte man in dieser Frage von allen verantwortungsvollen Politikern Zukunftsvisionen erwarten, die jenseits kleinkarierter, populistischer Wahlhoffnungen angesiedelt sind.

Aus der Partei wird eine Bewegung

In den Jahren 1992 bis 1995 hat die freiheitliche Partei verstärkt den Versuch gestartet, sich nach allen Richtungen hin zu öffnen. In seiner Wiener Erklärung von 1992 hat sich Haider gegen den „ideologischen Fundamentalismus" in den eigenen Reihen gerichtet und erklärt, daß die FPÖ „weder ein nationaler Geschichtsverein noch eine liberale Sekte pseudointellektueller Standpunktlosigkeit sei". Damals hat sich der Grundsatzreferent Mölzer, der vor 1993 noch von „Umvolkung" gesprochen hatte, vorübergehend von der FPÖ entfernt. Haider legte es sichtbar darauf an, als regierungstauglich zu gelten und alle Spuren der Rechtslastigkeit zu beseitigen. Mit der vorübergehenden Umwandlung der Partei in eine „Bewegung" und der gleichzeitigen ideologischen Entradikalisierung schob sich Haider als Führerperson weiter in den Vordergrund. Parteiapparat und Parteistrukturen wurden unbedeutender. Wenn sich die Partei als lose Sammlungsbewegung präsentierte, würden auch innerparteiliche Strömungen weniger wichtig. Dafür wird der Obmann, der die Letztverantwortung trägt, bedeutender.

Bei den Nationalratswahlen 1994 ist es erstmals gelungen, massiv in die sozialdemokratische Kernwählerschicht einzubrechen. Die Freiheitlichen lagen damals mit einem Anteil von 29 % bei den Arbeitern immer noch weit hinter der SPÖ mit 47 %. Aber immerhin hatte sich die freiheitliche Anhängerschaft bei den Arbeitern seit 1986 verdreifacht. Die Tatsache, daß sich Haider selbst von der Partei bis zu einem gewissen Grad emanzipiert hatte, dürfte die Akzeptanz bei der im Grunde antifaschistisch orientierten Arbeiterschaft erhöht haben. Die FPÖ als solche war innerhalb der Arbeiterschaft noch stark durch den Ruf des Rechtsextremismus belastet. Haider selbst hingegen hatte sich als „Kämpfer für den kleinen Mann" dieses behaupteten Makels bereits weitgehend entledigt. Die immer wiederkehrenden Forderungen Haiders nach plebiszitären Entscheidungen kamen gerade in der Arbeiterschaft gut an. Man meinte zwar einerseits, daß man von gewissen Materien ohnehin nichts verstünde und eigentlich wolle, daß die gewählten Repräsentanten, die dafür bezahlt würden, darüber befinden sollten. Andererseits freuten sich die Menschen über ihre vorgebliche Anerkennung als entscheidungsmündige Bürger. Haider hielt das Volk eben nicht für so dumm, wie viele der anderen Politiker. Er stellte sich auch in dieser Frage auf die Seite der „kleinen Leute".

Der Aufstieg in die erste Liga

Mit der Nationalratswahl 1994 ist die freiheitliche Partei in die Liga der österreichischen Mittelparteien aufgestiegen. Die leichten Rückgänge bei der Nationalratswahl im Dezember 1995 spielten eine geringe Rolle. Auch diese Wahl hat einen Wählerstamm von rund einer Million bestätigt. Rein rechnerisch hätten sich die Freiheitlichen sowohl für die ÖVP als auch für die SPÖ als Koalitionspartner geeignet. Von der inhaltlichen Ausrichtung kamen sie als großgewordene Protestbewegung aber für keine der beiden Koalitionsparteien in Frage. Aufgrund der Verschiebung ihres Wählerprofils konnte man sie aber nicht mehr als die zweite Partei der Rechten oder des bürgerlichen Lagers bezeichnen. Sie befand sich bereits in der eigenartigen Lage, im Ausland und zum Teil im Inland zwar als extrem rechts zu gelten, in Wirklichkeit aber bereits mit immer größerer Deutlichkeit die zweite österreichische Arbeiterpartei zu sein.

In den folgenden Jahren wechselten bei den Freiheitlichen gemäßigte und eher verbindlich gestylte Auftritte mit radikal-oppositionellen Phasen. Die österreichische Europa-Wahl 1996 fiel in eine Zeit, wo die wirtschaftlichen Vorteile des EU-Beitritts noch nicht zu spüren waren. In dieser Periode erfolgte die Budgetkonsolidierung, die mit der Vorbereitung der Währungsunion zu tun hatte, aber auch unabhängig davon notwendig gewesen wäre. Die Sparmaßnahmen wurden in einem viel zu großen Ausmaß bei den sozial Schwächeren angesetzt. Hier hatte die EU-Protestpartei eine breite Spielwiese im Wahlkampf. Das Wahlergebnis war für die FPÖ dementsprechend gut.

Durch die Rosenstingl-Affäre und eine steigende Lustlosigkeit innerhalb der blauen Funktionärsgesellschaft, die ein typisches Phänomen bei Oppositionsparteien ist, wenn die Aussicht, an die Macht zu kommen, schwindet, kamen die Freiheitlichen 1998 in eine Identitätskrise und in Turbulenzen. Obwohl es kein gezieltes Krisenmanagement gab und die Reaktionen des Bundesparteiobmannes emotional weinerlich und drohend wirkten, ist die Partei aus dieser schwierigen Situation gestärkt und gefestigt hervorgegangen. Die ausschlaggebende Entscheidung für den weiteren Aufstieg war es, Haider in Kärnten als Landeshauptmannkandidaten zu präsentieren. Es mußte wieder ein konkreter durchschlagender Erfolg erzielt werden. Die Entscheidung „Alle Kraft nach Kärnten" war der taktisch beste Schachzug. Die Rosenstingl-Affäre hatte in Kärnten ohnehin zu einem Solidaritätsgefühl mit dem Inhalt „Bei uns gibt 's das nicht" geführt.

Durch den Kärntner Wahlerfolg wurde die Position der Freiheitlichen in Österreich stark gefestigt. Man verfügte nun über einen Landesregierungschef und konnte mit dem Argument in die Nationalratswahl gehen: „Wenn wir Verantwortung haben, zeigen wir euch, wie man es macht." Daß der Zeitraum zwischen den beiden Wahlen viel zu kurz war, um wirklich etwas herzeigen zu können, spielt dabei keine Rolle. Haider selbst setzt den Wahltriumph vom 3. Oktober 1999 in einem „Format"-Interview in direkte Beziehung zu Kärnten: *„Dieses Ergebnis sind die Früchte einer Aufbauarbeit, deren Grundlage in Kärnten geschaffen wurde."* Wahlkämpfe in der heutigen Zeit lassen ernsthafte Diskussionen um Erfolge und deren Ursachen ja nicht zu. Es kommt mehr darauf an, plakative Behauptungen in den Raum zu stellen.

Für den Aufstieg der Freiheitlichen ist nicht nur ihre eigene Strategie und ihre eigene Taktik verantwortlich, sondern zum Großteil auch ein Umfeld, das ihre Entwicklung massiv begünstigt hat. Die FPÖ wurde zur Nutznießerin der immer geringer werdenden Lösungskompetenz der großen Koalition mit ihren veralteten Strukturen und einer Sozialpartnerschaft, die zum Teil nicht mehr zeitgemäß agierte. Österreich hatte über Jahrzehnte in der ganzen Welt als das Wunderland der sozialen Partnerschaft gegolten. Die Tatsache, daß es keine Streiks gab und hier sozialer Friede herrschte, war neben den klassischen Kulturklischees das beste, was Österreichs Diplomaten im Ausland vermarkten konnten. Österreich galt aufgrund der Institution der Sozialpartnerschaft als das Paradies gütlicher Konfliktregelung und gerechter Verteilung. Gerade ein solches System des allgemeinen Konsenses ist aber auch für konsensuale Unterdrückung von Mißständen, für Machtmißbrauch, Freunderl- und Privilegienwirtschaft prädestiniert.

Wandel der Sozialstrukturen

Die Haider-FPÖ richtete ihre Politik im Gegensatz zu jener der Steger-FPÖ von Anfang an auf Kampf gegen große Koalition, Sozialpartnerschaft und Kammern aus. Eine Reihe bedeutender Skandale, die Spitzenpersönlichkeiten der SPÖ in ein trübes Licht stellten, waren mit dafür verantwortlich, daß diese Partei in ihren Grundfesten zu bröckeln begann. Sie war ja besonders in Wien in einer Weise in der Bevölkerung verankert, wie dies sonst nur die kommunistische Partei in den Ostblockländern oder in China zustande gebracht hat. Sie besorgte Wohnungen und Arbeit, vergab Posten und hatte starken Einfluß in den Bereichen Sport, Kultur und Gesellschaftsleben. Die Partei war sozusagen ein fixer Bestandteil des Arbeiterlebens. Die sozialen Strukturen waren aber, so wie in ganz Europa auch in Österreich und Wien, einem unausweichlichen Wandel ausgesetzt, der auch diese Parteistrukturen in Frage stellen mußte. Rationalisierung und Modernisierung der industriellen Produktion bewirkten den Abbau von Arbeitnehmern in weiten Bereichen der Wirtschaft und das Entstehen neuer Fachbereiche, für die ganz andere Qualifikationen erforderlich waren. Gleichzeitig entstand durch die Öffnung des Ostens eine geänderte Situation im Bereich der Zuwanderung. Zuwanderung billiger Arbeitskräfte, gekoppelt mit Standortverlagerungen österreichischer Unternehmungen ins Ausland erzeugten Druck am Arbeitsmarkt und führten zu steigendem Unmut bei den Arbeitern. Ausländerfeindliche Parolen fielen in diesem geänderten Umfeld auf immer fruchtbareren Boden. Die von Arbeitslosigkeit bedrohten oder betroffenen Menschen entwickelten gegen den Proporzfilz und die immer sichtbarer werdenden Privilegien, die Rot und Schwarz duldeten und förderten, eine immer größere Sensibilität. Während ursprünglich Ex-SPÖ Mitglieder und Wähler im hochkommenden Frust noch ohne Begeisterung die Freiheitlichen wählten, spitzte sich diese Entwicklung in den allerletzten Jahren und bis herauf zur letzten Nationalratswahl sehr stark zu. Ich habe selbst, als ich noch für die Freiheitlichen wahlkämpfend unterwegs war, bemerkenswerte Vorfälle dieser Art erlebt. Da kamen tatsächlich Personen auf uns zu und sagten, daß sie nach jahrzehntelanger SPÖ-Mitgliedschaft mit dieser Partei nichts mehr zu tun haben wollten und ab nun nur mehr Haider wählen würden. Manchmal erlebte ich lautstarke Wutausbrüche gegen die Sozialisten, die allerdings meistens auch mit Ausländerbeschimpfung gekoppelt waren.

Während also die Schwerpunkte der freiheitlichen Wählerschaft bei den Nationalratswahlen 1994 und 1995 sehr stark im Bereich der Bürger mit eher niedrigem Bildungsniveau, der älteren Bürger aus dem nationalen Milieu und bei Arbeitern und Arbeitslosen lag, hat sich dieses Spektrum bei der Kärntner Landtagswahl und bei der letzten Nationalratswahl 1999 erweitert. In Kärnten konnte Haider seine Wähler aus absolut allen Bereichen holen, von der Landwirtschaft, über die klein- und mittelständischen Betriebe die Arbeiter, bis hin sogar zu Teilen der slowenischen Minderheit. Nicht zuletzt auch auf der Grundlage des Kärntner Wahlerfolges aufbauend, gelang in ganz Österreich der Einbruch in neue Wählersegmente. Die Freiheitlichen wurden bei dieser Wahl erstmalig zur ersten Arbeiterpartei Österreichs. Damit haben sie den Sozialisten eine schwere Wunde zugefügt. Diese müssen jetzt wichtige Entscheidungen treffen. Wollen sie weiter den Weg eines „Management"-Sozialismus mit liberalrosa Anstrich à la Tony Blair gehen? Oder schlagen sie deutlicher die Richtung zum Interventionismus im Sinne des französischen Premiers Lionel Jospin ein?

Den Freiheitlichen ist es auch gelungen, verstärkt die Jugend anzusprechen. Dazu hat vor allem der trendige, pfiffige Wahlkampf und die Auswahl von jugendlichen Quereinsteigern als Kandidaten beigetragen. Die Familienthemen, allen voran der Kinderscheck, haben neuerdings auch vermehrt Frauen als Wähler gebracht.

Die Freiheitlichen haben bei der letzten Wahl also nicht mehr nur im großen Teich der Systemverdrossenen erfolgreich gefischt, sondern darüber hinaus auch zusätzliche Wähler angesprochen, die an einen neueren, dynamischeren, weniger abgestandenen Stil der Politik glauben. Es ist – und diese Bemerkung muß an dieser Stelle eingeschoben werden – eine Ironie der Geschichte, daß, um gerade dieses Ziel zu erreichen, am Anfang der neuen Erfolgsbewegung in Kärnten noch einmal die zwischenzeitlich abgebauten alten Nationalen herhalten mußten. Die Wahlmotive, die den Freiheitlichen den Erfolg gebracht haben, sind sehr weit gespannt. Sie reichen von Xenophobie über die Ablehnung des Parteienstaates und die mangelnde Lösungskompetenz des herrschenden Systems bis zu einem Abwehrnationalismus in Fragen der EU und der Osterweiterung und einem damit einhergehenden Wohlfahrtschauvinismus.

Das „Flat tax-Projekt" hat in Unternehmerkreisen immerhin zum Teil zu der Ansicht geführt, daß sich die Freiheitlichen auch mit Wirtschaftsfragen auseinandersetzen. Es gibt wohl wenige, die dieses rein theoretische Modell als gerade für Österreich umsetzbar halten. Man hat aber zustimmend zur Kenntnis genommen, daß die Freiheitlichen für eine Reduzierung der Steuern sind. Daß zeitgleich mit Versprechungen wie der Einführung eines Kinderschecks in ganz Österreich eine Renaissance des Wohlfahrtsstaates in Aussicht gestellt wurde, hatte trotz aller Widersprüchlichkeit keine negativen Auswirkungen. Haider, der für einen schlanken Staat und für Entlastung der Unternehmer eintritt, brachte dessen ungeachtet des öfteren zum Ausdruck, daß er sich im Bereich der Sozialpolitik als Nachfolger Kreiskys fühle. Auch damit hat er in sehr geschickter Weise Gefühle traditioneller SPÖ-Wähler angesprochen und ganz bewußt eine Distanz zu Klima hergestellt, dem man diese Sozialkompetenz viel weniger abnimmt.

Eine neue politische Landschaft

Die Wähleranalysen der Nationalratswahl vom 3. Oktober 99 verdeutlichen, daß die FPÖ ihre Anhängerschaft in der Bevölkerung nicht nur vergrößert, sondern verbreitert hat. Sie hat sich als die Lieblingspartei der Jungen etabliert. Für die zukünftige Entwicklung der Partei wird es besonders wichtig sein, auf diesem Sockel aufzubauen. 38 % der unter 30jährigen haben blau gewählt. Rot und Schwarz folgen weit abgeschlagen mit je 21 %. (Quelle: Gallup, Umfrage nach der Wahl)

Die zweitwichtigste Erkenntnis ist, daß die FPÖ die neue Arbeiterpartei geworden ist und die SPÖ überholt hat. 47 % der Arbeiter wählten blau und nur mehr 35 % die Sozialisten. Der Trend hat sich seit der letzten Nationalratswahl 1995 wesentlich verstärkt. Damals lag die SPÖ bei den Arbeitern mit 41 % noch an der Spitze, gefolgt von den Freiheitlichen, die schon ein Drittel der Stimmen erreicht hatten. (Quelle: Fessel, GfK, Exit Poll 99)

Großen Aufholbedarf haben die Freiheitlichen noch immer bei den Frauen. Sie sind nach wie vor ein Männerclub. Bei den Männern erzielten sie mit 31 % knapp die Mehrheit vor den Sozialdemokraten mit 30 %. Bei den Frauen hingegen liegt die SPÖ mit 35 % deutlich vor blau mit 26 %.

Die Vernachlässigung der Senioren und Pensionisten durch die Freiheitlichen bei der Kandidatenauswahl und Themenwahl spiegelt sich auch im Wahlergebnis. Nur 21 % der über 50jährigen und 22 % der Pensionisten wählten FPÖ. Die SPÖ liegt bei diesen Gruppen mit 44 % bzw. 41 % an der Spitze.

Bei Maturanten und Akademikern liegt die FPÖ immer noch an der dritten Stelle. Die ÖVP liegt hier mit 34 % klar vorne, gefolgt von den Sozialisten mit 21 % und den Freiheitlichen mit 20 %. Bei den Pflichtschulabgängern stellt sich das Ergebnis umgekehrt dar: SPÖ 37 %, FPÖ 31 % und ÖVP 28 %.

Bei den wahlentscheidenden Themen fällt auf, daß das Ausländerthema nur bei 47 % der freiheitlichen Wähler ausschlaggebend war. Man könnte daraus schließen, daß viele nicht wegen, sondern trotz der Ausländerkampagne freiheitlich gewählt haben. Bei den vielen jungen Wählern ist das durchaus wahrscheinlich. Bei den freiheitlichen Wahlmotiven lag nach wie vor ihre Rolle als Aufdecker von Skandalen an der Spitze.

Dieses Wahlergebnis weist trotzdem deutlich darauf hin, daß die Freiheitlichen von der Protestpartei zur Partei mit Regierungsanspruch aufgestiegen sind. Breite Schichten der eigenen Wähler erwarten von der Parteiführung einen politischen Stil und politische Inhalte, die die Partei regierungswürdig macht.

„Die Populisten von heute machen aber den Bürgern Mut, ungeniert alle Fragen öffentlich zu stellen, die sie bewegen. Demokratie ist Diskussion. Wer die Diskussion verweigert, ist kein Demokrat." Diese Worte schreibt Jörg Haider in seinem Buch „Die Freiheit, die ich meine". Er meint, daß die Ursache für den politischen Erfolg seiner Bewegung darin liegt, daß sie der veröffentlichten Meinung des medialen und politischen Establishments entgegentritt und die öffentliche Meinung breiter Bevölkerungsschichten artikuliert. Sein Populismus beweist die Volksnähe. Er spricht das an und aus, was das Volk bewegt und was das Volk hören will. In diesen Aussagen liegt sehr viel Widersprüchliches und sehr viel Wahres.

Als Oppositionspolitiker bewegte er sich lange in weiter Ferne vom Druck der Verantwortung, der die Regierenden dazu zwingt, im Sinne der Bevölkerung oder im Hinblick auf zukünftige Generationen Maßnahmen zu setzen, die den gegenwärtigen Wünschen vieler Menschen widersprechen. Er hatte sein Ohr am Pulsschlag der Bevölkerung. Als geschickter Oppositionspolitiker konnte er so jene, die in Regierungsverantwortung waren, stets in die Enge treiben. Er selbst mußte auf die die Regierenden einengenden Realitäten keine Rücksicht nehmen. In dem Augenblick, wo er in Kärnten die führende Regierungsposition übernommen hat, hat er den Spieß sofort umgedreht. Und dies obwohl die anderen Parteien ja mitregieren. Genau das, was Haider abgelehnt hat, nämlich eine verantwortungsvolle, konstruktive Opposition zu sein, und was er auch einigen seiner Mitstreiter, wie dem ehemaligen Landeshauptmann-Stellvertreter Karl-Heinz Grasser vorgeworfen hat, verlangt er jetzt von den kleineren Parteien in Kärnten. Es wird deutlich, daß weder die Sozialdemokraten noch die Vertreter der Volkspartei so begnadete Populisten sind wie Haider es in Kärnten war. Es gelingt ihnen nicht, diese Widersprüche und die nicht eingehaltenen Versprechen medienwirksam unter das Volk zu bringen.

Wenn man sich mit dem Aufstieg der Freiheitlichen und dem Erfolg dieser Partei unter Jörg Haider befaßt, muß man die Frage untersuchen, welche Rolle der Populismus bei dieser Entwicklung tatsächlich spielte und um welche Art von Populismus es sich handelt.

Jeder scheint sich selbst seine Populismusdefinition zurechtzulegen: der Politiker Haider in jenem Sinn, der seiner Politik zuträglich ist, und der kritische Politologe in eher theoretisierender bis wirklichkeitsferner Weise. Die Bandbreite der Populismus-Definitionen ist außerordentlich groß und ihre Unschärfe macht die Anwendbarkeit des Begriffes zu leicht möglich. Werner W. Ernst meint, daß im Populismus das Gefühl von Machtlosigkeit zum Ausdruck komme. Diese Machtlosigkeit mache sich in Ressentiments gegen Eliten und Privilegienwirtschaft bemerkbar und werde von dem Wunsch nach eigenem Machtzuwachs getragen. Diese Definition ist auf die Politik der Freiheitlichen teilweise sehr gut anwendbar.

Selbst Untersuchungen über mittel- und lateinamerikanische populistische Politik, wie sie Sergio Zermanio durchgeführt hat, lassen Rückschlüsse auf europäische Entwicklungen zu. Hier wird vor allem auf den Zusammenhang zwischen ökonomischer und politischer Macht hingewiesen. Daß dieser Zusammenhang in lateinamerikanischen Staaten immer schon stark vorhanden war, steht außer Frage. Aber auch im Falle Berlusconi in Italien liegt eine massive Verquickung von ökonomischer mit politischer Macht vor. Wenn heute in Österreich der Großindustrielle Thomas Prinzhorn in seiner Partei eine führende Rolle spielt und als zweiter Nationalratspräsident ein wichtiges öffentliches Amt innehat, so liegt auch hier ein deutlicher Fall des Zusammenhangs von wirtschaftlicher mit politischer Macht vor. Der Parteichef hat sich mit dem erfolgreichen Unternehmer wirtschaftliche Macht in die Partei geholt.

Populistische Ideologie

Die Kernfrage ist, ob es eine Politik namens Populismus, das heißt eine populistische Ideologie gibt, oder ob der Populismus in direkter Abhängigkeit zu anderen Formen der Politik steht. Zermanio spricht, in Zusammenhang mit den lateinamerikanischen Verhältnissen, von „antipolitischer Politik" und von der „Rückkehr zur personalisierten Leadership". Beide Begriffe sind auf die Haider-FPÖ und zu einem bestimmten Grad auch auf die anderen österreichischen Parteien anwendbar. Das Sammelsurium der politischen Angebote und Aussagen bei den Wahlkämpfen und das weitgehende Fehlen einer klaren Ideologie, das alle drei größeren Parteien in Österreich auszeichnet, kann man „antipolitische Politik" nennen. Die stark personalisierte „Leadership", die auf einen vorne stehenden Menschen ausgerichtete Parteipolitik, ist längst nicht nur bei den Freiheitlichen zu sehen. Auch alle anderen Parteien haben in der Werbung für die Nationalratswahl 1999 ihren Parteichef sehr stark polarisierend in den Vordergrund gestellt. In der Tagespolitik außerhalb der Wahlkämpfe ist das „Leadership-Phänomen" allerdings bisher besonders bei den Freiheitlichen überdurchschnittlich stark ausgeprägt.

Die Frage nach einem „rechten" und „linken" Populismus wird von den Sozialwissenschaften zu Recht diskutiert. Es ist längst widerlegt, daß Populismus eine rein „rechte" Angelegenheit ist. Politiker wie Tony Blair oder Oscar Lafontaine weisen in ihrem politischen Agieren stark populistische Züge auf. Aber auch grüne Politiker wie Cohn-Bendit oder auch der österreichische EU-Abgeordnete Johannes Voggenhuber haben sich immer wieder als erfolgreiche Populisten erwiesen.

Was ist also Populismus? Strategie oder Instrument? Wird er von Parteien, Persönlichkeiten oder Organisationen eingesetzt? Kommt er als Ideologie zum tragen? Ist Populismus revolutionär oder reaktionär? Ist er eher auf die Erhaltung des

Status quo bezogen oder kann er auch die Erneuerung fordern? Ist Populismus demokratisch oder antidemokratisch? In welche politische Orientierung paßt er als Instrument? Zum Liberalismus, zur Sozialdemokratie oder zum Konservatismus? Ist er eine Ausdrucksweise, die vorwiegend der Nationalismus verwendet? Eine Fülle von Fragen, die man sich auch stellen muß, wenn man über den Erfolg der Freiheitlichen nachdenkt. Schließlich wird behauptet, Haider sei ein Populist, und er sagt es auch selbst; und es wird auch angenommen, daß der Erfolg seiner Partei das Ergebnis von Populismus ist. Ein analytisches Nachdenken über die Populismus-Frage muß erfolgen ohne ständig Werturteile abzugeben.

Margaret Conovan („Populism") kommt zu dem einfachen Schluß, daß populistische Bewegungen sich auf das Volk berufen und sich als Opposition gegen das Establishment begreifen. Diese Definition entspricht deutlich der Selbsteinschätzung Haiders.

Susanne Falckenberg kommt in ihrer Arbeit „Populismus und populistischer Moment im Vergleich zwischen Frankreich, Italien und Österreich" zu der Überzeugung, daß die Meinung, Populismus sei universell, allgegenwärtig und vor allem kein eigenständiges Phänomen, unbefriedigend ist. Sie definiert, daß *„Populismus einen Kontext verwandter Politikstile oder Inhalte bezeichnet, deren Besonderheiten aus der Unterschiedlichkeit der sie produzierenden Gesellschaftstypen ihrer jeweiligen Werte und Normensysteme und Krisenspezifiker herzuleiten sind"*. Sie kommt zu dem Ergebnis, daß in allen Untersuchungen der Faktor „Krise" eine besondere Bedeutung habe. Sie analysiert in ihrer Arbeit in überzeugender Weise das Verhältnis von Krise und Populismus. Sie meint, daß der Begriff Populismus im politischen Sinn ohne Krise nicht zu begreifen ist. Krisenereignisse innerhalb der Gesellschaftsstrukturen können zu einem „populistischen Moment" führen, der zu bestimmten Arten von Protest oder, gelinde gesagt, Reaktion überleitet.

Wie die Geschichte immer wieder zeigt, werden strukturelle Mißstände oder Negativentwicklungen personalisiert und Menschen, die in Führungspositionen oder im Rampenlicht stehen, aus politischen oder taktischen Gründen zugeordnet. Sie werden in die Rolle des Sündenbocks gedrängt. Die Massenmedien unterstützen solche Tendenzen, ja sie kreieren sie sogar manchmal. Als Sündenbock können aber auch „Normalmenschen“ oder Menschengruppen ausgewählt werden. Der Sündenbock kann der Doppelverdiener sein, der geradezu als Symbol von Privilegienwirtschaft an den Pranger gestellt wird. Der Sündenbock kann aber auch der Schwarzafrikaner oder der Asylwerber sein, weil man glaubt, gerade in diesen Kreisen besonders viele Drogendealer zu finden. Die Tatsache der steigenden Arbeitslosigkeit oder der Verknappung am Wohnungsmarkt wird in Form der Kollektivindividualisierung den Ausländern oder Einwanderern – kurz den Fremden in die Schuhe geschoben.

Arbeitslosigkeit

Seit Jahrzehnten werden in den verschiedensten Staaten der industrialisierten Welt Wahlkämpfe mit dem und um das Thema der Arbeitslosigkeit geführt. Die gestiegene Arbeitslosigkeit ist das Ergebnis geänderter Strukturen und sozusagen eine immanente Erscheinung oder Folge der Industriegesellschaft. Für die durch das Phänomen wachsender Arbeitslosigkeit bedrohten oder betroffenen Bevölkerungsgruppen stellt dieses Thema das klassische Krisenszenario dar. Aus der Situation steigender Arbeitslosigkeit und den damit zusammenhängenden sozialen, familienpolitischen und humanitären Problemen haben jene Parteien, die gerade die Oppositionsrolle eingenommen haben, meistens Profit schlagen können. Sie haben die amtierende Regierung für diese strukturelle Entwicklung verantwortlich gemacht und die Garantie ausgesprochen, daß sie, falls sie ans Ruder kämen, neue Arbeitsplätze schaffen oder für Rahmenbedingungen sorgen würden, die zu einer Verringerung der Arbeitslosigkeit führen. Die Regierenden hingegen befanden sich in der schwierigen Situation, die während ihrer Amtszeit eingetretene oder verstärkte Krisenlage zu rechtfertigen. Die Zwangslage, in der sich die Regierenden befinden, ist dramatisch, denn sie führt zu einer Gratwanderung zwischen Vergrößerung des Budgetdefizites, was in letzter Konsequenz langfristig wiederum zu zusätzlichen Arbeitslosen führt, oder der Fortführung einer Sparpolitik, die noch fast nie und nirgends von den Wählern honoriert wurde. Der normale politische Werdegang in dieser demokratiepolitisch schwierigen, aber realen Situation ist ein ständiges Wechseln zwischen sozialdemokratisch ausgerichteten Parteien und konservativen Bewegungen. Während die einen durch Defizit-Spending zu vorübergehender Wirtschaftsankurbelung beitragen und nach einiger Zeit abgewählt werden, weil das Budget aus allen Fugen platzt, werden die anderen gewählt, um den Haushalt wieder in Ordnung zu bringen. Durch das Sparprogramm werden sie aber bald wieder unpopulär, und die meistens gleichzeitig steigende Arbeitslosigkeit wirft sie schließlich aus dem Amt.

Österreich ist ein Sonderfall, denn hier sind rechts und links, Sozialdemokratie und Konservative seit langem in einer Koalition und in der Sozialpartnerschaft vereinigt. Die wirtschaftlichen Daten könnten als Beweis dafür angesehen werden, daß dieses System ganz gut funktioniert. Lange Zeit hat es keinen Platz für eine Opposition gegeben. Der Veränderungswunsch der Bevölkerung hat aber dazu geführt, daß es nun eine starke dritte Kraft gibt. Sie wird zwar im Ausland scheel angesehen und verdankt ihren Aufstieg zum Teil rechtspopulistischen Argumenten, ist aber in der Realität weder rechts noch links einzuordnen. Diese dritte Kraft – die freiheitliche Partei – hat es verstanden, institutionelle und imaginäre Krisen mit großem Geschick in die Schuhe der jeweiligen Machthaber zu schieben und daraus für sich Kapital zu schlagen.

Die beiden bisher machthabenden Parteien sind in große Legitimationsschwierigkeiten geraten. Wie die Problematik bei der Regierungsbildung zeigte befinden sie sich sogar in einer echten Legitimationskrise. Die freiheitliche Partei, nach ihrem noch sehr protestorientierten Wahlkampf, zeigte schon in der Nachwahlphase deutliche Anzeichen, selbst systemgerecht zu werden. Wenn der zweite Nationalsratspräsident Prinzhorn plötzlich davon spricht, daß er sich einen Beitritt Ungarns zur EU innerhalb von zwei Jahren, wenn auch mit langen Übergangsfristen bei der Zuwanderung, vorstellen könne, so hat er in dieser Frage die Systemparteien zum Teil schon überholt.

Die Krise – kein quantitatives Phänomen

Was ist also die Krise, die für den Populismus so wichtig ist? Sie ist zweifelsohne kein quantitatives Phänomen. Wäre dies der Fall, hätte eine politische Partei wie die Freiheitlichen, die ja mit Krisenszenarien gearbeitet hat, sicher keine Chance gehabt. Es geht, und das trifft besonders auf die Strategie der Freiheitlichen zu, um das Schaffen eines Krisenbewußtseins und um das Operieren mit subjektiven Unzufriedenheits- oder Unruhephänomenen: Soziale Ängste oder gar nur öko- und sozialchauvinistische Unbehaglichkeiten werden für politische Zwecke geschürt.

Besonders gut für diese Art der Politik eignet sich das subjektive Unsicherheitsgefühl in der eigenen Umgebung. Das seit langem vorhandene schreckliche Problem des Kindesmißbrauchs wird parteipolitisch aufgegriffen und zum Wahlkampfthema gemacht. „Einer, der eure Kinder schützt", lautet dann die Parole. Eine Krise, die in letzter Zeit starke mediale Aufmerksamkeit gefunden hat, wird indirekt den Machthabern zugeschoben, denn „sie konnten eure Kinder nicht schützen". Der Chef der Protestpartei, der Edelmut und Mut verkörpert, wird eure Kinder aber persönlich schützen. Diese

Aussage ist nur möglich, weil ein Krisenthema vorhanden ist, das natürlich medial geschürt wird. Sie ist reiner Populismus, kommt aber bei vielen verunsicherten Müttern gut an.

Ähnlich ist es mit der Angst vor kriminellen Ausländern. Die Überfremdung führt angeblich dazu, daß man in seinem eigenen Wohnviertel in der Nacht nicht mehr ohne Angst spazierengehen kann. Daß Österreich eines der sichersten Länder der Welt ist, wird dabei außer acht gelassen. Gewisse Medien tragen das ihre dazu bei, daß bei vielen Bürgern der Eindruck entsteht, Gewaltverbrechen würden fast nur von Ausländern verübt. Sicher wird in den Zeitungen nie besonders vermerkt, wenn es ein Inländer war, der eine Frau vergewaltigt hat. Wohl aber wird es schlagzeilenmäßig herausgestellt, wenn es sich dabei um einen Ausländer handelte.

Die Bedeutung der Sicherheitspolitik und der Prozentanteil der ausländischen Täter in der Gesamtstatistik sollen keineswegs bagatellisiert werden. Es handelt sich aber doch um ein Krisenszenario, das in der dargestellten Intensität in Wirklichkeit nicht besteht. Es schafft genau jene populistische Ausgangssituation, die parteipolitisch ausgenützt werden kann. Populistische Politiker, die mit Krisenerscheinungen „spielen", bedienen sich also individueller oder kollektiver Krisenempfindungen. Diese können psychosoziale Streßerscheinungen, Perspektivenlosigkeit oder Verlust von Sicherheit sein. Diese Krisenempfindungen stellen sich nicht von einem Tag auf den anderen ein, sondern sind das Ergebnis langsam anwachsender sozialer und wirtschaftlicher Ängste, die zum Teil berechtigt sind. Vor allem haben die enormen Modernisierungs- und Rationalisierungsschübe der letzten zehn Jahre „Unsicherheitsgefühle" bewirkt.

Die gesellschaftliche Modernisierung, die ihren Ursprung in der Technik hat, stellt die Basis für Proteste und für bedeutende politische Gegensätze dar. Eine populistische Opposition neigt dazu, alles was von der Erneuerung ausgeht und ins Ungewisse führt, zur Krise hochzustilisieren und als Gefahr für die Menschen und die Gesellschaft zu sehen. Das Spektrum reicht von der Gentechnologie über neue Formen der medizinischen Betreuung bis hin zur Flexibilisierung der Arbeitszeit. Systemparteien hingegen müssen schon aufgrund ihres Selbstverständnisses Modernisierungsprozessen gegenüber aufgeschlossen sein. Sie sind zwar in der Realität meist nur Trittbrettfahrer, weil sowohl die technischen, als auch die sozioökonomischen Modernisierungsprozesse gar nicht von ihnen ausgehen, aber da sie das politische Establishment darstellen, können sie sich diesen Neuerungen nicht verschließen. Mit der zeitlichen Annäherung der Oppositionspartei an den Augenblick der möglichen Machtbeteiligung ändert sich auch ihre Einstellung in dieser Frage. Ihre Aufgeschlossenheit gegenüber Modernisierungstendenzen steigt.

Der Protest

Die Wahrnehmung der Krise ist mit Protest gekoppelt. Dieser Protest richtet sich aber nicht gegen die Krise als solche, sondern gegen deren vermeintliche Verursacher. Die populistische Taktik ist es, wie schon erwähnt, jene Leitfiguren, die aufgrund ihrer Machtposition im Rampenlicht stehen, für die Krisenerscheinungen verantwortlich zu machen. Personalisierte Schuldzuschreibung ist eines der wichtigsten Wahlkampfinstrumente geworden. Unsere medial geprägte Demokratie führt dazu, daß die politischen Leitfiguren mit Hilfe ihrer PR-Organisationen alles unternehmen, um für die breite Bevölkerung omnipräsent zu sein. Jede positive Entwicklung, die in „ihrer" Zeit eintritt, wird lautstark über die Medien als den persönlichen Erfolg der Herrschenden hinaustrompetet. Es ist daher kein Wunder, daß die Menschen die Systempolitiker als die Macher der Erfolge – aber auch der Mißerfolge betrachten. Die Parteirepräsentanten, vor allem aus der Regierung, aber auch die Parlamentarier stehen im Zentrum des medialen Interesses. Sie stehen damit auch in dem Spannungsfeld zwischen Modernisierungserfolg und Negativeffekten der Modernisierung. Der Protest der Bevölkerung richtet sich in letzterem Fall dann vehement gegen die politischen Repräsentanten. Dafür besteht auch die Bereitschaft, positive Entwicklungen, die überhaupt nichts mit ihrer Politik zu tun haben, diesen Menschen gutzuschreiben. Im Wechselspiel zwischen Regierenden und Opposition stehen sich naturgemäß völlig konträre Strategien gegenüber. Die Opposition macht die Regierung, also den Kanzler und den jeweiligen Fachminister für negative Entwicklungen persönlich verantwortlich. Die Regierenden hingegen sprechen von äußeren Einflüssen, von „Naturgewalten", die für negative Entwicklungen verantwortlich seien.

In der jüngeren österreichischen Geschichte kann man feststellen, daß die Freiheitlichen nicht nur thematisch, sondern auch was die Taktik anlangt auf die anderen Parteien Einfluß genommen haben. Die von den Freiheitlichen in populistischer Weise vorgetragenen Forderungen wurden von den regierenden Parteien häufig in die Realität umgesetzt. Gerade in der Frage der Einwanderungspolitik hat sich Österreich damit europaweit den Ruf, besonders restriktiv zu sein, eingewirtschaftet.

Es hat sich aber auch erwiesen, daß im politischen Konkurrenzkampf gegen polarisierende, vereinfachende, radikale Aussagen die sachlich fundierte und seriös argumentierte Diskussionskultur wenig Chancen hat. Im letzten Wahlkampf zur Wahl 1999 wurde deutlich sichtbar, wie sehr sich auch die Parteiführer der anderen Parteien in Inhalt und Rhetorik auf das Niveau populistischer Politik begeben haben. Sie hatten selten die Standfestigkeit, zu ihren Grundthemen und Überzeugungen konsequent zu stehen. Wahrscheinlich hätten sie mit mehr Grundsatztreue ein stärkeres Profil vermitteln können und auch bei den Wahlen besser abgeschnitten.

Von populistischer Politik profitieren nicht immer nur die Betreiber dieser Politik selbst. Immerhin hat das „Anti-Ausländer-Volksbegehren“ der Freiheitlichen dazu geführt, daß die Regierung eine Politik umgesetzt hat, die in weiten Bereichen den Forderungen dieser Aktion entsprochen hat. Die Regierung konnte also eine ihr im Grunde unangenehme Politik umsetzen, ohne selbst in den schlechten Ruf der Fremdenfeindlichkeit zu kommen. Der Druck von seiten jener wachsenden Bevölkerungsschichten, die durch populistische, ja hetzerische Kampagnen beeinflußt worden sind, ermöglichte es also der Regierung, fast „unbemerkt“ gerade eine solche Politik umzusetzen, die sie selbst lange Zeit als „inhuman“ bezeichnet hat. Es bleibt die Frage nach dem Unterschied. Ist der Unterschied wirklich nur eine Angelegenheit der Diktion? Kann man hier wirklich sagen, in der Politik unterscheiden sich die verschiedenen Gruppierungen nur nach dem Prinzip „der Ton macht die Musik“?

Auf die Vorwürfe, die man der FPÖ zu Recht im Hinblick auf die Plakate „Stop der Überfremdung“ macht, reagieren ihre Repräsentanten mit dem Argument, es handle sich ja nur darum, eine geordnete Einwanderungspolitik einführen zu wollen. Jeder vernünftig denkende Mensch ist aber für eine geordnete Einwanderungspolitik. Alle demokratischen Staaten, vor allem auch die Parademokratien wie die USA, verfügen über sehr geordnete, um nicht zu sagen restriktive Einwanderungsgesetze und -systeme. Offensichtlich will aber bei uns ein Teil des Volkes aus dem Mund von Politikern besonders gerne gnadenlosen Sozialchauvinismus hören. Anders wäre es nicht zu verstehen, daß Haider selbst in der Phase der Imageaufpolierung im Ausland für das von ihm regierte Kärnten an einer Nulleinwanderung festhält. Daß er sich auch explizit gegen die Familienzusammenführung wendet, gibt ihm inhumane Züge, die für Menschen, die ihn persönlich kennen, nicht zu seinem Persönlichkeitsimage passen. Seine Bemerkung, nur dreißig bis vierzig hochqualifizierte ausländische Manager ins Land lassen zu wollen, verleiht diesem Gesamtkomplex seiner Landespolitik einen leicht grotesken Anstrich.

Die notwendigen Betriebsansiedelungsbemühungen werden durch diesen xenophoben Unterton mit Sicherheit leiden.

Die freiheitliche Partei war also bisher durch ausgeprägten Populismus gekennzeichnet. Da Populismus aber keine Ideologie, sondern eine Taktik ist, ist es wahrscheinlich, daß die FPÖ in dem Augenblick, wo sie Regierungsverantwortung übernimmt, ihr Verhalten ändert. Sie kann in Verantwortungsfunktion nicht weiter als Protestmaschine gegen vermeintliche oder echte Krisen agieren. Von diesem Augenblick an muß sie an der Krisenbewältigung *konkret* mitarbeiten. Sie wird dann selbst so bemessen werden, wie die von ihr bisher kritisierten Systemparteien beurteilt wurden. In Kärnten, wo Haider über die relative Mehrheit im Landtag verfügt, ist diese Situation bereits eingetreten.

Internationale Reaktionen

Die Kommentare zum Wahlerfolg der FPÖ am 3. Oktober 1999 können zu der Auffassung verleiten, daß es sich – aus internationaler Sicht – um einen Pyrrhussieg gehandelt hat. Die Reaktionen von Politikern, Journalisten und Intellektuellen mußten aber kommen. Das war nicht anders zu erwarten. Sie sind nur etwas deftiger, etwas intensiver und zum Teil sogar etwas profunder ausgefallen als erwartet.

Die Anti-Ausländer-Plakate in Wien und Worte, die bei der Abschlußveranstaltung am Stephansplatz gefallen sind, konnten nicht unbeantwortet bleiben. Während man sich für Aussagen, die von früher stammen, entschuldigt hat, kann man die Inhalte eines soeben beendeten Wahlkampfes nicht ungeschehen machen. Erstmals hat eine Partei, die im Wahlkampf auch Worte wie „Gnadenlosigkeit“ und „Stop der Überfremdung“ eingesetzt hat, einen so großen Wahlerfolg erzielt. Sie ist zur zweitstärksten Partei geworden. Polarisierend wurden von vielen Journalisten die Größe des Erfolges und die Verwerflichkeit eines Teiles der Wahlkampagne zueinander in Beziehung gesetzt. Der Sieg wurde – und auch das ist Populismus – auf die alleinige Ursache der Anti-Ausländer-Kampagne in Wien reduziert. (Und dies obwohl, wie die Wahlanalysen ergeben haben, das Ausländerthema bei weitem nicht ausschlaggebend war.) Man kann allerdings auch nicht behaupten, daß die Mehrzahl der Menschen in ganz Österreich von dieser Kampagne, die allein in Wien gelaufen ist, nichts gewußt habe. Die Zeitungen haben ausführlich darüber berichtet, und auch in den Diskussionen ist dieses Thema behandelt worden. Vor allem der Spitzenkandidat Thomas Prinzhorn hat diesen Teil der Wahlwerbung von Wien nicht nur unterstützt, sondern ausdrücklich gut und richtig geheißen.

Die Veröffentlichungen in den internationalen Medien und auch in sehr prominenten Blättern ließen keine Zweifel darüber aufkommen, daß vor allem im anderssprachigen Ausland teilweise die Meinung herrscht, bei den Freiheitlichen handle es sich um eine rechtspopulistische Partei.

Im „Corriere de la sera“ schrieb Sergio Romano nach der Wahl einen sehr ausgewogenen freundlichen, aber auch kritischen Kommentar mit dem Titel: *„Se L'Europa unitá produce gli Haider“*. Er warnt vor der *„Internazionale Nazionalista“* und spricht ein Thema an, von dem wir in Zukunft auf europäischer Ebene noch viel hören werden, nämlich die Internationale der Nationalisten. Er meint, daß mit der Stärkung von politischen Persönlichkeiten wie Haider diese Gruppe an Bedeutung gewinnen werde. Die Internationale der Nationalisten habe sich im Europaparlament noch zu keiner Gruppe oder Fraktion zusammengefunden. Romano bringt aber in seinem Kommentar deutlich zum Ausdruck, daß Anhänger eines Europas der Nationalstaaten, in dem die Gemeinschaftspolitik zurückgedrängt wird, gleichzeitig mit dem Fortschritt der Integration immer stärker in den Vordergrund treten. Sie befänden sich in allen Bereichen des politischen Spektrums von der extremen Linken, den Kommunisten, bis zur extremen Rechten, dem Vlaams Blok und der Front National. Auch britische Konservative, manche Liberale aus Skandinavien und ein Teil der Gaullisten, ebenso wie die Lega Nord träten zum Beispiel für diese europapolitische Linie ein.

Fritz Molden nennt in einem Kommentar, der in der „Welt" erschienen ist, Haider den *„modernen Spießer"*. Kaum einer der unendlich vielen und seitenlangen Kommentare, die zu diesem Thema geschrieben wurden, trifft so sehr den Nagel auf den Kopf wie die Zeilen Fritz Moldens:

„In Österreich pendelt der Protest nach rechts, in Deutschland füllt die PDS diese Lücke. Muß man Angst vor Haider haben? Ich glaube kaum." (...) „Er will keine Diktatur. Eher einen strikten Law and order-Staat. Er ist gegen die Verwucherungen und die Korruption einer saturierten und selbstgefälligen Politikerkaste gerichtet." Molden weiter: *„Ich glaube nicht, daß er halten kann, was er verspricht. Schon dadurch ist er keine Gefahr. Und sollte er jemals Bundeskanzler werden, was sein tiefster Wunsch ist, müßte er ganz vorsichtig agieren. Die ganze Welt würde auf ihn schauen, und er könnte nicht einmal das tun, was sich Viktor Klima und Wolfgang Schüssel ohne weiteres erlauben können. Haider müßte vorsichtiger sein als jeder andere. Welche Paradoxie!"*

Bemerkenswert ist ein Kommentar von „Le Monde" unter dem Titel *„L'avertissement autrichien"* vom 6. Oktober, wo auf die Angstmache vor einer Einwanderungswelle nach Österreich im Falle der Osterweiterung hingewiesen wird. *„Daß diese üble Propaganda in einem Land wie Österreich auf so fruchtbaren Boden fallen kann, in einem Land, das so reich ist und das es in der Vergangenheit verstanden hat, dafür zu sorgen, daß viele Nationalitäten nebeneinander koexistieren konnten, kann nur beunruhigen."*

Bedrückend sind die Worte, die im Londoner „Guardian" erschienen sind. *„Aus dem Land, das die glücklosen Habsburger, den Anschluß an Hitler-Deutschland, Kurt Waldheim, Walzer und Wiener Schnitzel hervorgebracht hat, kommt eine weitere Sensation: Jeder vierte österreichische Wähler will, dem Wahlergebnis von Sonntag zufolge, einen Nazi-Bewunderer*[1] *als Kanzler. Wie ernst sollten wir Jörg Haider, den fremdenfeindlichen Yuppie-Faschisten*[1]*, und die Gewinne seiner extrem rechten Freiheitlichen Partei nehmen? Und wie ernst sollen wir eigentlich Österreich nehmen? Die Antwort auf beide Fragen: nicht sehr."*

Besonders wirkungsvoll sind manchmal Worte von großen Künstlern, die keinen Pathos benötigen, um verstanden zu werden. Der niederländische Schriftsteller Leon de Winter hat bei der Eröffnungsrede der Viennale in Wien ein Plädoyer gegen die Xenophobie in seine Ausführungen eingepackt. Er spricht vom Ausländersein und von der Bedeutung, als Künstler mit den Augen eines Ausländers auf die Dinge zu schauen.

„Einer der schönsten niederländischen Filme der letzten zehn Jahre stammt von einem nordafrikanischen Immigranten. Sein Film heißt, ‚De Poolse bruid' und handelt von einer polnischen Frau, die in den Niederlanden als Prostituierte arbeiten muß. (...) Nur ein Mensch, der aus einer anderen Kultur kommt, kann auf diese spezifische Weise die Bilder analysieren, die für die meisten Niederländer alltäglich und damit platt geworden sind. Dieser Film hätte auch in Kärnten gemacht werden können. (...) Von ebenso einem Ausländer wie diesem nordafrikanischen Niederländer."

Beat Ammann findet in seinem Artikel *„Haider selbst ist unfrei"* in der „Neuen Zürcher Zeitung" folgende Worte: *„Es ist das Pech dieses Landes, daß die stärkste Oppositionspartei zwar viel von Freiheit redet, aber nicht viel davon versteht. Wer tut, als ließe sich Liberalismus selektiv anwenden, auf wenige Sektoren der Wirtschaft oder auf Inländer beschränken, hat zu wenig*

1 Verlag und Autor distanzieren sich von diesen Bezeichnungen.

begriffen." Der Autor fährt dann fort: *„Die so genannte Ausgrenzungspolitik hat nicht die erhoffte Wirkung gehabt. Der FPÖ-Chef ist Teil des Systems – und damit Teil des Problems. Seine Ideen bleiben wirksam, auch wenn man seine Person ausgrenzt. Sie gehören zum Gemeingut. Er spitzt sie nur zu, treibt sie manchmal zum Äußersten. Haider ist kein Nationalsozialist. Auch das Ausland wird dies einst zur Kenntnis nehmen. Aber er ist ziemlich national und ziemlich sozialistisch. Auch damit ist er gut österreichisch unterwegs."*

Alison Smale beurteilt die Situation in ihrem Beitrag in der „New York Times" so: *„Gegen Haider haben Österreichs Sozialisten und ihre konservativen Gegner eine große Koalition gebildet. Die Angst vor Haider trieb sie zusammen. Man könnte auch sagen: 13 Jahre lang siegte die Bequemlichkeit. Niemand hat diese Koalition so erstaunt wie mich. (...) Haider ist der einzige Politiker in Österreich, der sein Geschäft mit Leidenschaft betreibt. (...) Haider wählen ist etwas anderes! Das ist Leben: Das einfache Kreuz auf dem Zettel bedeutet echte Auflehnung gegen die korrupte Zweiparteienordnung, einen Aufschrei gegen alles, was die ‚Insel der Seligen' stören könnte (...)"*

Haider hat richtig gehandelt, als er sich spontan den internationalen Medien in Straßburg, London, Paris und anderen Städten stellte. Diese Aufklärungsreisen hätten für ihn, seine Partei und damit aber auch für Österreich ein Erfolg werden können. Leider ist der Erfolg ausgeblieben. Er war offensichtlich im Hinblick auf den Inhalt seiner Aussagen schlecht beraten. Bei diesen Auftritten hätte es nun wirklich nicht darum gehen dürfen, als „Charmekanone" und als jugendlich dynamischer, schlagfertiger Rhetoriker in die Medien zu kommen. Diese rein äußerlichen und oberflächlichen Attribute mögen dem Ego Haiders schmeicheln, wenn er sie in Österreich verliehen bekommt, und sie mögen hier vielleicht die Zahl seiner Bewunderer erhöhen. Bei den Auftritten in den europäischen Städten ist es aber um etwas ganz anderes gegangen. Hier hätte er sich als ehrlicher, nachdenklicher, selbstkritischer und vor allem als konstruktiv zukunftsorientierter Politiker darstellen können. Er hat es nicht verstanden, die Chance zu nützen.

Was übrigblieb, war die Schuldzuschiebung auf die „linke Verleumdungsmafia". Während bei vielen eine „Wir sind wir"- und „Wir lassen uns vom Ausland nichts vorschreiben"-Stimmung eingetreten ist, hatten viele andere ein gewisses Unbehagen. Richtig ist, daß die Entscheidungen darüber, was in Österreich zu passieren hat, durch die österreichischen Wählerinnen und Wähler getroffen wird. Die Auslandsauftritte Haiders haben die öffentliche Meinung in den besuchten Staaten jedenfalls zu wenig verändert. Jene Taktik im öffentlichen Auftritt, mit der Haider bei vielen österreichischen Bürgern sehr gut ankommt, hat einfach bei den internationalen und zum Teil voreingenommenen Medienvertretern nicht gewirkt.

Die Sorge über die zukünftige Entwicklung in Österreich wurde auch von einer Reihe namhafter Politiker zum Ausdruck gebracht. Zum Teil handelte es sich um klare und unmißverständliche Aussagen, zum Teil um eher verschlüsselte Formulierungen. Die kritische Meinung maßgeblicher Regierungsvertreter, eine nur allzu große Bereitschaft der internationalen Medien, kritische Worte sogar gegen Österreich zu richten, und eine, durch die Medien beeinflußte öffentliche Meinung in vielen Ländern bewirken eine für Österreich durchaus ernstzunehmende Situation. Die Imagekorrektur kann nur durch eine Änderung in Verhalten und Stil der FPÖ bewirkt werden. Die FPÖ zeigte während der sogenannten „Sondierungsgespräche", dem vom Bundespräsidenten angeordneten Vorspiel der Regierungsverhandlungen, eine maßvolle Haltung. Damit hat sie vielleicht den Weg zur Imagekorrektur eingeschlagen.

Im Zusammenhang mit einem Presseauftritt in London wurden Haider von britischer Seite Anti-Churchill Aussagen vorgeworfen. Auch das ist ein Aspekt der Reaktionen auf den freiheitlichen Wahlerfolg. Haider hat angeblich in einem zur Veröffentlichung nicht freigegebenen Interview mit dem „Falter" Winston Churchill mit Hitler und Stalin gleichgesetzt.[1] Ähnlich gelagerte Aussagen soll er schon früher getätigt haben. Dieselbe Meinung zur Person Churchills, die sich auch aus diesen mutmaßlichen Aussagen Haiders ablesen läßt, habe ich sehr häufig im Rahmen von Wahlreisen aus anderem Munde zu hören bekommen. In nationalen Kreisen ist unter älteren Menschen noch heute ein ausgesprochenes „Anti-Churchill-Gefühl" tief verankert. Er wird dort als der eigentliche Verursacher der deutschen Niederlage im zweiten Weltkrieg betrachtet.

John Lukacs bringt in seinem hochinteressanten Buch „Churchill und Hitler – Der Zweikampf" minutiös zum Ausdruck, wie diese beiden Männer zueinander gestanden sind, und welchen Einfluß Churchill auf die Niederlage des Nationalsozialismus gehabt hat.

Lukacs ist der Überzeugung, daß die 80 Tage vom 10. Mai bis zum 31. Juli 1940 über die Niederlage des Faschismus entschieden haben. Er entwirft ein Psychogramm des Zweikampfes zwischen Churchill und Hitler.

„Von diesem Zweikampf im Mai, Juni und Juli 1940 hing der Ausgang des Zweiten Weltkriegs ab und das weitere Schicksal der Welt. Während dieser achtzig Tage stand allein Churchill Hitler im Weg, konnte nur er ihn daran hindern, den Krieg zu gewinnen. Nach diesen achtzig Tagen haben andere historische Persönlichkeiten auf die weltpolitische Szene Einfluß genommen." Der Autor weiter: *„Ein Zweikampf ist seiner Natur nach physischer*

1 Autor und Verleger weisen ausdrücklich auf den Gerüchtcharakter dieses Vergleiches hin.

Art. Er trägt feudale oder mittelalterliche Züge: die eines Turniers. Churchill war wohl so etwas wie ein Ritter, doch steckte er gewiß nicht in einer schimmernden Rüstung. (Der Plebejer Hitler wurde übrigens von einem deutschen Künstler einmal als Ritter dargestellt, mit glänzender Rüstung und stolz erhobener Lanze.)"

Lukacs zeichnet ein Psychogramm der beiden Männer. Von Hitler sagt er: „*Selbst diejenigen, die sich seiner Sache voll und ganz verschrieben hatten, spürten die scharfe, unbarmherzige Kälte seines Vorgehens. Dieser Mann strahlte keine Wärme aus. In seiner Kälte lag etwas Unmenschliches, sie war anders als die machiavellistische Kälte eines Napoleon. Bei aller Lobhudelei, die ihm in den deutschsprachigen Ländern millionenfach zuteil wurde, war er doch ein sehr einsamer Mann.*" Von Churchill weiß Lukacs: „*Er erscheint uns als Inbegriff des John Bull, der britischen Bulldogge (und so wirkt er auf einigen Fotos ja tatsächlich). Aber jetzt, zu Beginn dieses großen Zweikampfes, fällt eine weitere Eigenschaft an ihm auf. Zu dem Eindruck der Bärbeißigkeit gesellte sich … eine gewisse Ausgewogenheit, neben der Härte auch eine Weichheit. Diese Eigenschaft wirkte irgendwie großväterlich und altmodisch.*" Anschließend bezeichnet Lukacs Churchill als den Inbegriff der Reaktion gegen Hitler, der ihm als Verkörperung einer brutalen und furchterregenden Kraft galt. Lukacs sieht in Hitler keinen „Reaktionär", ganz im Gegenteil: Der wahre „Reaktionär" war ihm Churchill.

Die Rolle, die der Politiker und Mensch Churchill in Zusammenhang mit der Niederlage Hitlers und Deutschlands gespielt hat, war den deutsch-nationalen Zeitgenossen bewußt. Selbst in meiner eigenen Gymnasialzeit wurde Churchill im Geschichtsunterricht noch als Verursacher „unserer" Armut bezeichnet.

Interessant ist auch der folgende Absatz im Buch von John Lukacs. Dort läßt er im September 1939 Simone Weil auf einem Stück Papier notieren: „*… vor allem brauchen wir ein gutes Gewissen. Wir sollten nicht glauben, daß wir den Sieg* *davontragen, bloß weil wir weniger brutal, weniger gewalttätig, weniger unmenschlich sind als unsere Gegner. Brutalität, Gewalt und Unmenschlichkeit üben eine große Wirkung aus, die die Schulbücher unseren Kindern verheimlichen, die die Erwachsenen nicht eingestehen, aber vor der sich alle beugen.*" Brutalität, Gewalt und Unmenschlichkeit also auf beiden Seiten.

Am 26. Oktober 1999 wurde in Kärnten im Gedenken an den seinerzeitigen Abzug der letzten englischen Besatzungssoldaten von allen Seiten betont, daß die englischen Besatzer mit Tränen in den Augen das Land verlassen hätten und daß sie als Freunde geschieden seien. Kärnten bemüht sich heute, eine direkte Flugverbindung zwischen London und Klagenfurt zustandezubringen, um den Tourismus aus England anzukurbeln.

Unter solchen vordergründigen Aspekten, die aber für das Land nicht unwichtig sind, stellt sich die Frage, ob der Landeshauptmann seine persönlichen Gedanken zur Geschichte, wenn sie eine symbolträchtige Figur wie Churchill betreffen, nicht besser für sich behalten hätte sollen.

Die internationalen blauen Beziehungen

Die internationalen Beziehungen der freiheitlichen Partei sind seit langem ein Kapitel, das außerordentlich dünn ist. Diese Situation ist für eine Partei, die ein Drittel der Bevölkerung repräsentiert, dramatisch. Es gibt so gut wie keine Partnerorganisationen im Ausland. Jene Parteien, die sich gerne als Schwestern der Freiheitlichen sehen würden, gelten als extrem rechts und kommen daher schon aus Imagegründen nicht in Frage. Sowohl der Vlaams Blok als auch die Front National haben immer wieder Annäherungsversuche unternommen. Sie wurden aber von offizieller freiheitlicher Seite abgewiesen. Die Allianza Nationale hat ihre Europapolitik im Jahr 1998 dramatisch geändert. Sie wurde von einer Partei, die stark den Nationalstaat im Auge hatte, zu einer äußerst proeuropäischen, ja Pro-Maastricht-Partei. Die Allianza war sowohl für die Einführung des Euro, als auch für das teilweise Abgehen vom Veto-Recht der EU-Mitgliedstaaten im Rat. Die europapolitische Einstellung der Freiheitlichen war für die Allianza ein Grund gewesen, einer Zusammenarbeit auszuweichen. Es sind nicht nur die fünf freiheitlichen Abgeordneten im Europaparlament isoliert, die Partei ist auch als solche institutionell nirgends eingebunden.

Der einzige Freund, der geblieben ist und der sich auch dazu bekennt, ist die Lega Nord. Im Europäischen Parlament sind die vier Abgeordneten der Lega, einschließlich ihres Führers Umberto Bossi, genauso isoliert wie die Freiheitlichen, der Vlaams Blok oder die Front National. Eine stille Zusammenarbeit zwischen Lega Nord und Freiheitlichen hat es schon vor der Europawahl längere Zeit hindurch gegeben. Es war dies allerdings eine technische Zusammenarbeit, die auf die Aufteilung der Redezeiten und ähnliche Dinge Auswirkungen hatte.

Der angeblich zufällige Auftritt Haiders bei einer Veranstaltung der Lega Nord in Vicenza ist keineswegs unbemerkt geblieben. Sowohl für die Bundespartei auf europäischer Ebene als auch in gewissem Maße für Kärnten hat dieses öffentlich dokumentierte Naheverhältnis des Bundesparteiobmannes und Landeshauptmannes Auswirkungen.

Die Frage ist nun, wie diese beiden Parteien ideologisch miteinander verwandt sind, ob sie zusammenpassen, und ob es vielleicht hier wirklich eine zukünftige Allianz geben könnte. Es stellen sich die Fragen: Woher kommt diese Lega Nord? Wie ist sie strukturiert? In welchen Bereichen hat sie tatsächlich eine Ähnlichkeit zu den Freiheitlichen? Und wo ist der historische Werdegang beider Parteien ähnlich verlaufen?

Die Lega Nord

Der Erfolg der Lega Nord, der erst nach dem Jahre 1989 (ebenso wie jener der FPÖ) voll zum Tragen kam, inzwischen aber wieder stark abgebröckelt ist, kann als Ausdruck eines Art norditalienischen „Wir-Effekts“ bezeichnet werden. Diese Partei hat eine Zeitlang nach Überwindung ihrer rein kleinregionalen Phase die Behauptung aufgestellt und auch glaubhaft gemacht, daß sie norditalienische Gesamtinteressen vertrete. So konnte sie zeitweilig eine recht breite Wählerschaft zustande bringen. Inzwischen ist sie wieder auf regionales Kleinformat zusammengeschrumpft. Dem gegenüber ist ja die freiheitliche Partei, auf Österreich bezogen, eine politische Großmacht. Die zwei Parteiführer Bossi und Haider sind beide die zentralen, schillernden Figuren ihrer Parteien. Der eine ist aber bewußt und betont Regional- oder Provinzpolitiker. Der andere ist zwar Landeshauptmann, aber immerhin auch der Chef einer österreichweiten Partei.

Vieles in ihrer Art, Politik zu betreiben ist durchaus vergleichbar. Der Weg von überzogenen Maximalismen in ihren Forderungen zu realpolitischen Kompromissen ist in beiden Fällen kurz. Die Härte des Tons und die oft provokative Färbung der Rede kann als Markenzeichen Bossis betrachtet werden, paßt aber auch sehr gut zu Haider.

Auch was die Lega Nord anlangt, ist eine ideologisch klare Einordnung eher schwierig. Sie war sicherlich nie rechtsextrem. Auf der anderen Seite war sie in gewisser Weise extremistischer als die rechten Parteien Europas. Sie war nämlich die einzige im europäischen Parteienspektrum, die einen klaren Generalangriff auf ihren eigenen Staat, Italien, gestartet hat. Sie versteht sich als eine rein norditalienische Partei. Interessant ist auch ihr Verhältnis zum Faschismus. Sie versteht sich nämlich als eine Partei in der Tradition des bürgerlichen Antifaschismus'. Es ist wohl sehr umstritten, ob man die Lega Nord als rassistische Partei bezeichnen kann. Daß sie klar zum

Wohlstandschauvinismus neigt, wenn sie vom Reichtum des Nordens nichts an den Süden abgeben will, steht außer Frage. Von einigen Politologen wird der Wohlstandschauvinismus aber als eine moderne Variante rassistischen Denkens verstanden. Auch in der Politik der Freiheitlichen ist, wie mehrfach ausgeführt wurde, das Phänomen des Wohlstandschauvinismus stark ausgeprägt. Dies kommt sowohl in der bisherigen Haltung gegenüber der Osterweiterung der EU als auch in der europäischen Politik insgesamt stark zum Ausdruck.

Die Lega Nord greift die latent vorhandenen Ressentiments des Nordens gegen den Süden auf, spitzt sie provokativ zu und sichert sich die Zustimmung breiter Bevölkerungskreise. Sie verfügt also in der öffentlichen Meinung über eine starke Identifikation als Kämpfer für die Rechte des italienischen Nordens. Da die Lega sehr deutlich für Privatisierung eintritt, kann man sie als neo-liberale Partei bezeichnen.

Umberto Bossi konnte seine Position durch den Zusammenschluß aller Ligen zur Lega Nord im Jahre 1991 stärken. Trotzdem kann man sagen, daß 1989 das wichtigste Jahr für die italienischen Ligen, die in der Lega Nord gemündet sind, war. Sie konnten damals zum ersten Mal sehr beachtliche Wahlerfolge erzielen. Der Aufschwung ist also zeitgleich mit jenem der Freiheitlichen und hängt ebenfalls bis zu einem gewissen Grad mit dem Fall des Eisernen Vorhanges zusammen.

Der Aufstieg der Lega hing vom Niedergang des alten Parteiensystems ab. Durch den Niedergang des Kommunismus in den ehemaligen Ostblockländern verschwand auch der Ost-West-Konflikt. Damit war die Legitimationslogik des alten Systems in Italien, nämlich die Notwendigkeit der Christdemokraten und ihrer Partner als Gegengewicht zu der starken kommunistischen Partei, weggefallen. Die Lega selbst hat die „Perestroika“ als Initialzündung ihres Durchbruches bezeichnet.

Die politischen Entwicklungen im Jahre 1992, das ein besonders schwieriges für Italien war, wirkten sich für die Lega und ihren Führer Bossi sehr positiv aus. Die zahlreichen Verhaftungen von bedeutenden Persönlichkeiten aus Politik und Wirtschaft, die Ereignisse um die Beisetzungsfeierlichkeiten der Anti-Mafia-Richter Falcone und Borsellino und die steigende Bedeutung des organisierten Verbrechens warfen ein schlechtes Licht auf die Problemlösungskapazitäten der römischen Regierung. Die alten großen Parteien waren auf dem Tiefpunkt ihres Ansehens. Die Einführung des Mehrheitswahlrechtes, das durch ein Referendum ermöglicht wurde, war für die Weiterentwicklung der Lega von größter Bedeutung. Sie konnte Mitte 1993 in großen norditalienischen Städten die Mehrheit erzielen und auch Bürgermeister stellen. Darunter befand sich sogar Mailand.

Die wichtigsten Themen der Lega, deren Wählerschaft nicht mehr nur aus dem Mittelstand, sondern, ähnlich wie bei der FPÖ, auch aus der Arbeiterschaft stammte, waren das Aufzeigen bürokratischer Ineffizienz, der Korruption, der Protest gegen die römische Zentralregierung und allem voran der Protest gegen die finanzielle Ungleichbehandlung des Nordens und des Südens. Anti-Einwanderungsargumente spielten allerdings eine eher geringe Rolle.

Der wichtigste Grund für den Erfolg der Lega Nord aber ist, das muß nochmals betont werden, der von ihr geschürte Nord-Süd-Gegensatz. Die Spaltungstendenz, die je nach Opportunität stärker oder weniger stark betrieben wird, des subventionsabhängigen Südens vom steuerpotenten Norden ist und war das Hauptargument. Dieser Gegensatz ist bis heute nicht überwunden. Die Tatsache, daß in Süditaliens Sozialstruktur immer noch auf Korruptionsmafia und Klientismus ausgerichtete Tendenzen vorhanden sind, gibt den Anhängern der Lega das Gefühl, daß ihre in den Süden transferierten Steuerleistungen in den falschen Kanälen verschwinden. Die Argumentation, daß die vorhandenen Krisen nur durch eine Teilung des Staates überwunden werden können, scheint aber im Hinblick auf die stabilisierte Wirtschaftslage und die Erreichung der Konvergenzkriterien für die Einführung des Euro zumindest zunächst überwunden zu sein.

Die Lega Nord als einziger offizieller Partner oder Freund der Freiheitlichen darf zwar nicht als Katastrophenszenario dargestellt werden, ist aber auch keine Visitenkarte der internationalen Akzeptanz. Sie wäre nur ein Partner für einen Kärntner Landeshauptmann, der das in seiner Vergangenheit wahrscheinlich nicht sehr ernstgemeinte Thema vom „Freistaat Kärnten“ wieder aufleben läßt.

Kärntens Außenpolitik

Man muß heute zwischen den internationalen Beziehungen, die Haider als Landeshauptmann für sein Bundesland pflegt oder schmiedet, und den internationalen Beziehungen der Partei unterscheiden. Da aber Personalunion zwischen Bundesparteiobmann und Landeshauptmann besteht, ist eine völlige Trennung nicht möglich.

Kärnten wird, um wirtschaftspolitisch mittel- und langfristig Erfolg zu haben, für eine starke Positionierung im Alpe-Adria-Raum sorgen müssen. Seine geopolitische Lage kann dem Land viele Vorteile bringen. Dazu sind aber hervorragende Beziehungen zu den Nachbarstaaten und Regionen notwendig.

Der neue Landeshauptmann bemüht sich sichtbar darum, Kärntens Rolle im Alpe-Adria-Raum zu verstärken. Anfang Dezember 1999 hat er das Kärnten-Büro in Brüssel neu eröffnet. Er hat dem neuen Büro die Aufgabe zugeordnet, *„die überregionale Zusammenarbeit mit Slowenien und den italienischen Regionen zu repräsentieren und voranzutreiben“*. Leider besteht diese Drei-Länder-Partnerschaft in Brüssel scheinbar vorläufig nur in Absichtserklärungen. Gäste aus Slowenien und Italien waren nämlich laut Pressemeldungen bei der Eröffnung keine anwesend.

Dafür hatten sich auf der Straße Demonstranten mit üblen Parolen eingefunden. Daß dieser „Aufmarsch" von österreichischer Seite initiiert war, dürfte feststehen.

Der österreichische EU-Kommissär Franz Fischler war zur Eröffnung gekommen. Haider mußte sich in seinem eigenen Kärntner Büro von ihm bei der Eröffnungsrede schulmeistern lassen: *„Nationalismus, Fremdenfeindlichkeit und Isolationismus gehören in die Mottenkiste der Geschichte"* ... und: *„Wer Ausgrenzung und Ausländerfeindlichkeit zum Prinzip erhebt, hat den europäischen Gedanken nicht verstanden."* Fischler rüffelte Haiders „Padanien"-Ausflug und gab schließlich seiner Hoffnung Ausdruck, *„daß die Lernkurve mit der Frequenz der Brüssel-Besuche steigt"* und er *„in diesem Sinne Haider möglichst oft in Brüssel begrüßen wolle"*. („Kleine Zeitung", 8. Dezember 1999)

Diesen Auftritt Fischlers muß man ernst nehmen. Er hat dem Bundesland Kärnten die Ehre erwiesen. Gleichzeitig hat er den Landeshauptmann mit unmißverständlichen Worten getadelt. Am glatten Brüsseler Parkett ist diese direkte und deutliche Sprache bei einem gesellschaftlichen Anlaß bisher kaum vorgekommen und muß als deutliche Absage an die Person Haider gedeutet werden. Allerdings läßt Fischler den Ausweg offen, daß sich Haider „bessern" könne.

Erfreulich, wenn Haider das Kärntner Büro in Brüssel „ein Aushängeschild für grenzüberschreitende Zusammenarbeit, das europaweit Beispielwirkung haben soll" nennt. Das wäre aktive Außenpolitik für Kärnten. Bedauerlich allerdings ist, daß in Wirklichkeit noch gar keine konkrete Kooperation zustande gekommen sein soll, während Haider sie als bereits fixiert dargestellt hat. Damit entsteht wieder dieser üble Beigeschmack des Taktierens, den man von einem Oppositionspolitiker akzeptieren kann aber nicht von einem Regierungschef.

Die Vergangenheit hat Haider wieder einmal eingeholt. Er hat jetzt als Kärntner Landeshauptmann die Möglichkeit, sich von diesem Teil seiner Vergangenheit sukzessive abzunabeln.

Demonstrationen und schulmeisterliche Vorwürfe sollten bald der Vergangenheit angehören, wenn er in Zukunft sichtbar den Weg der Toleranz und Völkerverständigung beschreitet. Immerhin kam es, gerade was die Kärntner Volksgruppenfrage anlangt, in seiner ersten Amtsperiode als Kärntner Landeshauptmann zu einer Beruhigung. Damals wurde ein eigenes Referat geschaffen und der Volksgruppenkongreß eingerichtet. Dieser wurde 1999 in Bad Eisenkappel zum zehnten Mal durchgeführt.

Bei diesem Kongreß hat Haider in seiner Rede bemerkenswerte Worte gefunden. *„Wie werden Europa zeigen, daß Kärnten einen Modellfall des zukünftigen Regionalismus darstellen kann."* Wenn dieser Ankündigung konkrete Taten folgen, kann man auch hier von „aktiver Außenpolitik" des Landeshauptmannes sprechen.

Eine Bewertung

Positive politische Inhalte in volksnaher, ja selbst in polemischer Weise zu verkaufen, ist ein Bestandteil des Marketings, gegen den wenig einzuwenden ist. Heute ist politischer Erfolg eben nur dann möglich, wenn die „Produkte" in effizienter Weise verkauft werden. Alle Parteien und nicht nur die Opposition sind längst dazu übergegangen, marktschreierisch und oft polemisch zu agieren. In der heutigen Gesellschaft wird diese Vorgangsweise nicht nur toleriert, sondern sogar gewünscht. Tüchtig und erfolgreich ist nur der, der sich auch durchsetzen kann, und dazu bedarf es keiner Zurückhaltung. Auf Dauer dürfte es in der Politik aber genauso sein wie in der Industrie. Auch ein hervorragendes Auto braucht, um sich am Markt durchzusetzen, gute Werbung. Eine Zeitlang ist es auch möglich, eine Automarke mit Hilfe einer Werbung, bei der die Produktwahrheit nicht stimmt, erfolgreich zu verkaufen. Wenn sich aber einmal herausstellt, daß Mängel vorhanden sind und daß die Werbung Dinge versprochen hat, die bei der Benützung des Fahrzeuges nicht eingetreten sind, werden die Konsumenten bald zu einer anderen Marke übergehen. Aus diesem Vergleich läßt sich ableiten, daß es für die politische Zukunft in Österreich interessant wäre, den Freiheitlichen die Möglichkeit zu geben, mitzuregieren. Nur unter diesen Voraussetzungen könnten und müßten sie beweisen, ob sie in der Lage sind, die von ihnen selbst sehr hoch gesteckten Erwartungen einzulösen. Der Wahrheitsbeweis müßte angetreten werden.

Die Frage, ob die Freiheitlichen rechtspopulistisch sind, kann nicht nach dem Kriterium ihrer Wurzeln, die zum Teil im nationalsozialistisch orientierten Bevölkerungsreservoir lagen, beurteilt werden. Wenn man das Parteiprogramm untersucht, wird man auf keine Hinweise stoßen, die Anlehnungen an nationalsozialistisches Gedankengut zulassen.

Das Erstarken der Freiheitlichen hing aber über einen langen Zeitraum mit politischen Gesinnungen zusammen, die man als rechtsgerichtet bezeichnen kann. Allein die Parole „Österreich zuerst" ist ein Aufruf zu Egoismus, Wirtschafts- und Sozialchauvinismus. Der wachsende Erfolg der Freiheitlichen fällt zeitlich mit dem Fall des Eisernen Vorhanges und seinen sozial- und wirtschaftspolitischen Folgewirkungen zusammen. Österreich hatte als neutrales Land zwischen den beiden großen politischen Systemen ein Selbstverständnis, das in der Bevölkerung stark verankert war und gerade mit dem hier herrschenden System der Sozialpartnerschaft gut zusammenpaßte. Unbestritten war auch die Neutralität, eine fast logische Notwendigkeit für ein Land, das als Puffer zwischen den Blöcken lag. Mit dem Niedergang des Kommunismus hatte dieses österreichische Selbstverständnis seine Logik verloren. Der Österreicher befand sich jetzt im Zentrum eines freien Kontinentes, war völlig neuen Gefahren ausgesetzt und hatte auch die große Chance, aus dieser Situation zu profitieren.

Die freiheitliche Partei hat frühzeitig mit Negativargumenten in Zusammenhang mit den neuen europäischen Realitäten und Entwicklungen operiert. Die Probleme, die sich aus der verstärkten Zuwanderung aus dem Osten und aus den Asylfragen im Zusammenhang mit den Kriegen in den Nachfolgestaaten Jugoslawiens ergaben, wurden zu einem Hauptthema freiheitlicher Politik. Die angebliche Gefahr, die sich aus dem Beitritt zur Europäischen Union und aus dem Beitritt zur Wirtschafts- und Währungsunion ergeben sollte, wurde thematisiert. In der logischen Fortsetzung dieser politischen Argumentationsreihe wurde auch die Osterweiterung der Europäischen Union als große Gefahr für die heimische Bevölkerung in die Wahlkämpfe eingebracht. Bei all diesen bedeutenden Fragen unserer Gegenwart haben die Freiheitlichen eine Art negative, populistische Themenführerschaft übernommen. Mit diesen Themen konnten sie weite Kreise der früheren sozialistischen Wählerschaft ansprechen und überzeugen. Die Freiheitlichen haben die sozialen Ängste, die sich aus der Ostöffnung und dem EU-Beitritt ergeben, zu instrumentalisieren verstanden. Sie haben die Regierung für wirtschaftliche und soziale Entwicklungen, die sich aus der politischen Großwetterlage ergeben haben, verantwortlich gemacht. Die Wahlergebnisse beweisen, daß sie es für viele Menschen in glaubhafter Weise getan haben.

Heute verfügt die freiheitliche Partei über nahezu 30 % der Stimmen. Gleichzeitig sind aber einige Feindbilder, gegen die sie polemisiert hat, Realität geworden. Österreich ist Mitglied der Europäischen Union, die Währungsunion ist verwirklicht und der Euro wird im Jahr 2002 auch physisch in Erscheinung treten. Die Osterweiterung ist eine beschlossene Sache. Wenn daher die Freiheitlichen in dieser europäischen Realität Regierungsverantwortung übernehmen wollen, werden sie nicht umhin können, ihre radikalen Meinungen zu revidieren. Die größte Bedeutung hat eine Bundesregierung heute durch ihre Möglichkeit, im Europäischen Rat Entscheidungen mitzutreffen. Daß Politiker, vor allem der kleinen Staaten, aus Prestigegründen und Geltungsdrang Realitätsverleugnung betreiben und so tun, als hätte sich in Europa wenig geändert, ist vielleicht verständlich, läßt aber an der Weitsicht und Größe solcher Politiker Zweifel aufkommen.

Populismus ist, wie schon erörtert, eine politische Taktik, aber keine eigenständige Ideologie. Unter bestimmten gesellschaftspolitischen Rahmenbedingungen und in Phasen der Geschichte, wo breite Schichten der Bevölkerung Angst vor Veränderung haben, haben Personen, die die bestehenden Sorgen der Menschen in populistischer Weise behandeln, große Chancen, erfolgreich zu sein. Die neuen europäischen Rahmenbedingungen, gekoppelt mit der weltweiten Globalisierung, waren der geeignete Nährboden für die Freiheitlichen unter Jörg Haider, um ihr Wählerspektrum so stark auszuweiten, daß sie zu einer machtpolitisch nicht mehr übersehbaren Größe in Österreich geworden sind.

Kann man einer politischen Bewegung, die zur Erreichung ihrer Ziele populistische Argumente eingesetzt hat, die zum Teil überzogen waren, das Recht mitzuregieren auf Dauer absprechen? Darf diese Partei eingestehen, daß rechtspopulistische Methoden der einzig mögliche Weg für sie war, zum Ziel zu kommen, und in der Folge ihre Inhalte den realpolitischen Notwendigkeiten anpassen? Oder ist es sinnvoll, einer solchen Gruppierung, die ein so breites Spektrum der Bevölkerung umfaßt, für alle Zeiten die Möglichkeit abzusprechen, ihr zweifelsohne vorhandenes Potential an regierungsfähigen Köpfen einzubringen?

Die politische Diskussion mit den Freiheitlichen muß auf der Basis einer fairen Auseinandersetzung um Sachthemen geführt werden. Sinnlos wäre es, ewig nur Fehler der Vergangenheit zu behandeln und auf diese Weise einen Dialog gar nicht aufkommen zu lassen. Die Freiheitlichen ihrerseits müssen eingestehen, daß sie ihre politische Linie durch eine teilweise falsche Wortwahl degradiert haben. Sie müßten auch bereit sein, in allen Sachbereichen zu einer diskutierbaren Linie zurückzufinden.

Die beiden Systemparteien, die schon zu lange gemeinsam an der Macht sind, müßten erkennen, daß das Frustrationspotential innerhalb der Gesellschaft noch lange nicht ausgeschöpft ist. Sie müßten endlich für Transparenz im politischen System sorgen und das Image, daß auf allen Ebenen nur um Machterhaltung und Posten gekämpft wird, endlich durch konkretes Handeln überwinden.

Der Antifaschist und die Ausländer

Der freiheitliche Europaabgeordnete Peter Sichrovsky schreibt zum Thema der Fremdenpolitik in seinem Buch „Der Antifa-Komplex – Das korrekte Weltbild" folgendes:

„Der Antifaschist erhebt den Anspruch, eine Art Schutzmacht für den Ausländer zu sein, ohne einen Kontakt zu ihm zu haben, ohne ihn zu kennen und ohne jemals ein Wort mit ihm gesprochen zu haben. Er degradiert ihn zu einem Bedürftigen, einem, der seine Hilfe braucht, und beugt sich gnadenvoll zu ihm herab. Wie in vielen Fällen wird hier die Opfersuche das Mittel zum Zweck der politischen Auseinandersetzung."

Sichrovsky vereinfacht in polemischer Weise die Gegensätze. Er macht es sich in seiner Argumentation zu leicht. Wenn Sichrovsky der Meinung ist, daß in der politischen Auseinandersetzung auch eine Antieinwanderungspolitik legitim ist, und daß eine demokratisch gewählte Partei das Recht hat, eine solche Linie zu vertreten, hat er zweifelsohne recht. Voraussetzung für eine „objektive" Beurteilung der Vertreter einer Anti-Ausländer-Politik aber ist, daß sie selbst dieses Thema mit der gebührenden Sachlichkeit behandeln. Es dürfen zu Lasten bestimmter Bewohner eines Landes durch das Schüren von Ressentiments keine Wahlstrategien ausgeheckt werden. Der von Sichrovsky so genannte Antifaschist degradiert den

Ausländer keineswegs zu einem Bedürftigen, wenn er den Mut hat, sich auf seine Seite zu stellen und für seine Rechte einzutreten. Eine Opfersuche zur politischen Auseinandersetzung ist deshalb nicht notwendig, weil die Opfer ja tatsächlich von der anderen Seite bestimmt werden. Ausländische Bürger in Österreich, denen die Möglichkeit genommen wird, ihre Kinder nachkommen zu lassen, sind solche Opfer. Man muß sie nicht erst suchen.

Der Gedanke, für in Österreich legal lebende Einwanderer eine sogenannte A-Karte einzuführen, die diese stets bei sich tragen und über Aufforderung vorweisen müßten, ist der beste Weg zu einer Zweiklassengesellschaft, die Österreich nicht anstreben darf und kann. Der Vergleich mit der amerikanischen Green-Card ist irreführend. Die Green-Card ist keinesfalls ein Dokument, das man bei sich tragen und vorweisen muß. Jedenfalls ist diese berühmte Green-Card auch ihrerseits Ausdruck einer restriktiven Einwanderungspolitik und ihre Handhabe überaus bürokratisch und so gestaltet, daß vielfache Mißbräuche betrieben werden. Also keineswegs ein Modell, das Europa oder Österreich anstreben sollte. Es ist kontraproduktiv, eine Idee wie die A-Card gerade in einer Zeit, wo die Freiheitlichen um Verbesserung ihres internationalen Images bemüht sind, einzubringen. Dieses Modell provoziert ja geradezu Assoziationen mit einer Epoche, von der sich die Freiheitlichen mit größter Mühe sehr weit entfernt ansiedeln wollen.

In der Frage der Familienzusammenführung nimmt die freiheitliche Partei eine unmenschliche Haltung ein. Es ist höchst an der Zeit, daß sie hier eine Änderung vornimmt. Die vorhandenen Einwandererquoten sollen vor allem dazu herangezogen werden, um hier bereits ansässigen und in Österreich arbeitenden Einwanderern die Möglichkeit zu bieten, ihre Kinder und ihre Ehepartner nachkommen zu lassen. Menschen auf Dauer dazu zu zwingen, von ihren engsten Mitmenschen getrennt zu leben, ist ein Vergehen gegen die Menschheit, das unverzeihlich ist. Hinter dieser unmenschlichen Forderung steht auch kein nachvollziehbarer ökonomischer Sinn. Im Gegenteil, für die Integration der Einwanderer ist es unbedingt notwendig, ihnen ein geordnetes, vollwertiges Familienleben zu ermöglichen.

Dazu müßte sich eine Partei, die sich gerne als Familienpartei sieht, bekennen.

Die Flüchtigkeit aller Überzeugungen

André Malraux, der in seiner Jugend dem Kommunismus nahegestanden hatte, wußte als Autor der „Condition humaine" über die „Flüchtigkeit aller Überzeugungen" Bescheid.

Die sich ändernde Haltung der politischen Parteien vor und nach Wahlen geben Malraux recht.

Vor den Wahlen war es für die Freiheitlichen wichtig, sich in vielen Fragen mit deutlichen Argumenten von den anderen Parteien abzugrenzen. Die Unterscheidbarkeit wurde gesucht. Im Gegensatz zum „rot-schwarzen Einheitsbrei" sollte sich die Oppositionspartei als die deutlich erkennbare Alternative darstellen.

In der Nachwahlzeit wurden hingegen krampfhaft Gemeinsamkeiten mit den anderen Parteien gesucht. Alles war darauf ausgerichtet, Gegensätze abzubauen und in wichtigen politischen Fragen einen gemeinsamen Nenner zu finden. Um dieses Ziel zu erreichen, haben die Freiheitlichen seit dem 3. Oktober 1999 in wesentlichen Fragen starke Richtungsänderungen vorgenommen.

Es scheint, als bestünde Bereitschaft, für die Erreichung der Macht vieles von den Inhalten, die im Wahlkampf gepredigt wurden, zu opfern.

Die ÖVP-Abgeordnete Pechner zeigt sich in einem „News"-Interview überrascht über den „erstaunlich großen Konsens" zwischen ÖVP und FPÖ. Viele der FPÖ-Mandatare, die eine

Zusammenarbeit mit der ÖVP immer als eine „Horrorvision" bezeichnet haben, dürften mit umgekehrten Vorzeichen ähnliche Gefühle haben.

Frau Pechner begründet ihr Erstaunen mit den Worten: *„Weil die Freiheitlichen überraschend viel über Bord geworfen haben, was vor den Wahlen für sie noch sehr wichtig war. Beispielsweise scheint die EU-Osterweiterung jetzt für sie kein Thema mehr zu sein."*

Auf die Frage, ob die FPÖ vielleicht jetzt umgedacht habe und im Wahlkampf alles nur Polemik war, sagt sie: *„Aber genau diese Polemik im EU-Wahlkampf hat mich ja so erschüttert. Da wurde die EU generell in Frage gestellt und die Bevölkerung dadurch verunsichert. Das war für mich politischer Meinungsmißbrauch. Alles das ist aber plötzlich kein Thema mehr. Und das nährt mein Mißtrauen."*

Die Richtungsänderungen der FPÖ mögen sachlich richtig sein, sie widersprechen aber sicher den inhaltlichen Erwartungen vieler freiheitlicher Wähler. Das ist ein Argument, das vor allem im Zusammenhang mit dem „Vertrag mit dem Bürger" Gewicht hat.

Es stellt sich also die Frage, ob polemische Aussagen vor der Wahl ernst gemeinter politischer Inhalt waren. Oder waren es hauptsächlich taktische Manöver? Und die Richtungsänderungen nach der Wahl? Sind diese jetzt Taktik oder kommt erstmalig der wahre politische Wille zum Ausdruck? Gilt jetzt plötzlich das, was viele schon lange für vernünftige Politik gehalten haben und das sie vergeblich eingefordert haben?

Die Flüchtigkeit der Überzeugungen scheint zum Markenzeichen der österreichischen Politik geworden zu sein. Auch das Schauspiel, daß die ÖVP in den letzten Monaten bot, hat in dieser Hinsicht alles in den Schatten gestellt. Wer erinnert sich nicht an die Oppositionsschwüre quer durch die Bundesländer und durch die Bünde? Bei der ÖVP heißt seit dem Parteibeschluß vom Dezember 1999 Wortbruch „Beschlußerweiterung".

Die Überzeugung wurde um die Überzeugung vom Gegenteil erweitert.

Damit wurde auch der Horizont des politischen Taktierens um einiges erweitert.

4. Teil Europa

Gelebte Identität

Seit dem Beitritt Österreichs zur Europäischen Union hat sich mehr geändert als viele Politiker wahrhaben wollen. Viele Kompetenzen aus dem nationalen und regionalen Bereich wurden nach Brüssel übertragen. An die 80% der gesetzlichen Bestimmungen kommen bereits auf europäischer Ebene zustande.

Die Zuständigkeit der Länder wurde sehr stark ausgehöhlt. Die in der Länderkompetenz verbliebenen Agenden rechtfertigen kaum die riesigen Apparate der Landesregierungen und Landtage. Wenn man die Größe und Bevölkerungszahl unserer Bundesländer anschaut, muß man zu der Erkenntnis kommen, daß sie überadministriert sind. Die europäische Realität würde ein großes Einsparungspotential mit sich bringen. Aber die Angst vor Identitätsverlust verhindert eine seriöse Diskussion über dieses Thema. Mit zunehmender Integration scheint der „Kantönli"-Geist zu steigen. Die Logik würde es verlangen, daß das Entstehen neuer Kompetenzen auf einer Seite zu einem Abbau auf der anderen führt. Der steirische Landespolitiker Hirschmann hat in diese Richtung laut gedacht. Er hat in ein Wespennest gegriffen.

Mit dem Zusammenwachsen Europas steigt das Bedürfnis, die regionale Kultur und Identität zu pflegen und zu erhalten. Das ist gut so. Es wird auch von seiten der EU gefördert und unterstützt. Kultur, Sprache und Brauchtum sind aber in den Menschen verankert. Die Identität wird gelebt und nicht administriert.

Europa wird noch zu wenig verstanden. Wo Ergänzung sein sollte sind Gegensätze, wo Einsparung möglich wäre entsteht Doppelgleisigkeit. Die Rollenverteilung funktioniert noch nicht. Die politischen Spieler der verschiedenen Ebenen spielen noch nicht miteinander sondern gegeneinander.

Das Europaparlament

Als freiheitlicher Abgeordneter hatte und hat man im Europäischen Parlament einen schweren Stand. Man galt als einer, der eine Partei vertritt, die gegen den Beitritt Österreichs zur Europäischen Union war. Die Parteiführung in Wien hätte gerne gesehen, daß ihre Europaabgeordneten gegen das meiste ankämpften, was der Mehrheit der anderen Abgeordneten und den meisten europäischen Beamten gut und heilig ist. Die Freiheitlichen sind auch stets für eine Schwächung des Europäischen Parlamentes zugunsten der nationalen Parlamente eingetreten. Dies wurde unter Europaparlamentariern als eine Art Nestbeschmutzung betrachtet.

Das Europäische Parlament ist eine weltweit einzigartige Schöpfung. Hier treffen Menschen aller nur denkbaren politischen Richtungen aus allen Teilen Europas zusammen. Verschiedene Mentalitäten und ideologische Richtungen, ungleiche Einstellungen zu Europa und sehr unterschiedliche Motive, diesem Parlament angehören zu wollen, stoßen aufeinander und ergänzen sich. Das Plenum dieses großen Hauses ist eine Art Bühne. Die meisten Abgeordneten benehmen sich auf dieser Bühne, wenn sie zu Wort kommen, wie Schauspieler. Dort vertreten sie jene Meinungen, die ihnen die Parteiideologen in ihren Hauptstädten vorgeben. Sie stehen häufig unter dem Druck der sie beobachtenden Medien. Wenn sie von der Bühne des Plenums heruntersteigen, werden sie zu ganz normalen Menschen, die manchmal über das, was sie soeben gesagt haben, sogar lachen können. Europaabgeordnete, die keine Fremdsprachen beherrschen (auch solche gibt es!), können die Vielfalt des Hauses weder intellektuell noch emotionell ausschöpfen. Sie führen, an die Kopfhörer gefesselt, ein eher stumpfes Dasein. Gerade solche Abgeordnete, die unter dieser Art von technischer Kommunikationsbehinderung litten, neigten häufig zu kompromißlosen politischen Ansätzen und waren gegenüber der Institution des Europaparlamentes sehr kritisch eingestellt.

In den Ausschüssen des Europäischen Parlaments geht es um Sachfragen. Jeder, der dort Kompetenz zeigt, kann sich durchsetzen und wird akzeptiert. Das Lagerdenken wird durch Gestaltungswillen zurückgedrängt. Wer destruktiv agiert, wird langsam aber sicher ins Abseits geschoben.

Es ist schwierig und teilweise unbefriedigend, in diesem Parlament für eine Partei tätig zu sein, die sich auch auf europäischer Ebene der totalen Oppositionsrolle verschrieben hatte: Opposition nicht nur in Österreich, sondern Opposition auch in Brüssel und Straßburg, und zwar gegen alles und gegen jeden. Das gewünschte Abstimmungsverhalten im Parlament war es, so oft wie nur möglich einfach dagegen zu sein. Als Opposition sei man, laut damaliger Meinung der Bundesparteileitung, grundsätzlich immer gegen den Haushaltsvorschlag. Man findet freilich in jedem Haushaltsvorschlag Elemente, die sich als Begründung, dagegen zu sein, eignen. Die Frage, die sich für einen verantwortungsbewußten politischen Repräsentanten aber stellt, ist die, ob einzelne, kleinere Schwachstellen die Ablehnung eines Budgets, das grundsätzlich in die richtige Richtung geht, rechtfertigen können.

Die Europäische Union verfügt über Elemente, die sie zu einer Umverteilungsinstitution machen. Als reiches Land ist Österreich nach dem Beitritt von vorneherein eher in eine Geber-Position gekommen. In den Nettozahlerstaaten haben es die europakritischen Parteien verhältnismäßig leichter, mit ihren Argumenten an die Wähler heranzukommen, als in den Empfängerstaaten. Mit Hilfe der klassischen Argumente des Sozialchauvinismus werden die Emotionen der sich benachteiligt fühlenden Bürger leicht gegen die EU aufgeschaukelt. Es ist keine große Kunst, Rechenbeispiele aufzustellen, die große Gruppen von Staatsbürgern ärgern und sie gegen ein System, in dem sie sich benachteiligt fühlen, aufzubringen. Hingegen stoßen jene, die zukunftsorientierte, proeuropäische Visionen haben und die anerkennen, daß die Erhaltung von Frieden und Wohlstand für unsere Nachkommen ihren Preis haben, den wir heute zahlen müssen, bei einem großen Teil der Bevölkerung auf Unverständnis.

Die FPÖ hat in der Europapolitik in der Vergangenheit auf sozial- und wirtschaftschauvinistische Argumente gesetzt und diese auch im Europäischen Parlament zum Ausdruck gebracht. Mit dieser Argumentation befanden sich die freiheitlichen Abgeordneten innerhalb einer Minderheit, der man großes Mißtrauen entgegenbrachte. Gleichzeitig waren sie mit dem tief verankerten Ruf, einer rechtsextremen Gruppierung anzugehören, belastet. Jeder der freiheitlichen Abgeordneten begann seine Arbeit im Europäischen Parlament mit dieser Punzierung. Es war zunächst nicht die europapolitische Haltung, sondern der Ruf des Rechtsextremismus, der bewirkte, daß die Freiheitlichen in keine Fraktion aufgenommen wurden. Die Bemühungen, von diesem Ruf wegzukommen, wurden strategisch falsch aufgezogen. Statt eine klare Ideologie aufzubauen, die die Partei im Europäischen Parlament als glaubhafte Mitte-Rechts-Gruppe positioniert hätte, versuchte man, bei gewissen Randgruppen Sympathien zu gewinnen. Man versuchte dies, indem man oft in heiklen Fragen eher unglaubwürdige Minderheitsmeinungen vertrat. Auch die Tatsache, daß Ende 1996 je ein freiheitlicher Abgeordneter aus dem links-liberalen beziehungsweise links-grünen Lager kam, hatte dem Ansehen der Partei auf europäischer Ebene nur wenig nützen können. Die gelegentlichen Anbiederungsversuche in diese Richtungen wurden von den großen Fraktionen eher als politische Unreife betrachtet.

Die Freiheitlichen hätten von allem Anfang an konsequent den Weg der Fraktion „Union für Europa" mitgehen sollen. Es handelte sich um jene Fraktion, die für sich damals zurecht den Anspruch erhob, die echte Alternative zu den großen Gruppierungen der Sozialdemokraten und der Europäischen Volkspartei darzustellen. Viele politische Entscheidungen werden im Europäischen Parlament zwischen den zwei großen Fraktionen, ähnlich wie im österreichischen

Proporzsystem, unter der Hand ausgehandelt. Die Fraktion „Union für Europa“ stellte zu diesem unschönen und frustrierenden System, das viel an Kreativität und Innovation unterdrückte, eine echte Alternative dar. Die Haltung dieser Fraktion zu den europäischen Einigungsbewegungen und zu den wesentlichen Fragen der Integration waren stets konstruktiv. Das „Subsidiaritätsprinzip“ galt als festgeschriebenes Gesetz, und ein Übermaß an Zentralismus wurde klar abgelehnt. All jene Angelegenheiten, die die Nationalstaaten besser selbst regeln können, sollten diesen überlassen bleiben. Die Gemeinschaft sollte sich nur um jene Materien kümmern, die unbedingt einer gesamteuropäischen Strategie oder Regelung bedürfen. Die Frage des Fraktionszwanges wurde bei der „Union für Europa“ vergleichsweise locker gehandhabt und ließ der politischen Persönlichkeit einzelner Abgeordneter breiten Spielraum.

Die erste Gruppe freiheitlicher Abgeordneter im Europaparlament wurde von dem damals einflußreichen CSU-Abgeordneten Dr. Otto Habsburg unterstützt. Mit Hilfe seiner Intervention wäre ein Beitritt zur Fraktion „Union für Europa“ beinahe möglich gewesen. Eine Intervention seitens Dr. Andreas Kohl in Paris soll bewirkt haben, daß diese fast schon aufgemachte Tür wieder zugeschlagen wurde. Die Begründung war angeblich, daß der „Rechtsextremismus“ bei den Freiheitlichen so stark ausgeprägt sei, daß eine Zusammenarbeit den Gaullisten in Frankreich in der Öffentlichkeit schaden würde.

Einige Jahre später konnte ich durch meine guten Kontakte nach Paris und zum Präsident der Fraktion „Union für Europa“ eine für die freiheitlichen Abgeordneten neuerdings positive Grundhaltung bewirken. Die europapolitischen Kapriolen in grundsätzlichen Fragen wie in jener der Währungsunion oder der EU-Erweiterung machten es jedoch neuerdings unmöglich, zu konkreten Ergebnissen zu kommen.

Die kleine Fraktion „Europa der Nationen“ lag mit der freiheitliche Europa-Philosophie am stärksten auf einer Linie. Gründer und Finanzier dieser Gruppe war ursprünglich der englisch-französische Multimilliardär Jimmy Goldsmith mit Hauptwohnsitz in Mexiko, der aus voller Überzeugung für ein „Europa der Nationen“ und gegen das Europa von Maastricht eintrat. Unter den Abgeordneten dieser Gruppe befanden sich in der Mehrzahl Franzosen, die aus dem gaullistischen Lager kamen. Auch einige europakritische, aber gleichzeitig extrem links-ausgerichtete Dänen und einige strenggläubige Holländer gehörten dazu. Es handelte sich um eine technische Fraktion, deren Abstimmungsverhalten kaum unter den Abgeordneten abgeklärt wurde.

Ein Beitritt zu dieser Fraktion stand einmal bereits unmittelbar bevor. Die Verhandlungen waren vertraulich geführt worden und es bestand ein Übereinkommen, daß es absolut keine Aussagen von den beiden Seiten über die gemeinsamen Pläne an die Medien geben sollte. Die Franzosen hatten große Angst davor, daß noch vor dem endgültigen Unterschreiben etwas in die französischen Zeitungen kommen würde, und legten daher penibel darauf Wert, daß dieses Stillschweigeabkommen eingehalten würde.

Anfang 1996 gab es einen Wechsel in der Delegationsleitung bei der freiheitlichen Gruppe im Europäischen Parlament. Nach diesem Schritt verschlechterte sich die Situation der Freiheitlichen zusätzlich. Als erstes gab die neue Delegationsleiterin eine Pressekonferenz für die österreichischen Korrespondenten in Brüssel und erklärte, daß es ihr Ziel sei, so rasch wie möglich in eine Fraktion zu kommen, und zwar in jene des „Europa der Nationen“.

Diese Aussage wurde von der APA veröffentlicht und den französischen Kollegen zugespielt. Durch diesen Vertrauensbruch war alles, was an monatelanger Arbeit und Verhandlung geleistet worden war, zunichte gemacht. Die Freiheitlichen blieben fraktionslos.

Die FPÖ hat es noch immer nicht ganz erfaßt, welche Möglichkeiten gerade für eine Oppositionspartei das konstruktive Umgehen mit den europäischen Fragen bringen könnte. Allein die Tatsache, daß sie als Oppositionspartei über gleich viele Abgeordnete wie die Regierungsparteien verfügt hat, wurde nie ausgenützt. Die Parlamentarier hätten für die Partei einiges bewirken können, wenn sie statt alle Institutionen einschließlich ihrer Beamten in Bausch und Bogen ständig zu kritisieren, sich dort Partner aufgebaut hätten. Durch die Wahl Haiders zum Kärntner Regierungschef hätte sich die Lage bei gutem Willen wesentlich verbessern können. Der Wille zu konstruktivem Mitgestalten war aber nach wie vor nicht gegeben. Jetzt wird es trotz verbesserter Ausgangsposition immer schwieriger, da seitens der Abgeordneten keine sichtbaren Anstrengungen unternommen werden. Wer sich jahrelang bewußt in die Rolle des Peripheren, des Vernachlässigbaren begibt, hat Schwierigkeiten, plötzlich ernstgenommen zu werden. Hinter der Fehleinschätzung über die Möglichkeiten der Europaabgeordneten seitens der Bundesleitung und der für sie gewollten Aufgabenstellung stand nicht nur Desinteresse sondern auch System. Ich mußte feststellen, daß meine persönlichen Bemühungen, konstruktive Arbeit zu leisten und an der Umsetzung von mir interessant erscheinenden Vorhaben mitzuwirken, als vergeudete Zeit abgetan wurden.

Die Europaabgeordneten haben die Möglichkeit, Besuchergruppen in Brüssel oder in Straßburg zu empfangen und zu betreuen. Ich habe von dieser Möglichkeit intensiv Gebrauch gemacht und viele Leute aus dem freiheitlichen Lager in die EU-Institutionen gebracht. Die Grundstimmung am Beginn dieser Aufenthalte war fast immer durchwegs negativ. Es hätte die Möglichkeit bestanden, diese Negativhaltung extrem zu verstärken. Meine Mitarbeiter und ich haben uns aber stets bemüht, Experten aus der Kommission sowie Kollegen aus dem Parlament zu Gesprächen zusammenzubringen. Wir haben uns viel Zeit genommen, die verschiedenen Aspekte dieses Europa durchzudiskutieren. Es war für mich interessant zu beobachten, wie durch konstruktiv-sachliche und nicht hinterhältig-polemisch gelenkte Gespräche ein geändertes Bild in den Köpfen der Leute entstehen konnte. Nur wenige total Verbohrte sind als Europafeinde gekommen und auch wieder weggefahren. Der Weg der offenen Diskussion, des klaren Darstellens der vielen tatsächlich vorhandenen Probleme und Missstände, aber auch das Eingehen auf die Zukunftsvisionen war, wie mir noch im Nachhinein scheint, der richtige Weg.

Europawahl-Spiele

Das Projekt Europa ist so vielschichtig und vielfältig, so zukunftsreich und doch mit so vielen Gefahren behaftet, daß es äußerst wichtig wäre, die besten Köpfe in das Europaparlament zu entsenden. Die Parteien orientieren sich aber leider bei der Auswahl ihrer Kandidaten für das Europäische Parlament viel zu sehr nur an Kriterien des Wahlkampfes. Sie denken an den Wahltag und zu wenig an die fünf Jahre danach. Diese Vorgangsweise ist für die europäische Politik und die Weiterentwicklung der europäischen Institutionen von großem Nachteil. Europa würde es verdienen, wenn im Europäischen Parlament auf seiten der Befürworter und der Kritiker geistige Eliten aufeinandertreffen würden. Natürlich ist es sehr wichtig, auch die Kritiker in das Parlament zu schicken. Aber gerade bei den Kritikern kommt es darauf an, eine Positivauslese zu finden und sich nicht auf Personen zu beschränken, die sich in eine Extremmeinung verrannt haben, an der sie um jeden Preis festhalten.

Beim ersten „gesamteuropäischen“ Europawahlkampf im Jahr 1999, an dem auch Österreich teilgenommen hat, haben alle Parteien das Thema verfehlt. Dasselbe triste Schauspiel eines Wahlkampfes der Platitüden und auswendig gelernten

Stehsätze bot sich allerdings nicht nur in Österreich, sondern auch in einer Reihe anderer EU-Staaten. Das Europaparlament wird von den Parteien häufig dazu mißbraucht, um Quereinsteiger in die eigenen Reihen zu bringen und auf diese Weise das politische Spektrum sozusagen von oben her zu bereichern. Da es sich um Bundeslisten handelt, ist es für die Parteiführer ein leichtes, persönliche Wünsche berücksichtigt zu sehen. Dabei wird die eigentliche Rolle des Europäischen Parlaments völlig außer Acht gelassen. Die Tatsache, daß dem Europaabgeordneten für fünf Jahre ein gesichertes, außerordentlich hohes Einkommen zusteht, ohne daß er verpflichtet ist, viel Zeit für das Parlament aufzuwenden, macht es auch möglich, überraschende personelle Konstruktionen zustande zu bringen.

Einen anerkannten als links-intellektuell geltenden Schriftsteller und Journalisten in den Reihen der Freiheitlichen ins Europaparlament zu entsenden, war eine interessante Entscheidung, die ein Abgehen von veralterten Standpunkten dokumentierte. Sichrovsky lebte in den USA, ursprünglich in Chicago, später in Los Angeles und kam einmal im Monat für einige Tage nach Straßburg.

Der wunderbare Wandel des P. S.

Sichrovsky schreibt seit längerem in der freiheitlichen „Neuen Freien Zeitung“ eine wöchentliche Rubrik. Man kann sich des Eindrucks nicht erwehren, daß er sich in diesen Publikationen immer häufiger sehr bemüht, seinen Wiener Chefs zu imponieren. Nach der Wahl Jörg Haiders zum Kärntner Landeshauptmann schrieb Sichrovsky einen bemerkenswerten Artikel. Dieser Kommentar ist besonders dann von großer Aussagekraft, wenn man ihn einem anderen Artikel desselben Autors, den er viele Jahre vorher im „Standard“ geschrieben hat, gegenüber stellt:

„Wie bei einem Pawlowschen Reflex hat der FPÖ-Vorsitzende in den letzten Jahren verstanden, Aktion und Reaktion aufeinander abzustimmen … Das Spiel ist jedes Mal das gleiche: Eine Provokation aus dem Reich des Bösen – und die prompt folgende Reaktion aus dem des Guten."

Sichrovsky geht dann auf Haiders Interpretation einiger Ereignisse aus dem Dritten Reich ein. Anschließend bemüht Sichrovsky sogar den Vergleich, Haider wippe *„auf dieser Schaukel der Täter-Opfer-Apologie auf und ab"* und bezieht sich auch auf Haiders Abstammung:

„Der Sohn eines ehemaligen Gaujugendverwalters und einer Bannjungführerin hat schon öfter in Interviews darüber gesprochen, daß er Schwierigkeiten habe, sich von seiner Erziehung zu lösen.[1] *Als er 1986 mit 57,7 % der Delegiertenstimmen zum Vorsitzenden der FPÖ gewählt wurde, war nicht sein liberales Image der Grund dafür."* Und Sichrovsky metaphorisch: *„Die Theorie, daß der Schmutz nach oben schwimmt, auch wenn man frisches Wasser zugießt, stimmt leider so lange, solange man den Schmutz nicht abschöpft oder filtert."* (zitiert nach: „Der Standard", 22. Juni 1991)

Diesen Ausführungen des P. S. seien einige aus der „Neuen Freien Zeitung" vom 17. März 1999 gegenübergestellt. Der Artikel behandelt die Reaktionen von FPÖ-Mitarbeitern in Klagenfurt anläßlich des Eintrudelns der Wahlergebnisse der Landtagswahlen vom 7. März 1999:

„Viele starrten auf diese bunten Säulen mit Zahlen. Die längste von ihnen war blau … Erwachsene Männer in dunklen Anzügen versuchten mit oder ohne Erfolg ihre Tränen zu unterdrücken …"

Dann folgt eine Passage, in der P. S. den Namen „Haider" mit dem Begriff „Glück" koppelt und er fragt: *„Wie viele Jahre hatten sie für diesen Tag gearbeitet, gekämpft und gelitten? Endlich am Ziel!"* Sichrovsky bezieht sich nun vollends ins

1 Autor und Verleger distanzieren sich von dieser Aussage.

Geschehen mit ein und jubelt: *„WIR haben es geschafft! WIR gemeinsam! … Jetzt sind WIR dort, wo WIR immer sein wollten.“*

Und zum Schluß wird Sichrovsky euphorisch: *„… wie weit würde ich jedes Mal fahren, um diese Augenblicke erleben zu können? Wahrscheinlich verstand ich dort in Klagenfurt zum ersten Mal, was Politik bedeutet.“* („Neue Freie Zeitung“, 17. März 1999)

Jeder weitere Kommentar erübrigt sich!

Es ist Haider immerhin gelungen, unter jahrzehntelangem Einsatz ein Geflecht von persönlichen Beziehungen aufzubauen, das vom kleinen Bergbauern im hintersten Kärnten bis zu den, durch Sichrovsky vermittelten US-Bekanntschaften reicht. Was die amerikanischen Beziehungen anlangt, so setzt Jörg Haider stark auf seinen Statthalter in Los Angeles.

Die Beziehung zwischen den beiden Männern ist für die Politik insgesamt bereichernd. Für die Loyaliät vieler Freiheitlicher spricht, daß Sichrovsky auf keinen nennenswerten Widerstand stößt. Bedauerlich, daß er in seiner Rubrik nur Standpunkte verteidigt und rechtfertigt und nicht den Mut hat, Anregungen für die Partei einzubringen.

Zum Beispiel zur Frage der Familienzusammenführung.

Parlamentarischer Alltag

Im Zuge der Listenerstellung für die erste österreichische Wahl zum Europaparlament im Oktober 1996 wurden altgediente, loyale freiheitliche Abgeordnete mit großer Kälte beiseite geschoben, um einem neuen Personenkreis, zu dem Sichrovsky gehört, die Türe zu öffnen. Die Liste wurde jenen, die bereits Abgeordnete im Europäischen Parlament waren und zu denen auch ich gehörte, erst am Tag der offiziellen Kandidatenpräsentation bekannt gegeben. Gerade jene freiheitlichen Abgeordneten, die nun nicht mehr zum Zuge kamen, galten im Europaparlament als erstklassige Fachleute und hatten sich trotz schwieriger Umstände in ihren Ausschüssen als Experten hervorgetan. Die Abgeordneten Schreiner und Nußbaumer, der eine ein Finanzexperte, der andere ein anerkannter Industriepolitiker, erfuhren wenige Minuten vor der Kandidatenpräsentation, daß sie nicht mehr an wählbarer Stelle sein würden. An ihre Stelle traten Quereinsteiger, die man zum Teil erst in letzter Minute gefunden hatte. Man kann kaum behaupten, daß diese Vorgangsweise fair und demokratisch war. Es wurde einfach autoritär festgesetzt, daß einige nicht mehr auf die Liste kommen und andere, die damals noch kaum eine Ahnung hatten, worum es überhaupt geht, befanden sich plötzlich auf einem sicheren Listenplatz für das Europäische Parlament. Zwar fanden die Abgeordneten Nußbaumer und Schreiner ein Betätigungsfeld im Nationalrat, sie hatten aber beide größtes Interesse daran bekundet, wieder ins Europäische Parlament zu kommen.

Das Europäische Parlament wird europaweit häufig innenpolitisch mißbraucht. Viele Parteien gehen bei der Kandidatennominierung im Sinne innenpolitischer Opportunität vor. Dies trifft nicht nur auf oppositionelle Gruppen zu, sondern auch auf große Regierungsparteien. Sie glauben, mit Hilfe von telegenen Gesichtern oder Spitzensportlern die Wählermassen zu bezirzen. Ein Gesicht, das jahrelang in den Wohnzimmern der Menschen präsent war, ist freilich bei vielen Fernsehern nicht nur bekannt, sondern auch beliebt. Die ÖVP-Spitzenkandidatin Ursula Stenzel ist ein Paradebeispiel für dieses Ausnützen der Omnipräsenz des staatlichen Fernsehens für wahlpolitische Zwecke. Daß die schwarze Spitzenkandidatin im Wahlkampf als „die Stimme Österreichs in Europa“ plakatiert wurde, wurde von vielen Insidern belächelt. Ihre Stimme hatte man im Europäischen Parlament eher selten gehört.

In einigen Bereichen hat die freiheitliche Haltung im Europäischen Parlament Einfluß auf das Verhalten der Abgeordneten der Koalitionsparteien gehabt. Dies spiegelte auch das Abstimmungsverhalten und gewisse Reden, etwa von einzelnen ÖVP-Abgeordneten wider. Österreich gilt inzwischen als überdurchschnittlich restriktiv in Fragen der Zuwanderung und als bremsend bei der Osterweiterung. Es hat seine Rolle als Land der zentraleuropäischen Vermittlung bisher nicht wahrgenommen. Seit dem Beitritt zur EU gilt die Politik Österreichs mehr und mehr als vom Gedanken „Österreich zuerst“ getragen. Die Europaabgeordneten keines anderen Landes werden bei ihren Abstimmungsverhalten so sehr von der Angst vor den anderen Parteien des eigenen Landes geleitet wie die Österreicher. Das ist sogar den Kollegen aus Deutschland immer wieder aufgefallen. So haben zum Beispiel CSU-Abgeordnete die ÖVP-Abgeordneten des öfteren geradezu bemitleidet, weil sie sich scheinbar manchmal nicht getraut haben, so abzustimmen wie sie es eigentlich gerne getan hätten. Sie waren geradezu von Angst vor der effizienten freiheitlichen „Feindbeobachtung“ geprägt. Wehe, da hätte einmal ein Abgeordneter einer anderen österreichischen Partei irgend einem noch so verschlüsselten Paragraphen zugestimmt, aus dem man fälschlicherweise ablesen hätte können, er sei für die Förderung von Atomkraftwerken.

Je näher der nächste Wahltermin kam, umso mehr machte sich im Europäischen Parlament die Atmosphäre des Verpetzens an die Presse, fast wie in der Schule, breit. Wenn einem Abgeordneten ein „Fehler“ unterlief und ein politischer Gegner daraufkam, war dessen erster Weg entweder direkt zu einem Journalisten oder zum Faxgerät. Die Plenarwochen in Straßburg waren oft mit Peinlichkeiten kleinstkarierter Natur angefüllt. Es wurde versucht, persönliche Feindschaften über die Medien auszutragen. Politische Gegner wurden vielfach als menschenverachtende Atomzündler oder als globalisierende Bauernmörder dargestellt. Neben den Scharmützeln zwischen den Parteien begannen auch Ausscheidungskämpfe und Intrigen innerhalb der einzelnen Gruppen. Manche Abgeordnete sind in eine derartige Profilierungsneurose verfallen, daß sie nicht mehr wiederzuerkennen waren. Da freute sich kaum noch einer über den Erfolg des anderen. Im Gegenteil, jeder Erfolg, und war er noch so klein, wurde von vielen als feindliche Tat betrachtet.

Verpaßte Chancen

In keinem anderen Bereich hat die freiheitliche Partei so wenig konstruktive Zukunftsvision gezeigt wie in der Frage der Europapolitik. Hier wurde klein- und kleinstkariertes Denken zur Maxime gemacht, und Leute mit geringstem Durchblick haben versucht, die politische Strategie vorzugeben. Die taktischen Überlegungen, die hinter dieser falschen Politik standen, haben sich noch dazu als unrichtig erwiesen. Die Tatsache, daß 66 % der Österreicher für den EU-Beitritt gestimmt haben, war ein erster Beweis dafür, daß die Freiheitlichen in dieser Frage auf die falsche Farbe gesetzt haben.

Die Fortsetzung der Europapolitik bestand darin, immer wieder zu betonen: „Wir haben es euch ja gesagt, wir haben euch ja gewarnt." Die vielen größeren und kleineren Probleme, die im Zusammenhang mit dem Beitritt zur europäischen Union aufgetreten sind und die auftreten mußten, wurden mit größter Sorgfalt herausgesucht, be- und durchleuchtet und als Beispiel dafür angeführt, daß Österreich den falschen Weg gegangen ist.

Es ist keine Frage, daß die österreichische Regierung bei den Verhandlungen für das Land bei weitem nicht alles herausgeholt hat, was möglich gewesen wäre. Es ist auch völlig klar, daß die Opposition der Regierung ihre Verhandlungsschwächen und ihre Fehler beim Vertragsabschluß vorhalten sollte und mußte. Es war aber eine kurzsichtige Strategie, die EU als solche zu verteufeln und zum großen Feind der Österreicher zu deklarieren. Der politische Gegner war damals die österreichische Bundesregierung, zu der die Freiheitlichen in Opposition standen, und keineswegs die Institutionen der Europäischen Union. Statt innerhalb der Institutionen Verbündete zu suchen und Kontakte aufzubauen, haben sich die Freiheitlichen auf europäischer Ebene in ein politisches und gesellschaftliches Out begeben.

Es war vor allem ein strategischer Fehler, auch im Europäischen Parlament die totale Oppositionsrolle übernehmen zu wollen. Der Mehrfrontenkrieg in Wien, Brüssel und Straßburg war sinnlos und führte zur internationalen Bedeutungslosigkeit. Die freiheitlichen Abgeordneten hätten für sich durch gute und konstruktive Sachpolitik im Europäischen Parlament eine wertvolle Ergänzung zur Oppositionsrolle auf nationaler Ebene schaffen können. Es hätte sich inhaltlich ein weites Betätigungsfeld geboten. Man hätte international Partner suchen, strategische Allianzen schließen und damit den schlechten Ruf abbauen können. Zum Ergebnis der EU-Volksabstimmung hätte man eine sportlich demokratische Haltung einnehmen müssen. Es hätte genügt ausdrücklich zu sagen, „das Volk hat mit seinem Votum klare Worte gesprochen und als demokratische Partei halten wir uns daran".

Im Europäischen Parlament trafen immer wieder Persönlichkeiten aufeinander, deren großer Geist außer Frage steht und die völlig verschiedene europapolitische Meinungen vertraten. Diese Meinungen waren aber aus ihrer jeweiligen Sicht sachlich, ideologisch oder auch emotionell fundiert. Zwei bemerkenswerte Persönlichkeiten, die heute leider nicht mehr im Europäischen Parlament sind, einer, weil er nicht mehr angetreten, und der andere, weil er vor zwei Jahren gestorben ist, waren Dr. Otto Habsburg und der englisch-französische Milliardär Jimmy Goldsmith. Wenn man die Bücher, die diese beiden Abgeordneten geschrieben haben, liest und vergleicht, kommt man, obwohl sie entgegengesetzte Ideologien vertraten, in vielen Punkten auf Gemeinsamkeiten. Goldsmith war Präsident der kleinen Fraktion „Europa der Nationen", einer

Fraktion, die gegen einen europäischen Zentralstaat ankämpfte und für einen europäischen Staatenbund eintrat. In seinem Buch, das allerdings nicht ins Deutsche übersetzt wurde, mit dem Titel „Le Piège" (Die Falle) spricht er mit großer Weitsicht schon im Jahre 1993 viele Probleme an, die erst Jahre später wirklich aktuell und akut wurden. Dr. Otto Habsburg stellt in seinem letzten Werk „Pan-Europäische Idee – Eine Vision wird Wirklichkeit" seine Vorstellungen zu Europa dar. Habsburg hat in zwei Jahrzehnten immer wieder bewiesen, daß er ein großer Europäer aber auch ein kritischer Geist in europapolitischen Fragen ist. In einigen wichtigen Fragen kommen sich die beiden, obwohl sie von verschiedenen Grundvorstellungen ausgehen, sehr nahe. Beide sprechen von der absoluten Notwendigkeit der „Subsidiarität", beide sprechen von der Bedeutung der kleinen Einheiten und von den Vorteilen der Dezentralisierung.

Es war eine einzigartige Chance für die freiheitlichen Abgeordneten, mit Persönlichkeiten wie Otto Habsburg oder Jimmy Goldsmith und mit vielen anderen Kontakte zu knüpfen und gemeinsame Wege zu suchen. Die Linie der freiheitlichen Partei gegenüber der europäischen Institution war aber leider von einer Hostilität, die weder im Parlament noch in anderen europäischen Kreisen unbemerkt blieb.

Die Parteiführung erhoffte sich von den Abgeordneten vor allem mediale Effekte. Dieser Wunsch führte dazu, daß sich ihre Tätigkeit in den allerdings weithin vergeblichen Versuchen, in die Zeitungen zu kommen, erschöpfte. Dabei fanden sie noch am ehesten in den EU-kritischen Blättern Gehör. Es wurden Rechnungshofberichte studiert und es wurde mit allen Mitteln nach Schwachstellen im EU-Gefüge gesucht, die man dann mühsam versuchte, an den Mann zu bringen. Als freiheitlicher Erfolg im Europaparlament galt entweder ein Fehler der anderen oder eine tatsächliche oder erfundene Schwachstelle innerhalb der europäischen Institutionen, besonders wenn darüber eine Pressemeldung erschien.

Während sich gewisse freiheitliche Abgeordnete im Europaparlament mit der Frage der Betrugsbekämpfung lange Zeit absolut nicht befaßt hatten, haben sie, nachdem der Haushaltskontrollausschuß mit Aufdeckungen an die Öffentlichkeit gegangen ist, in diesem „Metier" geradezu geschwelgt. Es wurde alles unternommen um zu skandalisieren und den Eindruck zu vermitteln, daß Brüssel ein einziger Korruptions- und Betrugssumpf sei. Gerade jene, die vorher die Problematik der Korruption nicht wahrgenommen hatten, versuchten sich selbst zu Aufdeckern und Kontrolleuren hochzuspielen.

Glaubwürdigkeit im Spesenparadies

Das Europaparlament braucht ein großes Maß an Glaubwürdigkeit, um die wichtige Funktion der Kontrolle ausüben zu können. Die Glaubwürdigkeit des gesamten Parlaments und auch der einzelnen Abgeordneten ist aber deshalb sehr geschwächt, weil es über ein Abrechnungssystem verfügt, das es ermöglicht, die Nettoeinkommen der Abgeordneten aufzustocken, das äußerst fragwürdig ist. Es besteht die Möglichkeit, in völlig legaler Weise über die Spesenabrechnungen und auch unter Ausnützung von Zuwendungen, die zur Verfügung stehen, das jährliche Einkommen beträchtlich zu erhöhen. Viele der großzügigen Zuschüsse sollen hier nicht kritisiert werden. Aber es scheint gerecht, wenn der Bürger darüber informiert wird, was seinen Europaabgeordneten zusätzlich zum monatlichen Abgeordnetenbezug an Einkünften zusteht.

Jeder Europaparlamentarier ist ohne Beitragszahlung seinerseits durch das Parlament versichert. Er hat eine großzügige Lebensversicherung und eine zusätzliche Krankenversicherung.

Das Europaparlament sorgt aber auch für eine großzügige Altersversorgung für jene Parlamentarier, die das wollen. In der Praxis kostet ihnen diese freiwillige Altersversorgung nichts.

Zwei Drittel zahlt ohnehin das Parlament, und das dritte Drittel kann der allgemeinen Aufwandsentschädigung, die eigentlich dafür gedacht ist, Büro- und Verwaltungskosten des Abgeordneten abzudecken, entnommen werden.

Der EU-Abgeordnete bekommt im Monat öS 45.600,– netto auf sein Konto überwiesen, das den Titel „allgemeine Kostenvergütung" hat. Über den Einsatz dieses Betrages muß keine Rechnung gelegt werden. Sie steht dem Mandatar brutto für netto zur Verfügung.

Für jeden Tag, an dem ein Abgeordneter sich in ein Buch oder auf eine Liste in Brüssel oder Straßburg einträgt, bekommt er ein Tagesgeld von öS 3.235,–. Auch die Reisespesen werden pauschal abgerechnet. So bekommt ein Abgeordneter zum Beispiel für jeden Flug von Wien nach Brüssel und retour öS 18.000,–.

Der Abgeordnete verfügt zusätzlich über ein Pauschale für „sonstige Reisen". Es handelt sich hier um Reisen, die er außerhalb seiner normalen Dienstreisen nach eigenem Belieben innerhalb und außerhalb Europas durchführen kann.

Außerdem stehen jedem Abgeordneten weitere Geldbeträge, über die er aber eine genaue Abrechnung vorlegen muß, zur Verfügung. Es handelt sich um die Sekretariatszulage, aus der er seine Mitarbeiter bezahlt, einen Betrag für „sonstige politische Aktivitäten", einen weiteren für Verwaltungsaufwand und einen für seine Informationstätigkeit.

Der Europäische Rat hat am Anfang des Jahres 1999 eine Regelung vorgeschlagen, wonach die Abgeordneten, wie jeder Manager in der Wirtschaft das tut, ihre Spesen konkret abrechnen müßten. Sie würden also ihre Reisespesen gemäß den vorgelegten Belegen vergütet bekommen, ebenso die Hotelspesen. Auch für die Bürokosten würden sie nach Vorlage von Belegen Ersatz erhalten. Dieses Ansinnen des Rates wurde vom Parlament abgelehnt.

Selbstverständlich müssen die Europaparlamentarier ihre Reisetätigkeit in bequemer Weise durchführen und in standesgemäßen Hotels absteigen können. Es ist aber für das Selbstverständnis des Kontrollorgans unpassend, daß Abgeordneten auf dem Umweg über fiktiven Spesenersatz ihre monatlichen Bezüge sehr stark auffetten können.

Man kann doch nicht auf der einen Seite die Mitglieder der Kommission angreifen, weil sie sich angeblich bereichern, und selbst in einem System leben, das für ein Einkommen sorgen kann, das in keinem echten Verhältnis zur Arbeitsleistung so mancher Abgeordneter steht. Es gibt eine ganze Reihe von Parlamentariern aus allen Ländern, deren Leistungen so hervorragend sind, daß sie nicht hoch genug bezahlt werden könnten. Aber gerade jene, die in diesem Parlament wenig leisten, sind es auch, die am geschicktesten abkassieren. Sie haben natürlich am meisten Zeit, sich mit Fragen der finanziellen Selbstversorgung zu befassen. Es sind dann jene, die von gewissen Zeitungen, wenn die Wahlen näherrücken, als die Fleißigsten bezeichnet werden, weil sie hohe Anwesenheitsraten aufzuweisen haben. Die höchste Anwesenheitsrate bedeutet aber auch das höchste Ausmaß an Reisekostenvergütung und damit ein besonders hohes Zubrot bei den Reisespesen.

Die Europaabgeordneten haben sich in ihrer Beurteilung der Europäischen Kommission sehr kritisch verhalten, und viele von ihnen waren auch kleinlich. Es ist ihre Aufgabe, als demokratisch legitimierte Kontrollore der anderen Institutionen und im Hinblick auf die gigantischen Geldflüsse, die stattfinden, genau und kleinlich zu sein. Aber genau diese Maßstäbe müssen auch auf sie angewandt werden können.

Die Arbeit der Europaabgeordneten ist wichtig und wenn sie ernst genommen wird, auch anstrengend. Sie sollte daher auch erstklassig honoriert werden. Aber keinesfalls auf dem Umweg über Spesenabrechnungen. Ein Abgeordnetenstatut wäre daher dringend notwendig. Nur auf diese Weise könnten für alle Abgeordneten, gleichgültig aus welchen Ländern sie kommen, gleiche Voraussetzungen geschaffen werden.

Der Mißtrauensantrag

Über die Vorfälle rund um den Mißtrauensantrag gegen die Europäische Kommission, der schließlich zu ihrem Rücktritt geführt hat, müßte ein Theaterstück geschrieben werden. Es könnte sowohl eine erfolgreiche Komödie als auch eine herzergreifende Tragödie werden. Dieses Theaterstück aus der Sicht des Parlamentariers miterlebt zu haben, hat mir unvergeßliche Einblicke in die Oberflächlichkeit und Hysterie unserer medial gesteuerten Politik gegeben. Ganz Europa verfiel im Frühjahr 1999 in eine Art Blutrausch gegen die Mitglieder der Europäischen Kommission. So ähnlich muß es im Paris der französischen Revolution gewesen sein, als man die Köpfe von Ludwig XVI. und Marie Antoinette verlangt hat.

Es ist ein Faktum, daß der Rechnungshof jahraus, jahrein über die selben Probleme berichtet hat. Zu den einzelnen Themen, die plötzlich hochgespielt wurden, gab es bereits zahlreiche Berichte des Haushaltskontrollausschusses. Es lag kaum etwas wirklich Neues vor. Umstände, auf die hier nicht näher eingegangen werden soll, haben zu einer plötzlichen Thematisierung des Korruptionsproblems und zu einem Verteufelungsdrang der Parlamentarier gegen die Kommissionsmitglieder geführt. Noch dazu standen die Europawahlen vor der Tür. Es herrschte also Zugzwang. Abgeordnete, die sich nie zur Frage der Verschwendung, der Vetternwirtschaft, der Mißstände geäußert hatten, wurden plötzlich zu lautstarken Racheengeln der europäischen Steuerzahler. Plötzlich gab es nur mehr ein Thema. Die Zahl der Fernsehteams und Journalisten, die in den Gängen des Parlaments auf ständig neue Enthüllungen und Skandale lauerten, war fast so groß wie bei der Einführung des Euro.

Es ist ein institutioneller Mangel, daß das Parlament nur der gesamten Kommission das Mißtrauen aussprechen kann und nicht einzelnen Kommissaren. Dies führt natürlich dazu, daß das gesamte Team aufgrund von Verfehlungen einzelner ins Gras beißen muß. Da sich in diesem Fall die hauptbetroffenen schuldigen Kommissare, allen voran die ehemalige französische Premierministerin Edith Cresson nicht freiwillig bereit erklärt haben, zurückzutreten, gab es nur eine Möglichkeit, nämlich der gesamten Kommission das Mißtrauen auszusprechen. Hier entstand eine bis dahin nie dagewesene Möglichkeit für Abgeordnete aus der Gruppe der Fraktionslosen und von kleineren Fraktionen, das Zepter in die Hand zu nehmen. Innerhalb der großen Fraktionen war man nämlich den einzelnen Kommissaren je nach Parteizugehörigkeit zu sehr verpflichtet, um den tödlichen Schritt einzuleiten.

Für die Zukunft der Europäischen Union und für die Glaubwürdigkeit des Europäischen Parlaments war es außerordentlich wichtig, daß überhaupt ein Mißtrauensantrag gestellt wurde und auch daß er dann unter den Abgeordneten so große Zustimmung gefunden hat. Eine Mehrheit dafür konnte zwar nicht erzielt werden, weil zu viele Abgeordnete der großen Fraktionen vor einem solchen Schritt doch zurückschreckten. Dieser Mißtrauensantrag, dem mehr Abgeordnete zustimmten als je zuvor einem anderen, bewirkte immerhin, daß ein Weisenrat eingesetzt wurde, der dem Parlament einen Bericht über seine Untersuchungen zu den Missetaten der Kommissare vorlegte. Auch dieser Bericht enthielt im Prinzip nichts Neues, sondern war nur eine Bestätigung uralter Tatsachen. Er erhöhte aber den politischen Druck dermaßen, daß ein neuer Mißtrauensantrag im Raum stand, der nun mit an Sicherheit grenzender Wahrscheinlichkeit durchgegangen wäre. Die Kommission hat sich daher selbst entschlossen, zurückzutreten.

Österreich hat sich seit seiner Mitgliedschaft in der Europäischen Union unter den kleinen Staaten leider auch als eher kleinkariertes Land profiliert. Die europäische Plattform wurde viel zu sehr als Bühne für die Innenpolitik benützt. Es ist nicht gelungen, innerhalb der Europäischen Kommission eine entsprechend große Zahl österreichischer Beamter in bedeutenden Positionen anzusiedeln. Die bestehende Möglichkeiten wurden nicht ausgeschöpft. Das ist besonders bedauerlich, weil jene österreichischen Beamten, die in der Kommission tätig sind, als sehr tüchtig gelten und mehr oder weniger im Stillen beachtliche Arbeit leisten. So wickelt z. B. eine österreichische Beamtin als Direktorin in der Generaldirektion XVI die Regionalförderungen für acht der Mitgliedsländer ab. Sie hat eine der einflußreichsten Beamtenpositionen in der gesamten Kommission. Sie ist aber nicht auf Vorschlag der österreichischen Regierung zu diesen Ehren gekommen, sondern nur deshalb, weil die zuständige Kommissarin den eigentlichen Vorschlag der Regierung abgelehnt hat.

Die österreichische Regierung hat weder während der österreichischen Ratspräsidentschaft noch sonst visionäre Ansätze und auch nicht in bedeutenden Fragen inhaltlich Flagge gezeigt. Unsere Minister waren immer nur brave Mitläufer, die kaum aufgefallen sind. Aufgefallen sind sie nur während der Ratspräsidentschaft durch operettenhaftes Gehabe und ein übertriebenes Maß an Wichtigtuerei. Ich erinnere mich z. B. an den Besuch einer Delegation des Wirtschaftsausschusses des Europäischen Parlaments in Wien, an dem ich teilgenommen habe und der im Vorfeld der österreichischen Ratspräsidentschaft stattfand. In der Delegation befanden sich je ein Vertreter der verschiedenen Fraktionen – natürlich verschiedener Nationalität – und die drei österreichischen Mitglieder des Wirtschaftsausschusses. Wir hatten auch eine Besprechung mit dem damaligen Wirtschaftsminister Johannes Farnleitner.

Der Minister im Kreise seiner Assistenten benahm sich wie ein Universitätsprofessor, der mit Studenten im ersten Semester spricht. Sein Redefluß war kaum zu stoppen und ein Bonmot, eine Belehrung, ein für Nichtösterreicher schwer verständlicher Witz reihte sich an den anderen. Den schwierigen Fragen wich er mit Eloquenz aus, um möglichst rasch wieder in den allgemein belehrenden Jargon des – wie er sich selbst bezeichnete – G'scheiterls zu flüchten. Als wir im Kreise der Kollegen am Ende dieses Ausflugs in die Welt der Luftblasen des österreichischen Wirtschaftsministers am Gang standen, herrschte eine Zeit lang Schweigen und dann sagte eine holländische Kollegin: „Der hat aber viel geredet und absolut nichts gesagt." Keiner hat ihr widersprochen.

Unter den österreichischen Regierungsmitgliedern, die im Europaparlament ja häufige Auftritte hatten, kamen lediglich Minister Einem und Staatssekretär Ruttensdorfer mit guten Zensuren davon. Wenngleich die Staatssekretärin Ferrero-Waldner stets sehr damenhaft gekleidet war und ihre besonders guten Sprachkenntnisse wohlwollend registriert wurden, wurde ihr Auftreten als Mittelding zwischen Routinediplomatin und Oberlehrerin etwas belächelt. Aber die Quantität der Stunden ihrer Leseübungen verdient im Nachhinein noch Lob.

Wolfgang Schüssel beeindruckte im Europäischen Parlament durch seine rhetorische Begabung. Aber er erweckte bei vielen den Eindruck des taktierenden Routiniers.

Klima hingegen wirkte im stets vorbereiteten Redefluß und in seinen Leseübungen holprig und plump. Dafür bemühte er sich, in den Live-Diskussionen auf alle Fragen ernsthaft einzugehen, und es wurde ihm bescheinigt, daß er im Bereich der Wirtschaftsthemen offensichtlich wirklich wußte, wovon er sprach.

Das Vetorecht

Das Hauptgewicht der politischen Macht innerhalb der europäischen Union liegt immer noch beim Rat. Mehr als in jeder anderen Institution kommt im Rat, der sich aus den einzelnen Regierungen beziehungsweise Fachregierungsmitgliedern zusammensetzt, der nationale Egoismus ungeschminkt zum Ausdruck. Ein heißes Eisen in der europapolitischen Diskussion, auch in Österreich von seiten der Freiheitlichen, ist die Frage der Einstimmigkeit im Rat beziehungsweise des Vetorechtes einzelner Mitglieder. Die Freiheitlichen sind für die Aufrechterhaltung und Wiedereinführung der Einstimmigkeit in so gut wie allen Fragen, denn: Die sicherste Methode zu verhindern, daß die europäische Einigung Fortschritte macht und daß es zu einem wirtschaftlichen und sozialen Ausgleich kommt, wäre die vollkommene Aufrechterhaltung des Einstimmigkeitsprinzips im Rat. Der Denkansatz zu glauben, daß die Einstimmigkeit dem Ziele „Österreich zuerst“ ausschließlich dienlich sei, ist falsch. Ein gedeihliches Zusammenleben und Zusammenarbeiten einer Vielfalt von Nationen kann nur im Sinne von Geben und Nehmen funktionieren. Dazu gehört auch die Bereitschaft, Mehrheitsentscheidungen, auch wenn sie schmerzlich sind, zu akzeptieren. Das Vetorecht einzelner Mitgliedstaaten in Umweltfragen beispielsweise könnte gerade für Österreich unerfreuliche Folgen haben.

Andererseits gibt es Bereiche, die für einen Staat von so existenzieller Bedeutung sind, daß sie der souveränen Letztentscheidung der eigenen Institutionen und der eigenen Bevölkerung überlassen bleiben sollen. Ein gutes Beispiel ist die Frage der quantitativen Wasserpolitik. In dieser Frage hat die von den Regierungsparteien zunächst als überzogen bezeichnete Forderung der Freiheitlichen, das Einstimmigkeitsprinzip festzuschreiben, die Regierung dazu bewogen, sich auch ihrerseits in diesem Sinne festzulegen. Die Einstimmigkeit kann auch nur einstimmig aufgehoben werden. Das heißt, ihre Aufhebung kann durch das Veto eines einzigen Landes verhindert werden. So sehr die Bereitschaft zum wirtschaftlichen und sozialen Ausgleich innerhalb der Union ein wesentlicher Bestandteil einer langfristig gesunden Europapolitik ist, ist es auch notwendig, unter Berücksichtigung künftiger Generationen, die Erhaltung wichtiger Ressourcen sicherzustellen. Es ist verständlich, daß von seiten der Vertreter wasserarmer, heißer Regionen unseres Kontinents Versuche kommen, eine in ferner Zukunft liegende Wasserpolitik, die zu massiven Wasserumleitungen führt, möglich zu machen. Genauso ist es legitim, wenn die wasserreichen Gebiete dafür sorgen, daß ohne ihre Zustimmung über diesen wertvollen Besitz nicht und auch in Zukunft nie verfügt werden kann.

Ratspräsidentschaft

Eine der großen Schwachstellen der europäischen Union aus weltpolitischer Sicht ist die kurze Dauer der jeweiligen Ratspräsidentschaft. Durch die nur sechsmonatige Dauer läßt die Kontinuität der Politiken sehr zu wünschen übrig. Besonders die kleineren Staaten sehen in der Präsidentschaft eine gute Gelegenheit, sich international zu positionieren. Die einzelnen Regierungen der Präsidentschaftsländer benützen die großen internationalen Auftritte dazu, um ihre Stellung innenpolitisch zu festigen. Es ist für die Regierungschefs und Minister eines kleinen Staates nur allzu verlockend, sich mit den prominenten politischen Köpfen der großen Staaten fotografieren zu lassen und diese Aufnahmen im eigenen Land zu plakatieren. Man denke an die Plakate Viktor Klimas mit Tony Blair und Gerhard Schröder. Das plötzliche Gefühl, Chef Europas zu sein, beflügelt die Regierungsmitglieder und läßt sie kurzfristig in traumwandlerische Höhen abheben. Sie sind der festen Meinung, daß sie dadurch vom eigenen Volk bewundert würden und hegen die Hoffnung, bei der nächsten Wahl dafür belohnt zu werden. Die Erfahrung zeigt aber, daß kaum eine Ratspräsidentschaft den amtierenden Politikern innenpolitischen Nutzen gebracht hat. Im Gegenteil: Sie müssen sehr viel Zeit in die europäischen Angelegenheiten investieren und können sich häufig um innenpolitische Probleme weniger kümmern. Die Oppositionsparteien haben die Möglichkeit, die geistige und physische Abwesenheit ihrer Regierungsparteien auszunützen, um ihre eigene Position zu festigen. Nur die zeitliche Zufälligkeit macht ja Regierungsmitglieder plötzlich zu Vorsitzenden der europäischen Fachministerräte und den jeweiligen Regierungschef eines Staates gar zum Präsidenten des Europäischen Rates. Diese Zufälligkeit, gekoppelt mit der kurzen Dauer machen die Ratspräsidentschaften zu einer fragwürdigen Einrichtung. Österreich beispielsweise hatte die Ratspräsidentschaft in der zweiten Hälfte des Jahres 1998. Wegen der ferienbedingten Sommerpause begann diese Präsidentschaft erst im September langsam in Schwung zu kommen. Nur in den Monaten Oktober und November wurde „ernsthaft präsidiert" und im Dezember dachte schon jeder nur mehr an die kommende deutsche Ratspräsidentschaft.

Das wahre Problem ist aber die mangelnde Kooperation zwischen den Regierungen, die in bunter Aufeinanderfolge die Präsidentschaft innehaben. Im Falle Deutschlands fiel die Präsidentschaft mit einem markanter Regierungswechsel zusammen. Derartige innenpolitische Erdbeben können zu Brüchen auch in der Europapolitik führen und sind für die Glaubwürdigkeit der Europäischen Union in der Weltpolitik nicht sehr hilfreich.

Es müßte ein Modus gefunden werden, der bewirkt, daß mehrere Länder gleichzeitig, mindestens aber zwei Jahre lang, gemeinsam die Präsidentschaft innehaben. Nach Möglichkeit sollten jeweils ein großer und zwei kleine Staaten gemeinsam im Rat die führende Rolle einnehmen. Die einzelnen Fachbereiche müßten sie untereinander im Sinne einer Koalition aufteilen.

Besonders schwierig ist die Präsidentschaftsfrage im Bereich der Währungspolitik, seit es eine gemeinsame europäische Währung gibt, geworden. Die erste Geige auf finanzpolitischem Gebiet spielt immer noch der Ecofin-Rat, der sich aus allen Wirtschafts- und Finanzministern zusammensetzt. Nun gibt es aber innerhalb der europäischen Union von den 15 Staaten nur 12, die auch Mitglied der Wirtschafts- und Währungsunion sind. Es muß zumindest als äußerst problematisch betrachtet werden, wenn beispielsweise der Finanzminister eines Nicht-Euro-Staates als Präsident des Ecofin-Rates auch die währungspolitischen Interessen der Euro-Länder und damit einer Währung, die es in seinem Land gar nicht gibt, nach außen vertritt. Dies würde nach dem gegenwärtigen Stand der Dinge dann eintreten, wenn Großbritannien, Schweden oder Griechenland die Ratspräsidentschaft übernehmen.

Während der österreichischen Ratspräsidentschaft war, was mit der Person nichts zu tun hat, der österreichische Finanzminister innerhalb der internationalen Finanzgremien kein sehr ernst genommener Repräsentant des „Eurolandes". Die Präsidenten der großen Zentralbanken wie Wim Duisenberg, Alan Greenspan oder der amerikanische Finanzminister sprachen lieber mit dem deutschen Finanzminister oder gar mit dem Finanzkommissär der Europäischen Kommission als mit dem österreichischen Finanzminister, obwohl er Präsident des Ecofin-Rates war. Der Vertreter eines kleinen Mitgliedstaates wird im großen Machtgefüge der globalisierten Welt einfach nicht als ernsthafter Gesprächspartner betrachtet. Die entscheidenden Gespräche finden zwischen den Regierungsmitgliedern der großen Staaten und den bedeutenden Fachmännern statt. Der Finanzminister eines Staates wie Deutschland hat auch, selbst wenn er rein fachlich nicht zu den Weltexperten zählt, aufgrund der Bedeutung des Staates, den er vertritt, Gewicht. Der Fachminister eines kleinen Staates wie Österreich kann nur dann internationale Akzeptanz finden, wenn er durch außerordentliche Fachkompetenz glänzt. Einem Land ist es tatsächlich gelungen, trotz seiner Kleinheit der Ratspräsidentschaft bedeutenden Inhalt zu geben. Es handelt sich um Luxemburg, dessen Premierminister Jean-Claude Junker durch Kreativität, enormen Einsatz und auch politische Kompetenz verblüfft hat.

„Weniger ist mehr"

Eine der interessantesten politischen Aufgaben unserer Zeit ist es, an der Zukunft Europas mitbauen zu dürfen. Jeder Abgeordnete im Europäischen Parlament hat bei gutem Willen die Chance, hier auf seine Weise mitzuwirken. Gerade aus diesem Grund wäre es so unerhört wichtig, dort die besten Köpfe hinzusetzen. Einer der größten Vorwürfe, den ich den Freiheitlichen mache, ist es, daß sie die europäische Zukunft in ihrer Bedeutung unterschätzen und dies vor allem auch im Europäischen Parlament unter Beweis stellen. Zwischen den realitätsfernen Euro-Fanatikern und Euro-Romantikern und den besessenen Europa-Kritikern gibt es auch die Euro-Realisten. Sie finden ein weites Feld zur Betätigung vor, um für die Lösung der vielen europäischen Probleme Fachwissen, Engagement und kritisches Denken einzubringen. Keine Frage, daß viele Fehlentwicklungen korrigiert werden müssen. Wichtige Themen müssen mit großem Einsatz vorangetrieben werden. In manchen Bereichen gibt es aber längst ein Zuviel an Regulierung. Gerade in europäischen Fragen hat das Sprichwort „Weniger ist oft mehr" Geltung.

Eine der großen Schwachstellen der Union, die wohl auch zu der Anfälligkeit für Korruption beiträgt, ist eine Ausgabenpolitik, die zu sehr auf Umverteilung ausgerichtet ist. In einer Gemeinschaft ist es normal, daß die Reicheren größere Beiträge leisten als die Ärmeren. Der Finanz- und Interessensausgleich ist zu einem selbstverständlichen Bestandteil jeder demokratischen Gemeinschaft geworden. Dasselbe trifft auch auf die Europäische Union zu. Die vielen Jahre des massiven Geldflusses vom Norden nach dem Süden haben zwar sichtbare Spuren hinterlassen, aber zu den gewünschten Erfolgen ist es nicht gekommen. Ein großer Teil der Finanzen ist in düsteren Kanälen verschwunden. Das Hauptproblem liegt darin, daß die Milliardenfördergelder den Empfängerstaaten ohne große Einflußmöglichkeit auf die Projekte, für die sie verwendet werden, zur Verfügung gestellt werden. Die Kontrollmechanismen über den tatsächlichen Einsatz der Mittel sind viel zu schwach und ineffizient.

Eine strenge und genaue Kontrolle, die nicht nur den Mitgliedstaaten selbst überlassen bleiben darf, ist eine wichtige Voraussetzung für mehr Verständnis seitens der Bürger für die Umverteilung öffentlicher Gelder innerhalb Europas. Die Förderpolitik sollte von rein geographischen Strategien ab- und viel stärker themenbezogen vorgehen. Es geht vor allem darum, den Wirtschaftsstandort Europa gesamthaft zu stärken und die Konkurrenzfähigkeit der Wirtschaft, und hier vor allem der Klein- und Mittelbetriebe, zu fördern.

Das Hauptproblem ist die strukturell hohe Arbeitslosigkeit. Der Einsatz der europäischen Fördergelder sollte schwerpunktmäßig direkt oder indirekt der Bekämpfung dieses Mißstandes dienen. Die Kriterien, nach welchen die europäischen Regionen in Fördergebiete eingeteilt werden, sind aber zu theoretisch, um im Wege der Haushaltspolitik die gewünschten Fortschritte zu erzielen. Wenn das Pro-Kopf-Einkommen in einem Staat oder in einer Region unter 75 % des EU-Durchschnittes liegt, ist die „Ziel 1-Würdigkeit" gegeben. Über diese Staaten oder Regionen ergießt sich ein wahrer Geldsegen seitens der europäischen Union.

In Portugal zum Beispiel sind gegenüber der Zeit vor dem Beitritt zur Union gewaltige Fortschritte in wirtschaftlicher und sozialer Hinsicht erzielt worden. Diese Verbesserung des Lebensstandards und des Wirtschaftsstandortes Portugal ist eindeutig zu einem sehr großen Teil auf die Regionalförderung der Europäischen Union zurückzuführen. Die Portugiesen sind sich der Vorteile, die sie aus der EU gezogen haben und ziehen, bewußt und gehören daher auch zu den größten EU-Befürwortern. Trotzdem kann man auch in Portugal feststellen, daß Geld auch in Luxusprojekte geflossen ist und daß mit größter Wahrscheinlichkeit ohnehin sehr wohlhabende Familien materiell am meisten profitiert haben.

Die Kommission

Gerade und besonders die Befürworter der europäischen Integration müssen den Fehlentwicklungen kritisch gegenüberstehen und konstruktiv dazu beitragen, daß es zu strukturellen Verbesserungen in der Europäischen Union kommt. Dazu ist aber nicht eine Schwächung der Europäischen Kommission, sondern eine Stärkung der Durchschlagskraft dieser Institution erforderlich. Wenn die Europäische Kommission gegenüber den Nationalstaaten stärkere Befugnisse erhält, muß sie natürlich im Gegenzug einer viel umfassenderen und strengeren Kontrolle unterzogen werden. So wie die Dinge in der Union bisher laufen, sind in alle Richtungen der Korruption Tür und Tor geöffnet.

Andererseits hat auch die Kontrolle, der die Europäische Kommission selbst unterstellt war, zu wünschen übrig gelassen. Die Betrugsbekämpfungseinheit war bisher der Kommission, die sie kontrollieren sollte, unterstellt. Allein dadurch war die Glaubwürdigkeit beschränkt. Die neue Betrugsbekämpfungseinheit ist zwar immer noch im Rahmen der Europäischen Kommission angesiedelt, erfreut sich aber immerhin einer viel größeren Unabhängigkeit. Viel besser wäre es, wenn diese Organisation, die sogenannte „OLAF" („Office de la Lutte Anti-Fraude"), überhaupt außerhalb der Kommission eine völlig eigene Kontrollinstitution wäre. Dieser Vorschlag wurde deshalb abgelehnt, weil man fürchtete, daß seitens der Kommissionsbeamten einer außerhalb angesiedelten Institution die entsprechende Kooperation verweigert würde. Diese Argumentation entbehrt nicht einer gewissen Arroganz.

Bei der Suche des Generaldirektors für die „OLAF“ verfällt die neue Kommission bereits wieder in das alte Fahrwasser der Überheblichkeit. Marcello Faraggi schreibt dazu im „Europa Journal“ vom 30. November 1999 unter dem Titel, „OLAF-Verfahren eine Farce“: *„Nun sucht also der zu Kontrollierende seinen Kontrolleur selber aus. Bravo! So hatten wir uns das Verfahren für die Benennung des Generaldirektors der Anti-Betrugsbehörde nicht vorgestellt.“* Und er fragt: *„Warum lassen sich die Europaabgeordneten das gefallen? Ihr bisheriger Protest war wichtig, doch jetzt hat die EU-Kommission das Verfahren komplett ad absurdum geführt.“*

Die Kommissare werden von den Regierungen vorgeschlagen. Zur Zeit hat jedes Land einen Kommissar und die großen Staaten wie Deutschland, Frankreich oder Italien haben zwei. Das Europäische Parlament hat nur die Möglichkeit, die gesamte Kommission abzulehnen oder anzunehmen. Durch das Vorschlagsrecht der Regierungen spiegelt die Kommission die europäischen Machtverhältnisse wieder. Dadurch besteht auch die Gefahr einer gewissen, aus europäischer Sicht unerwünschten Verbindung zwischen einzelnen Kommissaren und „ihren“ Regierungen. Die Rolle der Vertretung der einzelstaatlichen Interessen wird aber ohnehin durch den Rat in ausreichendem Maße wahrgenommen. Die Kommission als Exekutivorgan der Gemeinschaft sollte, abgesehen von der Kontrolle durch das Europäische Parlament, über größte politische Unabhängigkeit verfügen.

Daher ist der Bestellungsmodus reformbedürftig. Die Kommissare sollten im Zuge der Europawahlen direkt in den einzelnen Staaten gewählt werden. Jede Partei, die an diesen Wahlen teilnimmt, sollte auch die Möglichkeit haben, eine oder zwei Kandidaten/-innen für die Kommission zu nominieren. Es ist beispielsweise demokratiepolitisch bedenklich, wenn eine Oppositionspartei von der Größenordnung der FPÖ keine Möglichkeit hat, auch einen Kandidaten für die Kommission zu nominieren. Auf diese Weise könnte verhindert werden, daß die Europäische Kommission in die Gefahr kommt, ein runder Tisch von verlängerten Armen der nationalen Regierungen zu sein.

Keine Melkkuh

Bei der Ausgabenpolitik der EU sind strukturelle Reformen dringend notwendig. Durch die Vorfälle, die in der ersten Hälfte 1999 von den Medien stark behandelt wurden, die aber fast alle über Jahrzehnte zurückreichen, entsteht der Eindruck, daß das Hauptproblem Betrügereien und Korruption der Beamten der Kommission und der Kommissare seien. Diese Darstellung ist natürlich völlig überzogen. Daß Verfehlungen vorliegen, auch von seiten der Kommissare, steht heute außer Zweifel. Die wahren Probleme aber liegen tiefer und sind struktureller Natur. Die Managementorganisation der Europäischen Kommission ist zweifelsohne verbesserungswürdig. Sie kann aber im Vergleich zu manchen österreichischen Bundesministerien, Landesverwaltungen oder Magistraten von Landeshauptstädten als schlank und effizient bezeichnet werden.

Die Haushaltskontrolle ist ein sehr wichtiger Teil der Politik der EU. Gerade in diesem Bereich hat das Europäische Parlament eine wichtige Rolle zu spielen. Noch viel bedeutender aber ist die langfristige Planung der Haushaltspolitik. Die Verwirklichung der großen, visionären Projekte, wie der Integration der ehemals kommunistischen Staaten, hängen vor allem auch von deren Finanzierbarkeit ab.

In Wahljahren wird die Frage der Beitragszahlungen zu einem brisanten Thema. Sowohl in Österreich als auch in Deutschland wurde dies im Jahre 1999 klar sichtbar. Die Tatsache, daß es sich dabei um zwei Nettozahlerstaaten handelt, wurde von den Oppositionsparteien hochgespielt. Die deutsche Bevölkerung wollte es nicht mehr akzeptieren, daß die Bundesrepublik der Hauptfinanzier des EU-Haushaltes ist. Tatsache ist aber auch, daß gerade Deutschland mit seiner Wirtschaft einen großen Teil der Zahlungen, die in das EU-Budget fließen, indirekt über Großaufträge wieder zurückholt. Wenn in Nettoempfängerstaaten wie zum Beispiel Portugal oder Spanien große Projekte mit europäischer Unterstützung durchgeführt werden, so sind es vorwiegend deutsche Firmen, die bei der Verwirklichung mitwirken. Österreich hat alle Chancen, im Zusammenhang mit den Geldflüssen, die in die Beitrittskandidatenstaaten im Osten gehen werden, in ähnlicher Weise zu profitieren. Österreich verfügt in diesen Ländern immer noch über hohe Sympathiewerte, und unsere Firmen gelten als Spezialisten dieser Märkte. Es wäre schade, wenn dieser Wettbewerbsvorteil durch eine allzu restriktive und ablehnende Politik unserer Regierung verdorben würde.

Nach den geschlagenen Europa- und nationalen Wahlen sind die nationalistischen Schreie jener, die die Europäische Union am liebsten als Melkkuh sehen wollen, stiller geworden. Man muß die Kuh auf der einen Seite füttern und man melkt sie auf der anderen Seite. Wer viel füttert und schlecht melkt ist in den Augen populistischer EU-Betrachter ein schlechter Politiker. Hingegen ist einer, der gegen das Füttern ist, aber erfolgreich melkt, ein tüchtiger politischer Repräsentant seines Landes. Die Freiheitlichen haben zum Beispiel stets gegen die hohen Nettobeiträge Österreichs gewettert. Solange der Landeshauptmann in Kärnten nicht Haider sondern Zernatto hieß, regten sich die Freiheitlichen in diesem Bundesland massiv darüber auf, daß die Fördermöglichkeiten nicht optimal ausgeschöpft wurden. Sobald Haider selbst Landeshauptmann war, rühmte er sich gemeinsam mit seiner steirischen Kollegin, aus dem zukünftigen Fördertopf ein Maximum herausgeschlagen zu haben.

Wenn die EU zu einer Gemeinschaft werden will, in der die nationalen Egoismen nicht mehr im Vordergrund stehen, wird sie von diesem „Futtergeben und Abmelken"-Denken abgehen müssen.

Die Osterweiterung

Solidarität oder die Bereitschaft zu wirtschaftlichem und sozialem Ausgleich sind Grundvoraussetzungen für jede lebenswerte Gemeinschaft von Menschen und auch für eine Gemeinschaft von Staaten. Die Solidarität muß sich aber nachvollziehbare Kriterien suchen, die nicht auf rein mathematischen Modellen beruhen.

Die Solidarität der Völkergemeinschaft der EU darf sich keine dauerhaften unüberwindlichen Außengrenzen aufbauen. Schon am Tage als der Eiserne Vorhang gefallen ist entstand die unumstößliche Verpflichtung, jene Völker, die sich durch ihre eigene Kraft vom Kommunismus befreit haben, in das Europa der westlichen Welt zu integrieren.

Österreich kann sich dieser Verpflichtung nicht verschließen. Man sollte sich vor Augen halten, daß in der österreich-ungarischen Monarchie auch die Menschen im heutigen Österreich durch Wanderbewegungen und Vermischung geprägt, ja geschaffen wurden. Man muß nur einmal das Telefonbuch, nicht nur in Wien, sondern auch in allen anderen Teilen Österreichs aufschlagen und sich die Namen der Menschen vor Augen führen. Aber gerade auch jene Namen, die wir im Zusammenhang mit der Politik so häufig zu lesen bekommen, beweisen ja deutlich, woher die Österreicher stammen. Namen wie Busek, Lacina, Vranitzky, Pawkowitz, Sichrovsky, Povysil ... sprechen doch eine deutliche Sprache.

Gleichzeitig gegen die Vertiefung und gegen die Erweiterung der EU zu sein, ist unlogisch und beweist eine Fehleinschätzung der politischen Fakten. Genau diese Position nahmen die Freiheitlichen bisher in europapolitischen Fragen ein. Sie waren in vielen Bereichen gegen eine Vertiefung. Dies trifft zum Beispiel auf die Frage der Währungsunion oder die Schaffung starker europäischer Institutionen zu. Sie wollten aber auch keine Erweiterung. Dabei ist die Aufnahme neuer Mitglieder der natürlichste Weg um die Vertiefung zu verlangsamen und um die Europäische Union dem, gerade von den Freiheitlichen gewollten Modell eines Europas der Nationen näherzubringen. Je mehr Staaten dieser Union angehören, umso schwieriger wird es zu zentralisieren, umso langwieriger werden die Entscheidungsprozesse und umso mehr wird es notwendig sein, sich auf ein möglichst geringes Maß von Gemeinschaftsregelungen zu konzentrieren. Das Prinzip der Subsidiarität wird in einer Europäischen Union, der noch mehr Staaten angehören, zu einer absoluten Notwendigkeit werden müssen. Sie wird zur Grundlage werden, auf der die Gemeinschaftspolitik aufbaut. Dr. Otto Habsburg hat in seinem Buch „Die Paneuropäische Idee – Eine Vision wird Wirklichkeit" zur Frage der Osterweiterung die richtigen Worte gefunden. Einige kurze Zitate aus seinem Buch sollen das illustrieren:

„Man hat nach 1989 vielfach nicht gesehen, daß es gerade die Völker Mittel- und Osteuropas waren, die die große Wende und damit die wirkliche Sicherheit des Westens herbeiführten. Vergessen wird, daß, je weiter die Grenzen der Freiheit nach Osten verschoben werden, desto größer die Sicherheit der Mitte und des Westens sein wird. Man hat auch die große historische Bedeutung des ungarischen Volksaufstandes im Jahre 1956 nicht erkannt."
Allein durch seine Haltung in den Jahren 1956 und 1989 hat es das ungarische Volk verdient, von Österreich bei seinen Bemühungen, bald Mitglied der EU zu werden, im Sinne gutnachbarlicher Freundschaft unterstützt zu werden.

Die Freiheitlichen haben sich bemüht, das Thema Osterweiterung zu einem wahlpolitischen Thema zu machen. Ihre restriktive, ablehnende Haltung ist vor allem in Zusammenhang mit ihrer Einstellung zur Einwanderungspolitik, die sie im letzten Wahlkampf „Überfremdung" genannt haben, zu sehen.

Für jemanden, der im Jahre 1956 an der ungarischen Grenze als Student Tage und Nächte verbracht hat, um ungarischen Flüchtlingen in die Freiheit zu verhelfen, ist die Art und Weise, wie gewisse Freiheitliche mit diesem Thema umgegangen sind, bedauerlich. Wer die Berliner Mauer gesehen hat und den größten Teil seines Lebens mit dem Eisernen Vorhang als Symbol des Negativen im Kopf gelebt hat, hat heute beim populistischen Ausschlachten dieser Frage einen Eisernen Vorhang im Kopf. Wie in so vielen Bereichen werden politische Aussagen im Nachhinein nach Beliebigkeit ver- oder umgedreht. Tatsache ist, daß vor kurzem die eiserne Parole gelautet hat „Osterweiterung nein danke". Und ich sehe noch die freiheitliche Spitzenkandidatin bei der EU-Wahl mit pathetisch ausgebreiteten Armen diesen polemischen Schlachtruf in die Menge schleudern. Selbst am 20. Oktober 1999, als Haider längst im Rahmen der sogenannten Sondierungsgespräche mit der ÖVP von dieser fundamentalistischen Haltung abgegangen war, stand in der „Neuen Freien Zeitung": *„Ram: FPÖ bleibt bei klarem Nein zu EU-Osterweiterung! Der niederösterreichische FPÖ-Bundesrat Thomas Ram erneuerte die klare Ablehnung einer EU-Osterweiterung durch die Freiheitlichen. Derzeit, so Ram, heiße es für die FPÖ weiterhin ‚Osterweiterung nein danke!'"*

Während der freiheitliche Clubobmann Scheibner meint, *„Wir stehen zur europäischen Integration"*, spricht eine freiheitliche EU-Abgeordnete in diesem Zusammenhang noch immer von *„einer Politik abseits der Realität"*. („Die Presse", 20. Oktober 1999, „Neue Freie Zeitung", 20.Oktober 1999)

Man mag die freiheitliche Strategie mit den Worten „Der Ton macht die Musik" abschwächen. Aber gerade in diesen Worten liegt der Vorwurf, den man dieser Politik machen kann. Der Ton macht eben die Musik. Es geht aber gerade um jenen Ton, der die Richtung weist. Österreich hätte die Aufgabe, den Ton vorzugeben und den Marsch für die anderen Mitgliedstaaten zu blasen. Unter dem Druck der lautstarken freiheitlichen Politik hat die österreichische Regierung den Kopf eingezogen und spielt in diesem historischen Prozeß eine lauwarme Rolle.

Die Interessen der Österreicher müssen gewahrt werden. Aber die Ängste der Österreicher dürfen nicht geschürt werden um politisches Kleingeld zu kassieren. Die Osterweiterung ist ein politisches und somit auch ein parteipolitisches Thema. Im Detail ist auch die parteipolitische, ja die wahlpolitische Diskussion zu begrüßen. Die Frage ist, wo die Interessen der Österreicher wirklich liegen. Sind wir nicht vielleicht gerade jenes Land, das am meisten von einer baldigen Integration der Nachbarländer profitieren wird? Wurde Frankreich, wie einige politische Vertreter dieses Landes befürchtet haben, nach dem Beitritt Spaniens und Portugals von Bürgern dieser Staaten überschwemmt? Wäre es nicht ein großer Vorteil, die Grenze von Schengen weiter von uns wegzuschieben?

Hätte die freiheitliche Partei im vergangenen Wahlkampf zur Nationalratswahl nicht „Wir garantieren einen Stop der Überfremdung“ sondern „Wir garantieren eine geordnete, maßvolle Einwanderungspolitik“ gesagt, dann wäre ihr eine internationale Protestwelle erspart geblieben. Sechs Wochen nach dieser Wahl distanziert sich Haider persönlich von den Wiener Plakaten und weist die Schuld einzig und allein seinem Wiener Parteifreund und Landesparteileiter Kabas zu. Der Chef hat die Verantwortung aber immer mitzutragen. Es ist traurig, wenn er als oberster „Kriegsherr“ einem untergeordneten Offizier die Schuld zuweist.

In der Frage Osterweiterung liegen die Dinge sehr ähnlich. Auch hier müßte Haider klar zu verstehen geben, daß die Parolen der Vergangenheit nichts anderes als wahlpolitische Demagogie waren, und daß er eigentlich für die Osterweiterung ist, wenn auch nicht ohne wenn und aber. Jedes Herumreden nimmt seiner Politik die Glaubwürdigkeit. Haider soll sich zu dem Ziel der Integration jener Staaten, die im Ostblock unter dem Joch der Sowjetunion gelitten haben, bekennen. In seinem Buch „Die Freiheit, die ich meine" aus dem Jahr 1993 hat er dazu die richtigen Worte gefunden: *„Wenn es nicht gelingt, die ökonomische und soziale Frage in Osteuropa zu lösen, kann ja doch in absehbarer Zeit der Wunsch nach der ‚guten, alten Zeit' wieder erwachen. (...) Ohne Zukunftsperspektive für die Völker des Ostens wird der Ruf nach dem starken Mann laut werden."*

5. Teil
Die Konfession

Ein Einzelkämpfer

Politik wird von Menschen betrieben. Sie ist daher keine theoretische, technokratische Angelegenheit. Sie hat für jene Menschen, die politisch aktiv werden, auch emotionale Bedeutung. Eine politische Konfession zu schreiben bringt auch die Notwendigkeit mit sich, sein Gewissen zu erforschen. Es gilt eine Reihe von Fragen zu beantworten. Warum habe ich etwas getan? Was habe ich dabei empfunden? Was hat mich dazu bewogen, vom bisherigen Lebensweg abzugehen? Welche Ursachen, welche Einflüsse, welche Mißstände? Welche persönlichen Kontakte waren dafür verantwortlich? Was in meiner Vorgeschichte hat mich politisch geprägt? Warum habe ich im Zuge meiner politischen Engagements Dinge toleriert, die mir grundsätzlich mißfallen? Was hat mich bewogen, zu der Partei, für die ich mich eingesetzt habe, wieder stärker auf Distanz zu gehen?

Mein persönlicher Lebensstil war der eines Einzelkämpfers. Ich habe mich bei keiner politischen Partei engagiert und bin auch keinem Verein beigetreten. Weder Studentenverbindungen noch Clubs wie Rotary oder Lions und ähnliche haben mich interessiert. Es war mein Ehrgeiz, ein großes Maß an Unabhängigkeit zu besitzen. Ich wollte auch meine berufliche Karriere ausschließlich mit Hilfe meiner eigenen Leistung aufbauen. Den Beschluß einen Beruf zu wählen, der es mir ermöglicht, fremde Länder kennenzulernen, habe ich schon früh gefaßt. Die jahrzehntelange Abwesenheit von Österreich hat auch bewirkt, daß ich gar keine Möglichkeit hatte, in die Seilschaften, die in Österreich machtpolitisch sehr viel mitbestimmen, hineinzukommen.

Weltanschauung und politische Einstellung sind einem Wandlungsprozeß unterworfen. Der Mensch geht durch Phasen der Meinungsbildung, die mit seinen Erlebnissen und Eindrücken zusammenhängen. Die politische Konfession als Ausdruck gelebter Überzeugungen hängt mit den beruflichen

Lebensstationen zusammen. Meine persönliche Einstellung zu politischen Grundsatzfragen wurde durch verschiedene berufliche Auslandsaufenthalte besonders geprägt.

Anwerbung türkischer Arbeitskräfte

Anfang der 60er Jahre war es meine erste berufliche Auslandsmission, die Anwerbung türkischer Arbeitskräfte für Österreich aufzubauen. Die ersten paar tausend Türken und Türkinnen, die in Österreich Beschäftigung fanden, wurden durch mich engagiert. Durch diese Aufgabe wurde ich in sehr jungen Jahren mit der großen Armut und den unerhörten sozialen Problemen, die in der Türkei herrschten, konfrontiert. Einer beschränkten Nachfrage nach Arbeitskräften stand ein Überangebot, ja ein Millionenheer arbeitsuchender Türken gegenüber.

Es bot sich mir die Möglichkeit, im Zuge meiner Reisen durch Anatolien und im Gespräch mit vielen der arbeitssuchenden Türken die Seele dieses Volkes besser kennenzulernen. Auch die Notwendigkeit, bei der Zusammenarbeit mit Menschen anderer Religionen auf deren glaubensbedingte Bedürfnisse einzugehen, wurde mir bewußt. Einige der damals von mir angeworbenen Türkinnen und Türken haben heute wahrscheinlich Enkel in Österreich, die der Muttersprache ihrer Großeltern nicht mehr fähig sind. Im Gegensatz zu heute herrschte damals in Österreich in gewissen Sparten akuter Mangel an Arbeitskräften. Meine Tätigkeit mit den Bürgern der Türkei hat in mir sehr positive Erinnerungen hinterlassen. Sie hat mitbewirkt, daß ich dem „Anderen und Fremden“ gegenüber Toleranz entwickelt habe und Ausgrenzungstendenzen stets ablehnend gegenübergestanden bin.

Beirut, Stadt der Gegensätze

Ich hatte das Glück, vor dem Ausbruch des Krieges mehrere Jahre im Libanon zu verbringen. Meine berufliche Tätigkeit an der österreichischen Außenhandelsstelle, die neben dem Libanon auch für Syrien, Jordanien und Saudi Arabien zuständig war, ermöglichte es mir, dieses Land in all seinen bunten Facetten und in seiner großen Gegensätzlichkeit kennenzulernen. Unvorstellbarer Luxus und größte Not existierten nebeneinander. Der Libanon verfügte damals über die höchste Quote an Millionären in Relation zur Bevölkerung. Gleichzeitig lebten viele hunderttausende palästinensische Flüchtlinge unter ärmsten Verhältnissen in ihren Lagern. Die Realverfassung des Libanon beruhte auf dem Neben- und Miteinander der verschiedenen Religionen. Suniten, Schiiten, Drusen, Orthodoxe, Maroniten und Juden koexistierten unter Aufrechterhaltung der Grundregeln gegenseitiger Toleranz.

Später wurde von außen die Saat des Unfriedens in den Libanon hineingetragen. Ein schrecklicher 17 Jahre lang dauernder Krieg sollte dieses wunderbare Land und vor allem die Hauptstadt Beirut an den Rand des Ruins bringen. Es ist erstaunlich, wie rasch religiöse und politische Gegensätze, die lange unter Kontrolle waren, in Haß und Blutrausch umschlagen können.

Angola, koloniales Paradies im Kriegszustand

Während meines beruflichen Aufenthaltes in Luanda war Angola noch eine der portugiesischen Provinzen in Afrika. Die Bilderbuchstadt Luanda strahlte Wohlstand und koloniale Überheblichkeit aus. Niemand, der durch die Straßen dieser bunten Stadt flanierte, hätte es für möglich gehalten, daß unweit von der Hauptstadt ein gnadenloser Guerillakrieg tobte. Es waren damals über 200.000 portugiesische Soldaten in Angola stationiert.

Die Portugiesen waren sehr stolz darauf, daß sie das System der Apartheid nicht eingeführt hatten. Von der Vermischung zwischen Schwarz und Weiß war allerdings nur die ärmere Schicht der portugiesischen Bevölkerung betroffen. Die „Oberschicht" hielt sich sehr rigoros an Regeln einer praktischen Apartheid. So wie bei jedem meiner Kollegen hat die afrikanische Erfahrung „in meiner Lebensphilosophie" ihre Spuren hinterlassen. Wenn nichts anderes geblieben ist, dann zumindest die Überzeugung, daß die Probleme, mit denen wir zu kämpfen haben, im Vergleich zu jenen, die den „Schwarzen Kontinent" erschüttern, fast unbedeutend erscheinen.

Kanadische Perspektiven

Während meiner Auslandsaufenthalte war ich ein engagierter Beobachter der politischen Entwicklungen und habe natürlich auch jeweils stark pointierte Meinungen entwickelt. Besonders in Kanada, wo ich elf Jahre lang in Montreal lebte, waren die dortigen Liberalen unter Pierre Elliot Trudeau „meine Partei". Ich war ein engagierter Föderalist, das heißt gegen die Separierungsbewegung der Provinz Quebec. Dies obwohl ich am Anfang meines Aufenthalts in Kanada noch erlebt habe, wie die französischsprachigen Quebecer in ihrer eigenen Provinz englisch sprechen mußten, um überhaupt einen Job zu bekommen. Sie haben im Laufe der Jahre alles und mehr erreicht, als sie je erträumt hatten, und der Wunsch, sich von Kanada loszutrennen, erschien mir daher als überflüssig. Wäre ich damals in Kanada geblieben, worüber ich ernsthaft nachgedacht hatte, dann hätte ich mich mit Sicherheit auf seiten der Liberalen politisch engagiert. Meine Jahre in Kanada, wo auch meine Kinder geboren und aufgewachsen sind, haben meine Familie und mich weltanschaulich und in unserer Lebenseinstellung stark geprägt. Als Politiker habe ich Pierre Elliot Trudeau mehr als jeden anderen Politiker, den ich je kennengelernt habe, geschätzt. Dieser Mann zeichnete sich durch Brillanz und Humor, durch überdurchschnittliche Bildung und nebenbei durch ein lockeres Auftreten aus, das in extremem Gegensatz zu dem Gehabe vieler unserer Politiker steht.

Das Schicksal von Trudeau hat mir gezeigt, wie leicht in der Politik selbst der leuchtendste Stern verblaßt. Die kanadische Bevölkerung hat diesen überragenden Mann nur eine bestimmte Zeit lang ausgehalten, dann wurde er mit Hilfe der Neider und Eifersüchtigen medial niedergemacht und an seine Stelle trat ein gewisser Joe Clark, den man wegen seiner Farblosigkeit bald „Joe who?“ nannte. Auch das weitere Leben Trudeaus nach seiner politischen Glanzzeit bewies, daß ein wahrhaft großer Charakter nicht von seiner Position abhängt. Er stand eine Zeitlang im Mittelpunkt des medialen Interesses, er wurde idolisiert, man sprach sogar von der „Trudeaumanie“. Als er aus der Politik verschwand und das mediale Interesse, das zuletzt nur negativ gewesen war, völlig versiegte, war das für ihn, wie alle seine Freunde bestätigen, völlig unbedeutend.

Im Land des Proporzes

Als ich als 50jähriger nach Österreich zurückkam, wurde ich im Rahmen eines „Hearings“ zum Generaldirektor der Österreich Werbung gewählt. Diese Wahl erfolgte einstimmig von seiten aller neun Bundesländer, des Wirtschaftsministeriums und der Wirtschaftskammer. Ich habe diese Aufgabe mit sehr gefestigten Vorstellungen über die Art und Weise, wie man Österreich im Ausland verkaufen sollte, übernommen. Das innenpolitische Spiel und die Machtverhältnisse der Republik waren mir weitgehend von der Praxis her unbekannt. Es hat viele mächtige „Persönlichkeiten“ des Landes verstört, daß sie in mir auf jemanden gestoßen sind, der alle völlig gleich behandelt hat. Als Verantwortlicher für ein Budget in der Höhe von etwa einer halben Milliarde Schilling war ich natürlich für viele, aus rein materiellen Gründen, interessant. Die vielen Versuche, mit mir „Geschäfte" zu machen, habe ich sehr deutlich abgelehnt. Auch das „Einkochen" der Medien durch Werbeeinschaltungen habe ich mit größter Konsequenz abgelehnt. Das Prinzip „eine Hand wäscht die andere" kam nicht zum Tragen. Ich war nicht bereit, die Machtspiele mitzumachen.

Ich wurde aufgrund meiner jahrzehntelangen Tätigkeit als Angestellter der Wirtschaftskammer dem schwarzen Lager zugerechnet. Die Spitzenfunktionäre der ÖVP, mit denen ich damals intensiv zu tun hatte, allen voran Wolfgang Schüssel, wußten ganz genau, daß dies nicht der Fall war. Ich rechne dem damaligen Wirtschaftsminister Schüssel auch hoch an, daß es in den vielen Jahren der Zusammenarbeit nie den geringsten Druck in meine Richtung gegeben hat, parteipolitisch zu agieren.

Die Funktion, die ich an der Spitze der Österreich Werbung einnahm, erwies sich recht bald als von den parteipolitischen Geschehnissen des Landes schwer abgrenzbar. Ich kam bald sehr intensiv mit dem großkoalitionären Proporzdruck in Berührung. Wenn es um Geld und Positionen ging, versuchte das „System" mich unter Druck zu setzen. Ich habe mich dagegen jahrelang in Einzelkämpfermanier erfolgreich gewehrt. So hatte ich auch für die Österreich Werbung eine zwingende Aufnahmeprüfung eingeführt. Ohne die kommissionelle Prüfung bestanden zu haben war es nicht möglich, in die Österreich Werbung einzutreten. Damit konnte ich die zahllosen Interventionen, die von allen Seiten gekommen sind, von vorneherein entkräften. Ich habe dieses Ausleseverfahren bis zu meinem Abgang rigoros eingehalten. Nach meinem Abgang wurde die kommissionelle Aufnahmeprüfung abgeschafft. Sie hatte bewirkt, daß die Bestqualifizierten und nicht die von den Mächtigen am meisten Geliebten angestellt wurden. Es paßt zum Sittenbild großkoalitionären Denkens, daß selbst dieses unbedeutende Hindernis, das der zum System gewordenen Freunderlwirtschaft im Wege stand, beseitigt wurde.

Ich habe die Verfilzung von persönlichen Interessen mit Machtspielen innerhalb der „geschlossenen Gesellschaft“ aus der Nähe miterlebt. Während nach außen Kirche, Familie und Anständigkeit gepredigt werden, herrscht hinter den Vorhängen eine allgemein tolerierte Systematik der Vetternwirtschaft, die jenen, die nicht bereit sind mitzuspielen, zum Nachteil gereicht.

Der blaue Magnet

Zur selben Zeit sprachen die Freiheitlichen unter ihrem Parteiobmann Haider deutliche Worte gegen genau diese Privilegienwirtschaft und genau diesen Filz. Mir war Haider als Landeshauptmann und als von den Medien pausenlos schlechtgemachter und ausgegrenzter Politiker aufgefallen. Er seinerseits suchte den Kontakt zu mir und unsere Gespräche sind in sportlich-amikaler Weise und ohne die geringsten „unanständigen“ Angebote verlaufen. Seine Besuche in der Österreich Werbung waren freudige Ereignisse für die Damenwelt, die ihn bewunderte. Die tägliche Konfrontation mit jenem System, das die FPÖ kritisierte, ließen in mir einen Entschluß reifen: Ich wollte mithelfen, in diesem Land etwas zu verändern. Der Entschluß, mich bei den Freiheitlichen zu engagieren, ist spontan gefallen.

Meine Mitteilung, daß ich in einigen wesentlichen Punkten wie in der Europafrage und in der Ausländerpolitik eine Meinung habe, die sich nicht mit der Parteilinie deckt, nahm Haider zur Kenntnis. Hinter mir lagen nach mehreren Jahrzehnten ausländischer Erfahrung neun Jahre im Dunstkreis großkoalitionärer Machtspiele mit Einblick in eine Welt des Postenschachers, der Eifersüchteleien und der Intrigen. Meine neuen Gesprächspartner, allen voran der Parteiobmann, waren mir gegenüber von einer überwältigenden Offenheit und Toleranz.

In der ersten Zeit meines Engagements bei den Freiheitlichen hatte ich neben Haider vor allem mit den blauen Jungstars Karl-Heinz Grasser und Walter Meischberger zu tun. Sie haben mich durch die konsequente und spritzige Art, mit der sie gegen ein verlogenes System, das mir selbst unerträglich geworden war, ankämpften, beeindruckt.

Als ich auf der Bundesliste zum Nationalrat an sicherer Stelle gereiht wurde, hatte ich den Eindruck, daß damals bei den Freiheitlichen – es handelte sich um die Wahl im Dezember 1995 – eine Art Aufbruchstimmung in Richtung Liberalität herrschte.

Beim ersten Zusammentreffen der neuen Quereinsteiger nach der geschlagenen Wahl – es handelte sich um Dipl.-Ing. Thomas Prinzhorn, die Primarärztin Dr. Brigitte Povysil und mich – gab sich Jörg Haider als liebenswerter Gastgeber, der uns den Kaffee einschenkte und bei uns positive Gefühle erweckte.

Ich wechselte dann vom Nationalrat in das Europaparlament, wo ich auf Frau Dr. Susanne Riess-Passer als Delegationsleiterin stieß, die sich als kompetent und konstruktiv herausstellte. Das von ihr ausgearbeitete Papier zur Europapolitik konnte ich in weiten Bereichen unterschreiben. Auch die damaligen Kollegen im Europaparlament, allen voran die Abgeordneten Schreiner und Nußbaumer, waren offen und fleißig und wurden in ihren Ausschüssen als echte Fachmänner anerkannt.

Diesen positiven internen Eindrücken standen erstaunliche negative, von außen kommende Erfahrungen gegenüber. So behandelten mich gute Bekannte und auch Freunde plötzlich wie einen Aussätzigen. In der Kärntner Künstlerszene zum Beispiel, mit der ich immer gute Kontakte gepflegt habe, konnte man für meine Entscheidung absolut kein Verständnis aufbringen, und ich hatte das Gefühl, hier plötzlich wirklich ausgegrenzt zu werden. „Er ist vom Satan verhext worden", bekam ich zu hören. Meine Kinder, die bereits im Berufsleben standen oder studierten und die alle aufgrund der im Ausland verbrachten Jugend international und liberal denken, machten ihrerseits einschlägige Erfahrungen, die ihr Leben nicht gerade leichter und angenehmer gestalteten. Vor allem meine Tochter, die an der Hochschule für Bodenkultur studierte, wurde fast pausenlos mit dem Vorwurf, einen „Nazi-Vater" zu haben, traktiert. Alle Versuche zu erklären, daß der Vater ein Freidenker und liberaler Mensch sei, wurden als rein familiäre Verteidigungsstrategie abgetan.

Überrascht hat mich auch, daß Journalisten, zu denen ich ein freundschaftliches Verhältnis gepflegt hatte, mir ins Gesicht sagten, „als Freiheitlicher kommst du bei uns positiv nicht mehr vor". Alle diese Ausgrenzungsaktionen und diese extrem gegen Blau gerichteten Haltungen bestärkten mich in meiner Überzeugung, am richtigen Weg zu sein.

Die Selbstverständlichkeit, mit der Rot und Schwarz den Machtanspruch stellten, war verblüffend. Wer nicht mitspielte, hatte sein Recht mitzugestalten verloren. In diesem koalitionären Demokratieverständnis war nur Platz für rot-schwarzen Proporz. Opposition war ein Reizwort und Blau die Farbe des Bösen. Jeder, der es wagte, den Schritt zur Opposition zu machen, gehörte zum Bösen und war auch sofort nicht mehr salonfähig.

Ich konnte mich auch damals mit einem Teil der freiheitlichen Parteistrategie nicht identifizieren. Konkret hat es sich um Teile der Europapolitik und um die Haltung in der Ausländerfrage gehandelt. Ich war aber guter Hoffnung, von innen zu einer Verbesserung der Parteilinie beitragen zu können.

Im Laufe meiner politischen Tätigkeit in Österreich und besonders in Kärnten traf ich mit sehr vielen der sogenannten kleinen Leute, die aus Überzeugung blau sind, zusammen. Unter ihnen gibt es viele Idealisten. Ich meine damit Menschen, die an etwas glauben, gleichgültig ob es richtig oder falsch sein mag, und die sich mit Herz und Tat oft seit Jahrzehnten für ihre Überzeugung einsetzten. Daß sie einer ausgegrenzten Partei angehörten und daher aus diesem Bekenntnis gesellschaftlich und beruflich nur Nachteile bezogen, hat meine Sympathie verstärkt. Ich mußte aber bald feststellen, daß gerade die kleinen Idealisten von den Funktionären, also dem parteipolitischen Mittel- und Oberbau, der „Aristokratie" in der freiheitlichen Hierarchie, benützt und ausgenützt wurden. Die Basis beschwerte sich oft darüber, daß die „Bonzen" sie überhaupt nur in Vorwahlzeiten zur Kenntnis nehmen würden.

Ein Teil der „Altgedienten" und der blauen Pensionisten gehört in großen Teilen des Landes immer noch dem nationalen Lager an. Diese Menschen hängen einer versunkenen, entschwundenen Welt nach. Sie wissen natürlich, daß diese Welt nicht mehr wieder kommen wird. Sie wollen nicht hören, was in dieser Welt an Bösem angerichtet wurde. Sie wollen Politiker, die über diese Vergangenheit nichts Schlechtes sagen. Aus meiner persönlichen Erfahrung weiß ich, daß es heute nur mehr sehr wenig höherrangige Politiker gibt, die auch selbst wirklich so empfinden wie sie im Dorfwirtshaus sprechen. Für einen Freiheitlichen ist es aber bei regionalen und nationalen Wahlen schwierig, die eigene Basis zu motivieren, ohne das nationale Gemüt recht deutlich anzusprechen.

Als Abgeordneter zum Europäischen Parlament hatte ich jedenfalls eine Aufgabe gefunden, die mich inhaltlich erfüllte.

Gemeinderatswahlen in Klagenfurt

In Klagenfurt herrscht seit langem eine schwarz-blaue Koalition. Schwarz und Blau bekämpfen sich zwar gelegentlich medial und öffentlich, manchmal auch nicht ohne Gehässigkeit, das Ganze aber bisher stets über dem Fangnetz von geheimen Vereinbarungen und Koalitionsabkommen. Im Gegensatz zu den meisten anderen Teilen Österreichs ist freiheitlich sein in Klagenfurt gesellschaftlich immer schon akzeptiert, in letzter Zeit sogar stark „in“ gewesen. Ein Teil der schwarzblauen Gesellschaft dieser Stadt hat zwei Wesensmerkmale: sie ist vehement gegen die Roten und sie ist von nationaler Gesinnung.

Man hat sich in der Vergangenheit immer wieder gegenseitig geholfen. Die Schwarzen haben es ermöglicht, daß Haider seinerzeit Landeshauptmann wurde, und die Blauen haben den ÖVP-Mann, Leopold Guggenberger, in den Bürgermeistersessel gehoben. Wenn es darauf ankommt, erinnert man sich an diese Ereignisse aus der Vergangenheit. In diesem ganzen Wechselspiel schwarz-blauer Bruderschaft wird vieles an günstigen Widmungen und an kleineren und größeren Subventionen verteilt. Allerdings sitzen auch die Sozialisten nach wie vor recht behäbig im Boot und holen sich ihrerseits ihre Vorteile aus dem nicht gerade bescheidenen Stadtbudget.

In diese Situation wurde ich anläßlich der Gemeinderatswahlen in Kärnten im Jahre 1996 hineingezogen. Ich hatte nämlich für die Wahlen zum Europäischen Parlament als freiheitlicher Spitzenkandidat in Kärnten einen intensiven Wahlkampf geführt und damals das bis dahin beste Ergebnis, das die Freiheitlichen je auf Landes- oder Bundesebene erzielt hatten, erreicht. Die FPÖ bekam in Kärnten 37 % der Stimmen und in Klagenfurt sogar fast 40 %. Um dies zu erreichen war auch ein großer persönlicher Einsatz notwendig gewesen.

Die Ergebnisse dieser Wahl müssen Jörg Haider und andere freiheitliche Kärntner Spitzenpolitiker auf die Idee gebracht haben, mich als Bürgermeisterkandidaten für die Landeshauptstadt Klagenfurt in die Schlacht schicken zu wollen. Ich hingegen war mit Leib und Seele und mit großer Begeisterung Europaabgeordneter und an einer Kandidatur für Klagenfurt zunächst desinteressiert. Mein Wohnsitz war und ist im mehrheitlich slowenischen Ludmannsdorf, wo ich mich außerordentlich wohl fühle. Ich bin zwar in Klagenfurt geboren und dort in die Mittelschule gegangen, fahre auch laufend hin, um Einkäufe zu tätigen und meine Freunde zu treffen, aber man kann nicht sagen, daß ich ein Klagenfurter im engeren Sinne bin.

Ich erteilte daher nach dem ersten Gespräch, das ich mit dem damaligen Landeshauptmann-Stellvertreter, Mag. Karl-Heinz Grasser, und dem Klubobmann, Dr. Martin Strutz, hatte, eine klare Absage und wie ich meinte eine endgültige. Jörg Haider aber ließ nicht locker und versuchte immer wieder, mir die Bedeutung des Bürgermeisters einer Landeshauptstadt schmackhaft zu machen. Jede rationale Selbstbeobachtung sagte mir, daß die Position eines Bürgermeisters, auch wenn sie, wie gerade in Klagenfurt, fast jener eines Mini-Monarchen entspricht, in keiner Weise zu meiner Lebenserwartung und zu meiner persönlichen Vorstellung von Lebensqualität- und führung paßt. Ich habe absolut kein Interesse an besonderen Ehren oder daran, ständig im Mittelpunkt zu stehen. Es fiele mir auch schwer, meinen gesamten Lebensinhalt auf einen sehr beschränkten geographischen Raum auszurichten, auch wenn mir dieser, wie es bei Klagenfurt der Fall ist, außerordentlich sympathisch ist. In diesem Sinne habe ich mich lange gegen den durchaus freundschaftlichen, zum Teil leicht humoristisch gefärbten Druck gewehrt. Anläßlich eines Besuches von Haider in Straßburg bin ich seinem charmanten Druck erlegen und habe nach ein paar Gläsern Wein den Entschluß gefaßt, doch ja zu sagen.

Es kam nun eine Phase in meinem Leben, die mir Einblicke in das politische Leben auf kommunaler Ebene gewährte und in der ich mich selbst unerwartet im Mittelpunkt eines teilweise operettenhaften Wahlkampfes fand. Das Übereinkommen mit Jörg Haider – und er meinte, dies sei selbstverständlich und anders gar nicht denkbar – war, daß ich auch, wenn ich Bürgermeister würde, das Europamandat behalten sollte. Eine Konstellation, die es im Europaparlament tatsächlich sehr häufig gibt. Fast jeder französische Abgeordnete war gleichzeitig Bürgermeister einer Stadt. Auch in Italien waren viele Abgeordnete gleichzeitig Bürgermeister, wie zum Beispiel jener von Palermo (ein Grüner) und jener von Mailand (von der Lega-Nord). Man muß aber auch wissen, daß diese Bürgermeister, so wie es in diesen Ländern üblich ist, über einen geschäftsführenden Bürgermeister verfügen, und selbst nur an den Wochenenden in eher repräsentativer Weise ihr Amt ausüben.

Während die Kandidaten der beiden anderen Großparteien bereits feststanden, nämlich der Vorsitzende der ORF-Kuratoriums und bisherige Vizebürgermeister Siegbert Metelko und der Kammerangestellte und frühere Landeshauptmann-Stellvertreter Dkfm. Harald Scheucher, hatten die Freiheitlichen die Katze noch nicht aus dem Sack gelassen. Es begann ein großes Rätselraten in den Medien. Eine Zeitlang gab es das Gerücht, daß Jörg Haider selbst für den Bürgermeister in Klagenfurt kandidieren werde. Er hat dieses Gerücht sogar bewußt hochgespielt als eine Art Ablenkungsmanöver.

Es war geplant, meine Kandidatur als echte Überraschung im Rahmen einer großen Pressekonferenz bekanntzugeben. Dieser Überraschungsschlag ist aber nicht gelungen, denn als meine Frau mich in meinem Wohnort Ludmannsdorf abmeldete, um mich in Klagenfurt anzumelden (als Bürgermeisterkandidat war es notwendig, den Wohnsitz in Klagenfurt zu haben), dürfte davon die „Kleine Zeitung“ erfahren haben. Die „Kleine Zeitung“ und ihr nachfolgend die anderen Blätter schlossen aus dieser Ummeldung, daß ich der Kandidat sein würde. Am nächsten Tag war die Katze aus dem Sack, mit durchaus nicht nur sehr positiven Schlagzeilen. Die Tatsache, daß einer aus dem zweisprachigen Ludmannsdorf Bürgermeister von Klagenfurt werden will, wurde am Anfang von gewissen Kreisen, vor allem auch aus der eigenen Partei, sehr kritisiert.

Als großer Fehler stellte sich sehr bald heraus, daß die Wahlkampagne stark auf das europäische Mandat aufgehängt werden sollte. Klagenfurt ist die einzige Stadt Österreichs, die einen Europaparlamentarier als Bürgermeister hat! Klagenfurt, die Stadt, die über einen Mann an der Spitze verfügt, der die internationalen Kontakte hat und damit der Stadt sehr viel bringen kann! Die Medien stellten dieses Argument von der ersten Sekunde an negativ dar, und es zeigte sich, daß die Bevölkerung zu Europa insgesamt keinen starken Bezug hatte und einen Bürgermeister wollte, der immer da ist. Den Stadtbürgern erklären zu wollen, daß Bürgermeister, die kein Europa-Mandat haben, dafür aber Städtepartnerschaften mit der halben Welt pflegen, oft genausoviel und weniger nutzbringend unterwegs sind, war ein müßiges Unterfangen.

Dieser Wahlkampf begann also mit einigen Hypotheken: ein Bürgermeisterkandidat, den man in Klagenfurt in Wirklichkeit kaum kannte; einer der, wie sich bald herausstellte, kein Nationaler war; und ein Kandidat der freiheitlichen Partei, die gegen den EU-Beitritt votiert hatte, der aber trotzdem Europa-Parlamentarier war und keinen Zweifel darüber ließ, daß er auch ein EU-Befürworter ist. Alle diese Punkte nahm Jörg Haider in Kauf.

Die ÖVP legte ihre Wahlkampagne unheimlich schlau an. Sie gab ihrem Kandidaten viel Geld, um Freibiere auszugeben, und legte ihm als wichtigste Aussage die Worte „Hier bin ich zu Haus, da kenn ich mich aus“ in den Mund. Damit antizipierte er genau das, was die Klagenfurter hören wollten. Gleichzeitig wies er, ohne es auszusprechen, darauf hin, daß der Gegenkandidat sein Leben lang hier nicht zu Hause war und sich daher auch nicht so gut auskennen kann. Dieser Klagenfurter Wahlkampf vermittelte mir ungeheure Einblicke in das Agieren, Denken und Fühlen des Wahlvolkes, der Parteimitglieder, aber auch der kleineren und größeren Funktionäre. Der Wahlkampf war auch deshalb so interessant, weil Bundesparteiobmann Jörg Haider ihn zu einem persönlichen Anliegen machte und mich an rund 30 Tagen zum Teil ganztägig persönlich unterstützte. Ich gewann Einblicke in sein Denken, seine Unverwüstlichkeit und seinen Fleiß und stieß auf positive und sehr menschliche Charaktereigenschaften bei ihm.

Diese Erfahrung zeigte mir aber auch deutlich, daß es in der Politik und auch auf kommunaler Ebene hauptsächlich um Geben und Nehmen geht, um Benützen und Benütztwerden. Einige der vielen Erlebnisse des Klagenfurter Wahlkampfes sind erzählenswert.

Keine Ehrenmedaille

Zu einer größeren Wahlveranstaltung waren auch die Repräsentanten eines Heimatverbandes gekommen. Einige der Mitglieder dieses Vereines traf ich im Laufe des Wahlkampfes immer wieder. Sie waren meist in angeheitertem Zustand, klopften mir auf die Schultern, umarmten mich, beschimpften mich aber auch gleichzeitig, weil ich es nicht sein lassen konnte, immer wieder die Worte „international" und „Europa" in den Mund zu nehmen. Völlig überraschend wollte diese Gruppe im Anschluß an eine Veranstaltung Jörg Haider und mir je eine Ehrenmedaille überreichen. Einige aus Wien gekommene höhere Parteifunktionäre bekamen angesichts der Gefahr, daß von dieser Medaillenüberreichung Fotos angefertigt werden und diese in die Presse gelangen könnten, die Panik. Es mußte daher alles so organisiert werden, daß die Zeremonie hinter verschlossenen Türen und ohne Fotografen stattfinden konnte. Als es dann tatsächlich zu der Überreichung kam und auch ich mich wunschgemäß in den vorgesehenen Raum begeben hatte, empfing mich der Sprecher der Gruppe mit starkem Zungenschlag und machte die Mitteilung, daß ich aufgrund der soeben gehaltenen Rede noch nicht reif für diese Auszeichnung sei. Ich hätte wieder mehrere Male von Europa gesprochen. Erst wenn ich eine ganze Rede halten würde, in der das Wort Europa nicht vorkäme, würde auch ich die Auszeichnung erhalten.

Die Altersheime

Jörg Haider und ich hatten für den Besuch der Klagenfurter Altersheime einen ganzen Tag eingeplant. Für die Bewohner der Altersheime waren die Besuche von Politikern in den Vorwahlzeiten große Ereignisse und stellten eine willkommene Abwechslung dar. Dieser Tag gehört zu jenen Augenblicken im Rahmen meines kommunalen Wahlkampfes, von dem ich glaube, daß die Zeit, aus menschlicher Sicht, richtig eingesetzt war. Wir wurden jeweils von der Anstaltsleitung mit großer Freundlichkeit empfangen und nach einem kurzen Einführungsgespräch durch die Zimmer geführt. Spätestens nach dem dritten Besuch war uns beiden klar, daß der Rest dieses Tages für uns ohne wahlpolitische Bedeutung war. Überall stand oder lag schon das unterschriebene Foto mit dem ÖVP-Kandidaten. Es war deutlich festzustellen, daß bei den alten Damen und Herren die Absicht bestand, diesen Mann, der schon vor uns bei ihnen gewesen war und dessen Vater noch dazu die Ulrichsbergfeier eingeführt hatte, zu wählen.

Das ärmlichere „Altersheim" mit den kleinen, bescheidenen Zimmern war durchwegs „rot" besetzt. Die anderen mit den bequemen Einrichtungen und einem gewissen Luxus waren eher der schwarz-blauen Klagenfurter Einheitspartei zuzuordnen. Große Aufregung herrschte daher im „roten" Altersheim, wo uns schon im ersten Zimmer eine uralte Dame inständig bat, ganz leise zu sprechen, denn man höre alles durch, und die Nachbarin sei nicht nur böse, sondern vor allem auch knallrot. Sie selbst aber, und das dürfe die Nachbarin nicht hören, wisse genau, was sie zu tun habe, und das sei, nicht rot zu wählen. Als wir die Nachbarin besuchten, wiederholte sich die Geschichte und sie behauptete nun ihrerseits, daß die von uns soeben besuchte alte Dame böse und knallrot sei. Das setzte sich bis zum Ende so fort.

Wir haben uns viel Zeit genommen, um zu versuchen, in das eintönige Leben dieser alten Menschen etwas Abwechslung und Licht zu bringen. Das wahlwerbende Vorhaben haben wir dann sehr bald zurückgestellt und ohne uns darüber abzusprechen beschlossen, einen Tag lang eher das gute Werk der Sozialkontakte zu vollbringen.

Ich beschreibe dieses Ereignis deshalb, weil es im Rahmen der Beleuchtung einer Persönlichkeit ein in meinen Augen wichtiges und positives Element darstellt. Der Tag im Altersheim hat Jörg Haider sicher keine politischen oder materiellen Vorteile gebracht. Ich kenne viele andere Politiker, die sehr bald gesagt hätten: „Sinnlos vergeudete Zeit, gehen wir."

Das Stadtgerücht

So wie Villach seinen Fasching, hat Klagenfurt das „Stadtgerücht". Das Klagenfurter Stadtgerücht ist ein Gala-Ereignis, das jeden Winter fünfzehnmal im Konzerthaus stattfindet. Schon Monate vorher sind alle Veranstaltungen ausverkauft. Die Stadtrichter und die Mitspieler sind angesehene Bürger der Stadt aus den verschiedensten Berufen. Sie beginnen sich jeweils unmittelbar nach dem Ende der letzten Aufführung auf das nächste Jahr vorzubereiten.

Im Jahr der Gemeindewahl waren natürlich die Klagenfurter Bürgermeisterkandidaten das Hauptthema der Veranstaltung. Bei der Premiere hatte ich das neuartige Erlebnis, mich selbst auf der Bühne dargestellt zu sehen. Es gehört heute zum Politikerdasein, daß man mit strahlendem Lachen zu den größten Gemeinheiten, die über einen auf der Bühne gesagt werden, applaudieren muß. In diesem Fall ist besonders jener Kandidat, der später mit großer Mehrheit zum Bürgermeister gewählt wurde, im wahrsten Sinne des Wortes als „Volltrottel" dargestellt worden. Ich selbst wurde zwar nicht mit Glacéhandschuhen angefaßt, aber da ich eine nicht allzu bekannte Persönlichkeit war, hielten sich die Witze im Bereich des allgemeinen Blödelns und waren vor allem auf meine Tätigkeit in Brüssel abgestellt. Bei dem Premierenempfang lernte ich jenen Mann kennen – einen namhaften Klagenfurter Geschäftsmann –, der mich gespielt hatte. Wir verstanden uns auf Anhieb. Ich hatte plötzlich die Idee, daß ich mich bei einer der Vorstellungen selbst spielen könnte. Mein Darsteller war von dem Vorschlag angetan, auch wenn er gewisse Sorgen hatte, daß vielleicht die anderen Parteien dies als Bevorzugung betrachten könnten. Ich nahm das Manuskript auf meine nächste Reise nach Brüssel mit, lernte die Rolle minutiös auswendig und kam nach der Rückkehr direkt vom Flugplatz in das Konzerthaus. Es war ein eigenartiges Gefühl, auf der Bühne vor einem knallvollen Saal zu stehen mit der Aufgabe, sich selbst durch den Kakao zu ziehen. Bei meinem Erscheinen ging natürlich ein Raunen durch die Menge, wenngleich ein noch gedämpftes. Man meinte, „es ist ja unglaublich, er schaut ihm wirklich ähnlich". Als ich dann zu sprechen anfing, konnte man es nicht glauben, wie ähnlich meine Sprache meiner wirklichen war. Am Ende hatte ich den größten Applaus der gesamten Wahlkampagne.

Ein Wahlkampf im Nebel

Als Spitzenkandidat, auch wenn es nur um den Bürgermeistersessel in einer Landeshauptstadt geht, wird man plötzlich für alle beteiligten Mitstreiter zum Star und zu jener Person, um die sich alles dreht. Ich fürchte, daß jemand, der in jugendlichen Jahren in diese Lage kommt, Gefahr läuft, zu glauben, daß er plötzlich wirklich jemand Besonderer ist. Er durchblickt wahrscheinlich die unendlich vielen Falschheiten, denen er plötzlich ausgesetzt ist, nicht. Es biedern und dienen sich Personen an, die im Hinblick auf einen möglichen Erfolg ihre späteren Vorteile sichern wollen. Man wird sofort, auch völlig ungeniert, benützt. Die Mitkandidaten versuchen schamlos, das von der Partei aufgebaute Image des Spitzenkandidaten für sich anzuknabbern.

Klagenfurt leidet während der Wintermonate unter Nebel. Während einige Hundert Meter weiter oben strahlender Sonnenschein die beschneiten Hügel glitzern läßt, hängt über der Stadt eine leicht deprimierende Düsternis. Diese bleibt auch auf die Bewohner nicht ohne Auswirkung. Der Wahlkampf wird zu einer Veranstaltung des Dauerjammerns. Aufgabe des Politiker ist es, das Jammern anzuhören. Genauso wie in der Bundespolitik überbieten sich auch in der Kommunalpolitik die Wahlwerber mit unerfüllbaren Versprechungen. Was man von den Kandidaten absolut nicht erwartet und auch nicht hören will, sind großartige Ideen. Während im Europa-Wahlkampf das Interesse der Bürger wenigstens bis zur Erwartung, ordentlich auf die EU zu schimpfen, reichte, beschränkte sich im Bürgermeisterwahlkampf das Interesse vieler Bürger darauf, ein Gratisbier zu bekommen. So fragte meine Frau einmal eine Runde von Männern, die in dem berühmten Klagenfurter Lokal „Pumpe" saßen, wo am Sonntag Vormittag Politiker aller Couleurs hingehen müssen, um den Polit-Bierdunst einzuatmen: „Was erwartet ihr euch eigentlich von einem Bürgermeister?" Als Antwort erhielt sie unisono: „Daß er uns ein Bier bezahlt."

Auch im Klagenfurter Bürgermeisterwahlkampf zeigte sich deutlich, in welche Richtung das Streben und die Profilierungssucht der blauen Kleinkarrieristen geht. Wenn Haider nicht in der Stadt weilte, war ich natürlich während dieser Wochen der stahlende Held, in dessen Nähe man sich bewegen wollte. Statt flächendeckend zu agieren, scharten sich alle, die etwas werden wollten, um mich. An solchen Tagen bekam eine einkaufende Hausfrau, wenn ich bei einem Supermarkt Prospekte verteilte, etwa siebzehnmal von siebzehn verschiedenen blauen Wahlwerbern die selben Prospekte überreicht.

Wenn aber Jörg Haider in der Stadt war, war ich nur mehr die zweite Wahl, denn er war der sichere, bleibende liebe Gott, während ich für die Zukunft doch mit einigen Fragezeichen versehen war und als EU-Abgeordneter im besten Fall gesellschaftliche Bedeutung hatte. So kam es, daß bei einer großen Diskussionsveranstaltung gegen Ende der Wahlkampagne, wo alle Bürgermeisterkandidaten nebeneinander saßen, so gut wie kein einziger Freiheitlicher im Publikum anwesend war. Zu diesem Zeitpunkt befand sich nämlich Jörg Haider in einem Wirtshaus am anderen Ende der Stadt. Das wußten die Leute und wollten es sich nicht entgehen lassen, sich dort in seinem Dunstkreis zu zeigen. Die Folge war, daß die Anhänger meiner beiden Gegenkandidaten, die in großer Zahl anwesend waren, bei jeder Aussage ihrer Helden applaudierten und jubelten. Meine Wortspenden wurden mit Buhrufen oder Schweigen quittiert. Angeblich hat Jörg Haider später diese Disziplinlosigkeit getadelt.

Ich habe, als ich meine Zusage gab, als Bürgermeisterkandidat anzutreten, die Bedingung gestellt, meiner persönlichen Weltanschauung nicht untreu werden zu müssen. In diesem Sinne habe ich als freiheitlicher Kandidat bei meinen Reden häufig in Anwesenheit des Bundesparteiobmanns von Völkerverbindung, von meiner Verachtung jeder Art der Ausgrenzung, vom Akzeptieren des Andersseins und von meiner Vision überregionaler Zusammenarbeit gesprochen. Diese Aussagen haben wenig Jubel eingebracht. Sie haben mir aber sicher Wähler von Gruppen beschert, die vielleicht normalerweise nicht freiheitlich wählen. Sie haben aber auch bewirkt, daß bei der Wahl der nationale Flügel der FPÖ nicht mich, sondern den ÖVP-Kandidaten der, wie viele Kärntner meinen, eher dem nationalen Lager zuzuzählen ist, gewählt hat. Trotzdem war mein Wahlergebnis mit 23 % respektabel, und ich bekam zusätzlich ein Direktmandat in den Gemeinderat. Dieses Mandat habe ich auch neben dem Europamandat ausgeübt. Es hat mir interessante Einblicke in die kommunale Verfilzung von Politik und Geschäftsleben und in die völlige Bedeutungslosigkeit von Wahlversprechen gebracht. Hier wurde mir auch klar, daß die selbsternannten Anständigen und Ordentlichen nur dann anständiger und ordentlicher als die anderen sind, wenn sie keine Möglichkeit haben, unanständig und unordentlich zu sein, weil sie eben nicht an der Macht sind. In dem Augenblick, wo sie an den Trog der Macht kommen und sei es auch nur im kleinsten Bereich, werden sie stinknormal wie alle anderen auch.

Der Wahlkampf in Klagenfurt hat bewirkt, daß ich die Stadt meiner Kindheit und ihre Bürger wieder kennengelernt und liebgewonnen habe. Ich habe erkannt, daß es – wie von mir im Wahlkampf populistisch gesagt wurde – wirklich notwendig wäre, diese Stadt „wachzuküssen". Ihre Menschen würden es verdienen, nicht mit enormem Aufwand schwarz, rot und blau verwaltet zu werden, sondern ein modernes schlagkräftiges Management zu bekommen. Klagenfurt, die Wörtherseestadt, war eine schlafende, oder besser gesagt verschlafene Schönheit und ist es geblieben.

Die Ernüchterung

Die Ernüchterungsphase setzte in Kärnten mit der Kampagne gegen den Künstler Cornelius Kolig ein. Es war für mich zutiefst enttäuschend, daß sich „meine" Partei zu dieser menschlich unvertretbaren Tat hergegeben hat.

In der Frage der Europapolitik hatte trotz der Schwierigkeiten, die sich durch die Fraktionslosigkeit ergab, die Möglichkeit bestanden, konstruktive Arbeit zu leisten. Ein gutes kollegiales Arbeitsklima innerhalb der Fraktion stärkte die Gruppe.

Mit dem Wechsel der Delegationsleitung änderte sich auch das Klima in der Fraktion schlagartig. Es gab kaum mehr interne Kommunikation. Der Teamgeist, der vorher geherrscht hatte, war – meinem Empfinden nach – in kürzester Zeit zerstört. Fernsteuerungstendenzen aus der Parteizentrale hatten plötzlich Erfolg. Ein Wettlauf der Eigenprofilierung in EU-feindlichen Medien und innerhalb der Partei hatte eingesetzt.

Die Mängel der europafeindlichen Politik kamen ab diesem Zeitpunkt viel deutlicher an die Oberfläche.

Was ich jetzt an Intrigen, Eifersüchteleien und Machtspielen mitbekam, war durchaus mit jenen Mißständen vergleichbar, die ich vorher bei den Systemparteien so verachtet hatte. Ich kam zu der Erkenntnis, daß auch bei den Freiheitlichen Menschen am Werk sind, die sich von den anderen weder im Positiven noch im Negativen unterscheiden. Es mag dies wie eine äußerst banale Feststellung klingen. Für mich reichte es herauszufinden, daß die Freiheitlichen im Grunde genauso sind wie die anderen.

Ich kam zu der Erkenntnis, daß meine anfängliche Vorstellung, konstruktive Gedanken innerparteilich durchsetzen zu können, eine reine Illusion war. Jeder Versuch, gemeinsam mit meinem Assistenten konstruktive Elemente in unser europapolitisches Bemühen einzubringen, wurde als gegen die Parteilinie gerichteter Unsinn betrachtet. Ich mußte feststellen, daß Anerkennung von seiten politischer Konkurrenten innerhalb der eigenen Partei mit großem Mißtrauen zur Kenntnis genommen wurde. Mein Bemühen, mit anderen österreichischen Europaabgeordneten im Sinne gemeinsamer Ideen zusammenzuarbeiten, wurde fast wie „Hochverrat" betrachtet.

Ich habe mich im Europäischen Parlament intensiv dem Kampf gegen den sexuellen Kindesmißbrauch gewidmet. Ich versuchte auf europäischer und österreichischer Ebene eine Plattform für den Kampf gegen den Kindersextourismus zu schaffen. In Österreich ist es mir gelungen, die Vertreter der verschiedenen Nicht-Regierungs-Organisationen, die sich diesem Thema widmen, an einem Tisch zusammenzubringen. Für einen freiheitlichen Politiker war das nicht ganz leicht, und man trat mir auch mit einem beachtlichen Maß an Mißtrauen entgegen. Immerhin war es aber das erste Zusammentreffen all dieser verschiedenen Organisationen. Ich hatte Schwierigkeiten, die Angst, ich würde dieses Thema nur aus parteipolitischer Räson besetzen, zu entkräften. Ich habe Haider von diesen Bemühungen erzählt, und er sagte mir spontan, „das ist ein gutes Thema". Zwei Wochen nach diesem Gespräch mußte ich aus den Medien erfahren, daß er zu dem Thema eine Pressekonferenz abgehalten hat. Er hat dort das Thema des „sexuellen Kindesmißbrauches" öffentlich thematisiert, und zwar genau in jener Weise, wie es von den Nicht-Regierungs-Organisationen befürchtet worden war.

Ich will niemandem unterstellen, daß er es im Kampf gegen diesen grauenhaften Mißstand nicht ernst meint. Es hat sich aber leider doch herausgestellt, daß das Thema für den Wahlkampf benützt wurde. Die Benützung eines so heiklen Themas für einen Wahlkampf halte ich aber an und für sich bereits für einen Mißbrauch.

Meine intensiven Bemühungen für den Kinderschutz und auch der Kontakt mit Persönlichkeiten von Bürgerinitiativen haben mich dazu bewogen, zu diesem Thema ein Buch zu schreiben. Kränkend war die Tatsache, daß dieses sachpolitische und humanitäre Engagement von den Freiheitlichen völlig ignoriert wurde. An einer hochkarätig besetzten Diskussionsveranstaltung in Brüssel zu diesem Thema, bei der auch mein Buch vorgestellt wurde, nahm kein einziger meiner freiheitlichen Kollegen teil – obwohl sie in Brüssel anwesend waren.

Geändert hatte sich nicht die Partei, sondern meine Sicht der Dinge war anders geworden. Meine eigene Persönlichkeitsstruktur ist wieder stärker in den Vordergrund getreten. Mein ausgeprägtes Harmoniebedürfnis und die Schwierigkeit, Feindbilder aufzubauen und zu pflegen, haben mein Dasein in den Parteistrukturen erschwert. Ich habe mich selbst immer deutlicher von der Partei entfernt. Solange das „Betriebsklima" in der freiheitlichen Europafraktion freundschaftlich und auf Zusammenarbeit ausgerichtet war, wurde dieses in mir selbst bestehende Problem überdeckt.

Meine Versuche, meinen Vorstellungen innerhalb der Partei zum Durchbruch zu verhelfen, mußte ich als gescheitert betrachten. Während ich anfangs noch verstärkt auf Verständnis gestoßen bin und Einwände manchmal ernst genommen wurden, gab es mit dem Herannahen der Wahltermine kein Abgehen mehr von der vorgegebenen Parteilinie. Da es eine ganze Reihe von schwerwiegenden Unterschieden zwischen der politischen Linie der freiheitlichen Partei und meinen persönlichen Vorstellungen gab, stellte ich mir selbst die Gewissensfrage. Ich habe sie durch das Zurücklegen meiner Mandate und Funktionen in der Partei gelöst.

Heute stehe ich der freiheitlichen Partei als neutraler Beobachter gegenüber. Wie überall, wo Menschen zusammenkommen, menschelt es auch in dieser Partei. Ich habe festgestellt, daß Freunderlwirtschaft, Seilschaftsbemühungen und Intrigen auch bei Blau vorhanden sind.

Als ich mich bei den Freiheitlichen engagierte, hatte ich Illusionen. Diese wurde nicht zur Gänze zerstört. Für mich ist Politik eine Mischung aus geistigem Potential und Menschlichkeit. Beides ist bei den Freiheitlichen vorhanden. Taktik und Opportunitätsstreben unterdrücken aber häufig die Arbeitskraft und Kreativität der qualifizierten Menschen in dieser Partei.

Wenn eine Elegie ein Abgesang ist, dann ist es in diesem Fall ein Abgesang nicht auf die FPÖ sondern auf die FPÖ als Opposition. Diese Rolle hat sie viele Jahre lang erfolgreich gespielt. Sie hat die oppositionelle Tastatur geradezu meisterhaft beherrscht. Es ist ihr gelungen, ohne selbst beweisen zu müssen wie man es besser macht, eine außerordentlich große Wählerschaft zu erobern. Dieses Spiel ist aber nun zu Ende. Die logische Konsequenz der Wahlerfolge und vor allem des letzten wäre es, an der Regierung teilzunehmen.

Macht ausüben heißt aber Verantwortung tragen. Und Verantwortung tragen ist unbequem. Damit wäre auch jene Periode zu Ende, wo das Taktieren im Vordergrund steht. SPÖ und ÖVP müßten erkennen, daß das Frustpotential der Bevölkerung gegen ihre Koalition noch lange nicht ausgeschöpft ist. Es wäre sinnlos, dem Änderungswillen der Bürger, den sie bei der

Wahl klar zum Ausdruck gebracht haben, im Wege zu stehen. Eine solche Entscheidung hätte für diese beiden Parteien keine guten Langzeitfolgen. Ein Ausdehnen der freiheitlichen Oppositionsepoche würde die Partei weiter stärken. Sie würde dann bei nächster Gelegenheit nicht als Junior-, sondern als Seniorpartner in die Regierung einsteigen. Besser wäre es aber, in die Macht hineinzugleiten als sie gleich zu übernehmen.

Die Kritik in diesem Buch ist auch als Selbstkritik zu verstehen. Denn wer Dinge im Nachhinein kritisiert, hat sie natürlich auch stillschweigend mitgetragen. Das eigene Gewissen muß entscheiden, wann und ob man seine bedingungslose Meinungsfreiheit zurückgewinnen will. „Wer ein politisches Mandat hat, muß auch bereit sein, etwas gegen seine Meinung und gegen sein Gewissen mitzutragen", wurde mir gesagt. Man nennt das Parteidisziplin. Der Clubzwang ist sichtbarer Ausdruck dieser Vergewaltigung demokratischer Prinzipien. Die Abgeordneten werden dadurch zu Schachfiguren, die das Kettenhemd der vorgegebenen Meinung tragen müssen, degradiert. Für viele ist dieses Kettenhemd ja ein Segen, denn es enthebt sie von der Verpflichtung selbstständig zu denken.

Der Fairneß halber muß ich bekennen, daß man mir bei den Freiheitlichen dieses Kettenhemd nur selten aufgezwungen hat. Aber der innere Zwiespalt wurde trotzdem unerträglich, denn ich konnte die Parteilinie in „strategisch" wichtigen Themen nicht mehr tolerieren, geschweige denn mittragen.

6. Teil

Subjektiv – objektiv

Ein Baby namens Euro

Zu den spannendsten Erfahrungen meines Lebens gehört die etwa dreijährige Tätigkeit in den Ausschüssen für „Wirtschaft, Währung und Industriepolitik" und ganz besonders im „Unterausschuß Währung" des Europäischen Parlaments. Während dieser Zeit wurde in diesen Ausschüssen der Euro vorbereitet. Der Unterausschuß Währung widmete sich fast exklusiv dieser interessanten Aufgabe. Ich war in diesem kleinen, hochkarätigen Gremium der einzige Fraktionslose. Bei den Abstimmungen bestand ein ziemlich genaues Gleichgewicht zwischen rechts und links, so daß meine Stimme häufig das Zünglein an der Waage war. Auch im viel größeren Wirtschaftsausschuß hatte meine Stimme besonderes Gewicht. Das Kräfteverhältnis war auch dort zwischen links und rechts sehr ausgewogen. Bei manchen Abstimmungen, wie etwa in Fragen der Stabilität der Währung, war das Ergebnis so knapp, daß meine Stimme ausschlaggebend war. Ich habe diese Situation ausgekostet. Bei den Abstimmungen schauten häufig alle Kolleginnen und Kollegen wie gebannt auf mich als einzigen Unabhängigen und warteten auf mein Handheben. Ich habe mir damit manchmal etwas über Gebühr Zeit gelassen, um die Spannung zu erhöhen.

Dem Wirtschaftsausschuß saß ein CDU-Mann namens Karl von Wogau vor. Er hatte eine äußerst ausgewogene und ruhige Art, auch die schwierigsten Sitzungen zu leiten. Ich habe diesen konstruktiven, aber doch sehr konsequenten Mann außerordentlich geschätzt. Der Währungsunterausschuß wurde von Frau Christa Ranzio-Plath, einer sehr quirligen und überaus ehrgeizigen, aber hochintelligenten deutschen Sozialdemokratin präsidiert. Diese beiden Persönlichkeiten spiegelten bis zu einem gewissen Grad auch die deutsche Politik wider. Sie waren naturgemäß Konkurrenten und aufeinander sichtbar eifersüchtig. Wenn im Wirtschaftsausschuß von Wogau präsidierte, mußte Frau Ranzio-Plath als einfache Abgeordnete unter den sozialdemokratischen Abgeordneten Platz nehmen. Die Situation im Währungsunterausschuß war genau umgekehrt. Frau Ranzio-Plath hat übrigens nach dem SPD Wahlerfolg noch deutlich an Selbstbewußtsein zugelegt. Als Anhängerin von Lafontaine hat sie in ihrer wirtschaftlichen und währungspolitischen Linie einen deutlichen Linksschwenk vorgenommen.

Meine Situation in diesen Ausschüssen war eine außerordentlich kuriose. Hier komme ich im wahrsten Sinne des Wortes zu einer politischen Konfession, ja einer Beichte. Ich hatte in zweierlei Hinsicht ein schlechtes Gewissen: dem „Euro" gegenüber, mit dem ich mich offiziell als Vertreter einer Anti-Euro-Partei kritisch ablehnend zu befassen hatte; und der freiheitlichen Partei gegenüber, weil ich einfach nicht in der Lage war, in dieser Frage die Parteilinie auch nur annähernd einzuhalten. Ich betrachtete es als intellektuelles Privileg, daß ich im engsten Kreis ausgewählter Europaabgeordneter das große Abenteuer der Einführung einer gemeinsamen europäischen Währung miterlebte, ja, daß ich an diesem Bauwerk für die Zukunft mitarbeiten durfte. Es war ein unglaublich spannendes, noch nie dagewesenes Projekt, aus zwölf verschiedenen Währungen in Staaten mit verschiedenen Sprachen und verschiedenen Kulturen, ja sogar verschiedenen Wirtschaftsusancen eine einzige Währung zu bauen.

Als ich im Währungsunterausschuß erstmalig auftauchte, kam ich mir dort fast wie ein Aussätziger vor. Man wußte natürlich, daß hier plötzlich einer dabeisitzt, der eine Partei vertritt, die sich so deutlich wie wenige andere gegen die gemeinsame Währung ausgesprochen hatte. Ich bemühte mich aber einfach, auf rein sachlicher Ebene konstruktive Beiträge zu leisten. Auch in meinem Abstimmungsverhalten war ich häufig nicht in der Lage, der Parteilinie zu folgen. Daher wurde ich bald wie ein „ganz normaler Kollege behandelt" und habe mich in dieser kleinen, bunt zusammengemischten, sehr engagierten Gemeinschaft wohlgefühlt.

Als mich erstmals ein gewisser Fernand Herman, ein belgischer konservativer Abgeordneter aus dem Währungsausschuß am Gang mit den Worten „Bonjour Monsieur Lukas" grüßte, wußte ich, daß mein Verbleib bei den Freiheitlichen keine Ewigkeit mehr dauern könnte. Herman war der größte Euro-Fundamentalist von allen. Er war ein ehemaliger belgischer Finanzminister, stockkonservativ und der Überzeugung, der Euro muß jetzt mit allen Mitteln durchgepeitscht werden, denn sonst kommt er nie. Für alle Verschiebungstendenzen hatte er absolut kein Verständnis. Bisher hatte er mit eisernem Blick durch mich hindurch geschaut. Ich vertrat für ihn als Abgeordneter einer „Anti-Euro-Partei" offensichtlich das absolut Böse.

Schon meine frühere berufliche Tätigkeit, bei der es um Exportförderung und Tourismus ging, bewirkte, daß ich rein sachlich gar nicht gegen die Währungsunion sein konnte. Innerhalb der freiheitlichen Partei, besonders beim freien Wirtschaftsverband, gab es Mitglieder, die die Einführung der gemeinsamen Währung befürworteten. Mit den Strategen an der Parteispitze der Freiheitlichen aber war über dieses Thema nicht mehr ernsthaft zu diskutieren. Durch den Beschluß, ein Volksbegehren zum Zwecke der Abhaltung einer Volksabstimmung einzuleiten, war der Zug in dieser Frage längst abgefahren.

Es wurde immer wieder bekrittelt, daß Mitterand und Kohl die Weichen für den Euro ja nur gestellt hätten, um eine politische Union im Wege über die Währungsunion zu erzwingen. Natürlich läßt es sich nicht leugnen, daß das Projekt Währungsunion am grünen Tisch unter Heranziehung sehr theoretischer Konvergenzkriterien ausgearbeitet wurde und daß das Vertragswerk viele Mängel enthält. In manchen Bereichen muß der politische Wille der Mitgliedstaaten die Vorraussetzungen erst im Nachhinein schaffen. Die wirtschaftlichen Vorteile der Währungsunion sind aber bereits deutlich sichtbar. Sie wird auch dazu beitragen, daß eine politische Union in vielen Bereichen immer notwendiger wird. Die Strategie von Mitterand und Kohl wird also aufgehen. Die politische Union wird aber durch die internationalen Ereignisse ohnehin immer deutlicher zu einer Notwendigkeit. Interessanterweise sind dieselben Freiheitlichen, die so unmißverständlich gegen die Währungsunion aufgetreten sind, sehr wohl für eine gemeinsame Verteidigungspolitik im Rahmen der westeuropäischen Union und auch für eine gemeinsame Außenpolitik, die ja ohnehin von der Verteidigungspolitik nicht abgekoppelt werden kann. Die gemeinsame Außen- und Sicherheitspolitik ist aber ein wesentlicher Teil der politischen Union.

Das Ereignis

Im April 1998 wurde im Währungsausschuß intensiv über den Konvergenzbericht von Carl von Wogau, der die Grundlage für die Abstimmung über den Euro bildete, diskutiert. Es ist mir als Einzelkämpfer gelungen, einen sehr wichtigen Änderungsantrag in diesem Bericht durchzubringen. Durch ihn wird festgehalten, daß im Sinne einer konsequenten Fortsetzung der Konsolidierungspolitik die Einhaltung des „Stabilitäts- und Wachstumspaktes" auch nach der Einführung der gemeinsamen Währung unabdingbar bleibt. Diese Bestimmung hat für Österreich ernste Bedeutung bekommen, denn unser Budgetdefizit bewegt sich in gefährlicher Weise in die falsche Richtung.

Bei der Abstimmung über den Euro im „Wirtschaftsausschuß" habe ich mich der Stimme enthalten. Er wurde dort natürlich mit überwältigender Mehrheit angenommen. Diese Stimmenthaltung, die ein Bruch mit der Parteilinie war, wurde mir später angekreidet.

Am 30. April 1998 fand dann eine außerordentliche Plenarsitzung des Europäischen Parlaments in Brüssel statt, bei der über den Euro abgestimmt wurde. Es war ein großer Augenblick für dieses Parlament und zweifeslohne auch ein bedeutendes Ereignis für Europa. Das Plenum war voll wie nie, und die Sitzung wurde auf Großleinwänden in allen anderen Sitzungssäle übertragen. Viele Hunderte Journalisten, Fernseh-Teams und Beobachter aus ganz Europa bevölkerten das Parlament und Brüssel.

Ich hatte mich entschlossen, den innerparteilichen Skandal zu vermeiden und gegen den Euro zu stimmen. Mein Gewissen beruhigte ich allerdings einigermaßen mit einer Rede, aus der meine wahre Einstellung abzulesen war. Am Ende dieser Rede sagte ich: „... Damit spreche ich mich aber nicht gegen das Baby Euro als solches aus ... Es muß ab jetzt alles daran gesetzt werden, um mit größtem Nachdruck die noch ausstehenden Harmonisierungsschritte voranzutreiben, damit die Währungsunion ein gesundes Fundament bekommt. Zur Teilnahme an diesen Bemühungen möchte ich mich, als einer der heute dagegen stimmen wird, verpflichten und möchte alle Kollegen, die ebenfalls dagegen stimmen, aufrufen, nicht in die Vergangenheit zu blicken, sondern konstruktiv an der Zukunft unserer neuen Währung mitzuarbeiten."

Als der große Augenblick der Abstimmung näher rückte, überkam wohl alle eine ganz eigenartige Stimmung. Die Sekunde, wo ich meinen Zeigefinger auf den roten elektronischen Abstimmungsknopf legte, war wie ein Alptraum. Mir wurde schlecht, und ich glaubte, daß mir das Herz stehenbleiben würde. Als dann das Ergebnis bekanntgegeben wurde, erhoben sich die meisten Parlamentarier, darunter auch ich, von den Sitzen, und es gab minutenlangen Applaus zur Begrüßung der neuen europäischen Währung.

An diesem Abend fand in Brüssel im Théatre Royal de la Monnaie ein wundervolles Konzert des Sinfonieorchesters der Mailänder Scala statt. Der feierliche Stimmung der Freude konnten sich alle jene, die dort waren, nicht entziehen. Ein italienischer Abgeordneter der Lega Nord umarmte mich und sagte: „Haben wir nicht großartige Dinge in Italien?" Und ein Bekannter aus der Normandie, der zur Front National gehört, ergriff meine Hand und sagte: „Welch großer Augenblick für Europa."

Der „Nationalrassist"

Knapp nach dem Regierungsgipfel in Pörtschach während der österreichischen Ratspräsidentschaft erhielt ich einen Telefonanruf der Redakteurin Dr. Margarete Kopeinig von der Zeitung „Der Kurier". Ich saß gerade mit meinem Assistenten Mag. Thomas Skamljic gemeinsam in unserem Büro im Europäischen Parlament in Brüssel. Die Journalistin befragte mich zu meiner Meinung über die österreichische Ratspräsidentschaft und zum Pörtschacher Gipfel. Bei dem Interview war Thomas Skamljic von der ersten bis zur letzten Sekunde anwesend und hat das Gespräch aufmerksamst mitangehört.

Wenige Tage später erschien im „Kurier" ein Artikel zu diesem Thema. In diesem kurzen Beitrag wurde neben den Stellungnahmen anderer Europaabgeordneter auch die meinige in gekürzter Form wiedergegeben: *„FP-Mandatar Klaus Lukas findet Pörtschach ‚peinlich'. Österreichs Image habe sich seit der Präsidentschaft verschlechtert, Klima keine Themenführerschaft. Er sei ein Ideenbittsteller. Der Kärntner Freiheitliche fordert klare Worte zur Erweiterung. Als Nationalrassist sage ich, daß unsere Anliegen offen angesprochen werden müssen."*

Als mir diese Zeitung in die Hände fiel, traute ich meinen Augen nicht. Ich hatte natürlich das Wort „Nationalrassist" nicht in den Mund genommen. Ich erfüllte die Kriterien beider Teile dieses Unwortes nicht. Ich bin alles andere als ein Rassist und auch absolut kein Nationalist. Es war also für mich vollkommen klar, daß es sich entweder um eine bewußte Unterstellung, oder, was ich fast annehme, um einen Irrtum handelte. Falls Frau Kopeinig dieses Wort am Telefon wirklich zu hören geglaubt hat, ist es verwunderlich, daß sie es ohne die geringste Hinterfragung veröffentlicht hat.

Ich habe mich gegen diese unerhörte Unterstellung mit den zur Verfügung stehenden rechtlichen Mitteln zur Wehr gesetzt und den „Kurier“ strafrechtlich und zivilrechtlich, das heißt, einerseits auf Widerruf und andererseits auf Zahlung einer Buße geklagt. Ich habe beide Prozesse verloren, und das Gericht hat somit in beiden Fällen offiziell bestätigt, daß ich mich selbst zum Nationalrassist erklärt habe. Weder die Zeugenaussage meines Assistenten, noch der Inhalt verschiedener Reden, die ich im Parlament gehalten hatte und meine offizielle Homepage als Europaparlamentarier, die klar das Gegenteil unter Beweis stellte, wurden berücksichtigt.

In meiner Homepage mache ich zu meiner politischen Tätigkeit folgende Aussage:

„Der Wille, die Zukunft des Landes mitzugestalten, hat mich dazu veranlaßt, mich politisch zu engagieren.

Aus diesem Grund habe ich mich der Freiheitlichen Partei angeschlossen, denn diese Partei hat die Kraft und die Dynamik zur Reform der erstarrten und erkrankten Strukturen.

Zu den Themen, für die ich mich engagiere, zählen die Wirtschaftspolitik einschließlich der Währungspolitik und des Tourismus, Forschung und Entwicklung, Innovation, Umwelt und Tierschutz.

Ziel meiner politischen Tätigkeit ist es, Freiheit, Wohlstand und Sicherheit für die Österreicherinnen und Österreicher zu schaffen.

Bei meinem freiheitlichen Engagement steht das Wort ‚Freiheit‘ im Vordergrund. Freiheit ist für mich das höchste Gut. Durch meine politische Tätigkeit möchte ich dazu beitragen, eine neue Dimension der Freiheit zu schaffen.

Freiheit heißt auch Toleranz und bedeutet das Akzeptieren des Anders-Seins. Freiheit ist der natürliche Gegensatz zu jeder Art von Ausgrenzung.“

Mit meinem strafrechtlichen Antrag befaßte sich der Einzelrichter des Landesgerichtes für Strafsachen Wien, Prof. Dr.

Bruno Weiß. Die Behauptung, daß in einem Zeitungsinterview ein Europaabgeordneter die Wahnsinnstat begehen sollte, sich selbst als Nationalrassisten zu bezeichnen, hat er als erwiesen betrachtet. Es folgen Ausschnitte aus der Urteilsbegründung:

Da steht zunächst ein langer Passus, der klar belegt, daß das Wort „Nationalrassist" durchaus eine negative Bedeutung für die so bezeichnete Person darstellt. Es wird damit gemäß dieser Ausführung auch der Tatbestand des Vergehens der üblen Nachrede erfüllt.

„Was den Bedeutungsinhalt der inkriminierten Äußerung, insbesondere des Wortes ‚Nationalrassist' für den Medienkonsumenten betrifft, ist zunächst auszuführen, daß das Wort ‚Nationalrassist' im Sprachgebrauch wohl eine Rarität darstellt. Auch dem Gericht war bis zur vorliegenden Antragsstellung und zur Verhandlung darüber dieser Ausdruck durchaus fremd. Keineswegs fremd sind allerdings dem politisch interessierten Medienkonsumenten die Begriffe ‚National' und ‚Rassismus', woraus sich der Ausdruck ‚Nationalrassist' zusammensetzt. Geht man vom Verständnis des Medienkonsumenten aus, daß ‚Rassismus' eine in unserer Gesellschaft abzulehnende Geisteshaltung ist, die in verschiedenen Auszugsformen zur Verfolgung von Minderheiten, ja bis zum Massenmord geführt hat, stellt ein derartiger Ausdruck eine äußerst negative Bewertung dar, die Bezeichnung einer Person als ‚Rassist' ist daher ebenso negativ. Es werden damit dieser Person Eigenschaften und Gesinnungen unterstellt, die geeignet sind, sie in der öffentlichen Meinung herabzusetzen, sodaß sie den Tatbestand des Vergehens der üblen Nachrede nach dem § 111 Absatz 1 und 2 StGB erfüllen. Durch die Bezeichnung ‚Nationalrassist' wird der Vorwurf des ‚Rassismus' oder des ‚Rassist-Seins' nicht beseitigt, sondern für den Medienkonsumenten eher noch verstärkt. Somit ist der inkriminierte Text geeignet, grundsätzlich und objektiv den Tatbestand des Vergehens der üblen Nachrede dem § 111 Absatz 1 und 2 StGB zu erfüllen, woraus sich eine Anspruchsvoraussetzung nach dem § Absatz 1 Medien ergäbe."

Das Urteil stellt, wie der Richter selbst sagt, lediglich eine Wertung der Beweismittel dar. Das einzige Beweismittel, das die Journalistin anzubieten hatte, war das Notizbuch, in dem sie die Interviews aufgezeichnet hatte. Das würdigt auch die Bemerkung in der Urteilsbegründung, die wie folgt lautet:

„Es ist dem Gericht vollkommen klar, daß derartige handschriftliche Aufzeichnungen sich bei bösem Willen des Journalisten ohne größere Schwierigkeiten auch im Nachhinein herstellen lassen, um ex post einen Beweis dafür zu liefern, daß er Äußerungen eines Interview-Partners richtig wiedergegeben habe."

In seiner weiteren Urteilsbegründung vertieft sich der Einzelrichter in interessante Wortspielereien:

„Es ergibt sich aber auch gerade etwa aus den weder vom Antragsteller selbst noch vom Zeugen Mag. Skamljic bestrittenen Ausdruck ‚Ideenbittsteller' für die Tätigkeit des Bundeskanzlers Klima, daß der Antragsteller im Gespräch mit Journalisten offenbar eine gewisse Kreativität in der Ausdrucksweise zur Bewertung politischer Fakten, Tätigkeiten und Personen an den Tag legt. Das epitheton ornans ‚Ideenbittsteller' ist ebenso originell wie es die Bezeichnung ‚Nationalrassist' sein kann. Diese Kreativität und Originalität des Antragstellers im sprachlichen Bereich legt nun die Verwendung des Wortes ‚Nationalrassist' durch ihn logisch durchaus nahe. Personen, die zur sprachlichen Kreativität neigen, zeigen diese Eigenschaft immer wieder und mit gewisser Konsequenz, es ist dies einfach eine Frage ihres Stils und ihrer Ausdrucksweise. Der Gebrauch des Wortes ‚Nationalrassist' findet also im gegenständlichen Fall durchaus eine Parallele in dem vom Antragsteller zugegebenermaßen gebrauchten Ausdruck ‚Ideenbittsteller', mögen auch beide Ausdrücke ihrem Inhalt nach verschieden sein und nichts gemeinsam haben. Diese sprachliche Kreativität des Antragstellers macht aber die Aussage der Zeugin Dr. Kopeinig, die in den übrigen Belangen ja auch durchaus vom Antragsteller selbst und vom Zeugen Mag. Skamljic – wie schon erwähnt – unwidersprochen blieb, umso wahrscheinlicher."

Ich habe Viktor Klima deshalb Ideenbittsteller genannt, weil er in seiner „Tour des capitals“ von einer Hauptstadt zur anderen reiste, um von seinen Kollegen Ideen für die Tagesordnung des EU-Gipfels zu bekommen.

Weiter heißt es in der Urteilsbegründung:

„Ähnlich klänge das Wort Nationalbassist etwa für den besten Sänger der tiefen Männerstimme im Staat. Derartiges wäre im vorliegenden Fall aber vollkommen unsinnig, von Gesangeskünsten des Antragstellers war nie die Rede.“

Über meine Haltung zum Rassismus führt die Urteilsbegründung aus:

„Dies auch dann nicht, wenn der Zeuge Dr. Lukas von sich selbst erklärte, daß ihm eine Geisteshaltung wie die des ‚Rassismus‘ vollkommen ferne liege, daß er vielmehr in eigenen Wortmeldungen vor dem Europäischen Parlament stets sich gegen den Rassismus und die Tätigkeit von Rassisten ausgesprochen habe. Dazu hatte der Antragsteller Niederschriften über Verhandlungen des Europäischen Parlaments als Beilage ./B zu ON 5 vorgelegt. Ebenso bezog sich diesbezüglich der Antragsteller auf seine Selbstbeschreibung als Abgeordneter zum Europäischen Parlament, ebenfalls Beilage ./B zu ON 5 dA, wo er sogar seine Tätigkeit hinsichtlich der Beziehungen zu Slowenien hervorhob und sich keineswegs als ‚Rassist‘ bezeichnet. Alle dem steht klarerweise die Aussage der Zeugin Dr. Kopeinig hinsichtlich der wiedergegebenen Äußerung des Antragstellers entgegen. Es ist zur Argumentation des Antragstellers hinsichtlich seiner persönlichen Einstellung zum Rassismus, daß dieser ihm ferne liege, zu sagen, daß dies eine Feststellung des Gerichtes nicht hindert, daß der Antragsteller tatsächlich den Ausdruck ‚Nationalrassist‘ von sich selbst gebraucht habe.“

Das zivilrechtliche Verfahren gegen die Zeitung „Kurier“ wurde im Landesgericht für Strafsachen Wien durch die Einzelrichterin Mag. Ilse-Maria Rabl-Sander geführt. In ihrer Urteilsbegründung spricht sie vom Notizbuch der Journalistin Kopeinig und sagt:

„Daraus war ersichtlich, daß im Rahmen des Interviews mit dem Antragsteller die Passage ‚als ‚Nationalrassist‘ gesehen – unsere Anliegen ansprechen‘ *protokolliert ist; die Zeugin Dr. Kopeinig hat das Wort Nationalrassist unter Anführungszeichen gesetzt. Dies begründete sie damit, daß ihr dieses Wort wohl eigenartig vorgekommen sei, sie es im Konnex mit freiheitlichem Denken jedoch nicht für undenkbar gehalten habe, daß ein freiheitlicher Abgeordneter sich einer derartigen Wortwahl bediene.“*

Die Richterin schloß sich also der Meinung der Journalistin an, daß es einfach aus der Tatsache heraus, daß ein Abgeordneter Freiheitlicher sei, durchaus im Bereich der Möglichkeit stehe, daß er sich einer derartigen Wortwahl bediene.

Die Journalistin hatte einige Zeit vor dem Gerichtsverfahren angeboten, diese Angelegenheit als Mißverständnis zu bezeichnen und eine entsprechende Veröffentlichung vorzunehmen. Die Richterin hat zu diesem von meinem Anwalt vorgebrachten Einwand in der Urteilsbegründung folgendes ausgeführt:

„Der Einwand seitens des Antragstellvertreters, daß es für den Fall, daß die Zeugin Dr. Kopeinig die Aussage tatsächlich mit dem wiedergegebenen Inhalt verstanden habe, unverständlich sei, daß seitens der Antragsgegnerin in dem Vorschlag auf redaktionelle Richtigstellung von einem ‚Mißverständnis‘ gesprochen wurde, kann der Glaubwürdigkeit der Zeugin keinen Abbruch tun.“

Justitia locuta, causa finita.

Während beider Verhandlungen mußte ich immer wieder an gewisse Passagen in dem Buch von Gabriel Barylli „Denn sie wissen nicht, was sie tun“ denken. Ich habe nie in meinem Leben das Wort „Nationalrassist“ gebraucht und weiß es ganz genau, daß ich im „Kurier“ falsch zitiert wurde.

Dieser Vorfall fiel für mich in eine Phase, wo ich auch innerhalb der FPÖ schon Schwierigkeiten mit einigen Kollegen hatte. Es war gerade meine Einstellung in den Fragen der Zuwanderung und Internationalität, die innerhalb der Partei als zu liberal abgelehnt wurde. Umso absurder erschien mir meine eigene Situation

Ich halte also fest:

1. Subjektiv bin ich der Meinung, *kein* Nationalrassist zu sein, genauer, niemals gesagt zu haben, ein Nationalrassist zu sein.

2. Nach dem Urteil zweier unabhängiger, objektiver Richter habe ich mich aber als Nationalrassist bezeichnet.

Nach herrschender Rechtsordnung gilt ein rechtskräftiges Urteil als wahr. Habe ich mich jetzt als Nationalrassist bezeichnet? Bin ich also einer?

Ich möchte diese Frage mit einer Analogie beantworten:

Subjektiv kann ich mich des Eindrucks nicht erwehren, daß – zumindest in der Zeit meiner Prozesse – die Justiz in Österreich der FPÖ und ihren Mandataren gegenüber nicht immer objektiv geurteilt haben könnte.

Objektiv, also rechtsverbindlich, ist diese Meinung natürlich nicht wahr und entspricht auch nicht den Tatsachen der Rechtssprechung.

Bleibt abermals eine Frage: Wie bringe ich bloß meine subjektiven Überzeugungen mit der objektiven Rechtsnorm zur Deckung?

Epilog

Am Ende des 2. Jahrtausends wurde die FPÖ im kleinen Österreich zu einer großen Partei. Zu Beginn des 3. Jahrtausends wird sich erweisen, ob sie zu einer verläßlichen Kraft wird. Ihre opportunistische und anpassungsfähige Politik hat ihr zwar viele Stimmen aber dafür international nicht den besten Ruf gebracht. Ihr Erfolg beruht auch auf nicht eingehaltenen Versprechen. Die Unfähigkeit, das wahlentscheidende Versprechen für den Kinderscheck zeitgerecht einzulösen, wird die FPÖ wie eine Erbsünde in das neue Jahrhundert begleiten.

Seit den Umbrüchen von 1989–1991 wurde die Politik wieder stärker von Begriffen wie „Nationalität", „Völker", „Minderheiten" und „ethnischen Gruppen" beeinflußt. In unserer unmittelbaren Nachbarschaft herrscht Verwirrung um diese Begriffe. Gleichzeitig mit dem Fortschreiten der europäischen Integration, in deren innerstem Kreis Österreich sich befindet, ist ein Erstarken der Nationalismen zu spüren. Die einen verkünden das Ende des Nationalstaates, die anderen prangern im Namen ihrer Nationen Internationalismus, Mondialismus und Globalisierung als die Weltkrankheiten an, die es auszurotten gilt.

Der Streit um das Nationale und die Folgen des Abbaues von Grenzen haben die österreichische Innenpolitik des letzten Jahrzehntes mitbestimmt. Auch zu Beginn eines neuen Jahrhunderts bleibt das Nationale eine Realität. Das ungeheuer große Maß internationaler Verflechtungen stellt den nationalen Staat in ein neues System von Freiheiten und Verpflichtungen. Toleranz und Solidarität müssen an die Stelle von Ablehnung und Chauvinismus treten. Es muß zur Kenntnis genommen werden, daß ein Volk nicht notwendigerweise zu einem Staat zusammengeschlossen werden muß. Das Fallen der Grenzen zwischen den Staaten wird diese Erkenntnis leichter machen.

Innerhalb der Europäischen Union werden die Begriffe Provinz, Staat und Gemeinschaft bestehen bleiben. Aber sie werden ihre Bedeutung ändern. Die regionalen Einheiten, ob sie Bundesländer, Departements oder auch sonst wie heißen, werden sich hauptsächlich um die Erhaltung der kulturellen und sprachlichen Indentität kümmern. Ihre politische Bedeutung wird auf ein bescheidenes Niveau sinken. Die Staaten werden an den wichtigsten Entscheidungen im Europäischen Rat und indirekt über das Europäische Parlament mitwirken. Durch das Subsidiaritätsprinzip wird ihnen ein großer eigener Gestaltungsraum erhalten bleiben. Europa wird aber nur funktionieren, wenn die großen Lücken in der gemeinsamen Politik geschlossen werden. So ist es notwendig, der einheitlichen Geldpolitik im Euroraum auch eine verläßlich koordinierte Wirtschaftspolitik gegenüberzustellen. Die Möglichkeit eines Auseinanderdriftens von Geld- und Wirtschaftspolitik birgt enorme Gefahren in sich.

Das ungebrochene Bevölkerungswachstum wird zur bedeutendsten politischen, ökonomischen und sozialen Problematik des beginnenden Jahrhunderts werden. Es ist eine Tatsache, daß 95 % der nächsten Milliarde Menschen, die in den nächsten 20 Jahren geboren wird, ihr Leben in extremer Armut und in Krisenregionen beginnen. Der fortschreitende Migrationsdruck wird damit immer mehr zu dem zentralen Thema nationaler und internationaler Politik. Der klassische Nationalstaat, dessen Bedeutung durch Liberalisierungsentwicklungen in fast allen Bereichen schon stark relativiert ist, und seine politischen Parteien müssen mit diesem Problem umgehen lernen.

Regierungen und Parteien, die glauben, abgerissene Mauern durch das Aufbauen neuer anderer Hindernisse ersetzen zu müssen, werden ihren eigenen Völkern langfristig schaden. Auch die FPÖ wird durch ihren Umgang mit den Begriffen Toleranz und internationale Solidarität zeigen können, ob sie das Stadium des pubertären Opportunismus überwunden hat.

Auszug aus einem Geschichtsbuch des Jahres 3021: „Die Hofoperette"

Um die Wende vom zweiten zum dritten Jahrtausend sollen die Österreicher und Österreicherinnen ein merkwürdiges innenpolitisches Schauspiel erlebt haben. Unter allerhöchster Regie wurde damals eine Hofoperette mit dem Titel „Der Ballhausplatz darf nicht das Bärental werden" inszeniert.

Die Medien schenkten der Operette viel Beachtung. Die Menschen konnten sich über eine nicht enden wollende Berieselung freuen. Solisten, Chor und Orchester sondierten, taktierten, paktierten. Doch harmonische Töne kamen nicht zustande. Der erste Akt endete mit einer in letzter Minute geplatzten Hochzeit.

Die neue Operettenform, die sogenannte „Verhinderungsoperette", wurde hauptsächlich vor dem Hintergrund imperialer Prachtmöbel inszeniert. Verhindert sollte durch dieses Spiel die blaue Farbe werden. Man meinte an höchster Stelle, daß zu der habsburgischen Kulisse nur schwarz und rot passe.

Als man aber erkannte, daß Blau nicht mehr zu verhindern war, wandelte sich die Verhinderungsoperette zu einer Verzögerungsoperettte. Je länger das Operettenspiel andauerte, um so höher wurden die blauen Wellen, die durch das Land schlugen.

In der letzten Szene dieses Stücks fliegt ein blauer Kaiser aus dem Süden auf einem riesigen ungedeckten Kinderscheck nach Wien. Er kreist über einer jubelnden Menschenmenge, wie man sie selbst am Heldenplatz noch nie erlebt hatte, wirft Bonbons mit der Aufschrift „Flat tax" ab und landet vor dem inzwischen schon mit grellblauer Farbe angestrichenen Bundeskanzleramt.

Klaus Lukas,
22. Jänner 2000

Literatur

Barylli Gabriel, *Denn, sie wissen, was sie tun*

Conovan Margaret, *Populism*

Falkenberg Susanne, *Populism in France, Italy and Austria*

Faraggi Marcello, *Europa Journal*

Goldsmith Jimmy, *Le Piège*

Greene Robert, *Power*

Habsburg Otto, *Die Paneuropäische Idee, eine Vision wird Wirklichkeit*

Haider Jörg, *Die Freiheit, die ich meine*

Hirtenfelder Erwin / Steiner Bertram Karl, *Tatort Kolig-Saal*

Lukacs John, *Churchill und Hitler – Der Zweikampf*

Orwell George, *Farm der Tiere*

Plasser Fritz / Ulram Peter A., *Radikaler Rechtspopulismus in Österreich*

Pelinka Anton, *Populismus in Österreich*

Rösslhumer Maria, *Die FPÖ und die Frauen*

Scharsach Hans-Henning, *Haiders Kampf*

Sichrovsky Peter, *Der Antifa-Komplex, das korrekte Weltbild*

Zermanio Sergio, *Neoliberal Polarisation and the Return of the Personalised Leadership*

Zöchling Christa, *Haider, Licht und Schatten einer Karriere*